융합심리분석상담치료

CONVERGENCE PSYCHOANALYSIS COUNSELING THERAPY

융합심리분석상담치료

‖ 인문융합치료적 이해와 전개 ‖

지성용 지음

치유하는
도서출판 공감

들어가는 글

"융합심리분석상담치료"라는 언어의 조합을 두고 많은 이들이 질문했다. '융합'이라는 말도, '심리'라는 단어도, '분석'이나 '상담'이라는 말도, 더구나 '치료'라는 단어까지도 그저 스쳐 지나갈 수 없는 의미의 시·공간 궤적을 지나가야만 했다.

심리학(Psycho-logy)의 시작부터 그랬다. 윌리엄 제임스(William James)는 1890년 《심리학의 원리: The Principles of Psychology》를 출간했다. "Psyche: 푸쉬케"는 '영혼'의 희랍어 표기다. 엄밀하게 말해서 심리학의 시작은 '영혼-학'이었다. 인간 '영혼'의 문제는 플라톤과 아리스토텔레스, 고전철학자들로부터 시작해 중세의 교부철학, 스콜라 철학의 시대에 이르기까지는 교회의 영역이었고, 인간영혼 문제의 전문가는 교회의 사제들이었다. 그러나 르네상스 시대가 열리며 르네 데카르트(René Descartes)를 시작으로 철학의 중심은 '신(Deus)'의 영역에서 '인간(cogito, ergo sum)' 세상으로 이동했다. 프랑스대혁명을 거치며 더 이상 인간 영혼의 문제를 교회가 독점할 수 없는 상황이 벌어졌다. 이제 '영혼'의 문제는 세속 철학자들의 연구영역으로 밀려갔고, 지그문트 프로이트(Sigmund Freud)의 정신분석을 시작으로 인간의 알 수 없는 마음, 곧 '무의식'에 대한 연구가 활발히 전개되었다.

프로이트 이후 직·간접적으로 그의 영향을 받은 수많은 정신분석가들이 배출되었으며, 그들 중 '분석심리학'을 창시한 칼 구스타브 융(Carl Gustav Jung), '개인심리학'을 창시한 알프레드 아들러(Alfred Adler) 등의 학문적 성취와 심리학적 기여는 뚜렷했다. 1920년대를 전후해서 헐(C. Hull), 톨먼(E. Tolman), 프레드릭 스키너(B. Frederic Skinner) 등에 의해 제기된 '행동주의 심리학'은 특히 '심리학의 과학화'에 큰 공헌을 했다. 그러나 '검증 가능한 것'에 대한 지나친 집착 때문에 정작 심리학의 진정한 연구 대상이라 할 수 있는 심적·내적 과정에 대한 탐구를 소홀히 한 결과 여러 가지 어려움에 부딪히게 되었다. 더 이상 심리학은 인간의 궁극적 의미, 삶과 죽음의 의미, 불가항력적 사건의 의미 등에 대한 해답을 주지 못했고, 인간 마음의 깊은 곳으로 가는 길을 잃어버렸다. 이러한 상황에서 1950년대 실존주의 철학의 영향으로 인본주의 심리학(Humanistic Psychology)이 파급되었다. 욕구이론을 주창한 아브라함 매슬로(Abraham H. Maslow), 인간중심 심리치료를 주창한 칼 로저스(Carl R. Rogers), 직관적이며 전체적 인지를 중시하며 게슈탈트 심리학을 주창한 펄스(F. Perls) 등이 대표적이다.

자아는 새로운 방향을 찾기 시작했다. 자아를 벗어나든지(脫), 자아를 버려야(超) 새로운 삶이 열린다는 역설적인 방향 제시도 있었다. 인간 본성 가운데 자아(ego)를 벗어나려는 초월의식을 인지하며 '자아초월 심리학(trans-personality Psychology)'이 탄생 되었다. '자아초월(trans-personality)'과 '영적(spiritual)'이라는 용어는 의미 면에서 '종교적(religious)'이라는 용어와 구분해서 이해해야 하고 '영성(spirituality)'이라는 말과도 구분하여 올바른 자리매김을 해야 했다. 종교와 영성은 구분되지만, 관련되어 있음도 부인할 수 없다. 존재하는 모든 것을 과학으로 이해할 수는 없다. 과학은 윌리엄 제임스가 말 한 "보이지 않는 실재" 혹은 "무지의 어두운 그림자"로 은유되는, 그리고 언어나 그 어떤 도구로도 표현될 수 없는 '무엇'을 설명할 수는 없었다. 과학만으로 존재의 문제를 해석하거나 설명하거나 이해시킬 수는 없었다.

반면, '영성'은 개인적으로 매일의 우리 존재를 살아 있게 하고 우리의 깊은 소망을 반영하며, 목적 있는 삶으로 의미 있게 만드는 것들을 말하기 시작했다. '영성'의 문제는 전체적인 의미로는 '삶의 의미가 무엇인가?', '이 모든 것이 무슨 의미인가?'와 같은 존재론적이고 근원적인(radical) 질문들과 연관되어 있었다. '자아초월'과 '영성'에 관련한 범주는 윌리엄 제임스를 시작으로 프로이트, C.G. 융과, 아사지올리(Roberto Assagioli), 에릭 에릭슨(Erik Homburger Erikson), 아브라함 매슬로(Abraham H. Maslow), 켄 윌버(Ken Wilber)에 이르기까지 자아에 대한 집착에서 벗어난 상태와 상황에 대한 관찰을 진행하며 진화해 왔다.

'종교적'이라는 표현은 특정 단체의 신념체계를 가리킨다. 그들 구성원의 공통된 '자아초월적' 체험들이 특정 내용과 맥락을 중심으로 구심력을 발휘한다. 반면, '영성적'이라는 말은 인간 정신의 영역 곧, 육체적 경험으로 체험되지 않는, 그렇다고 제한되지도 않는 영역의 인간특성이다. 인간의 경험세계를 취급하는 자아초월적 경험에는 더 높은 차원의 인간적 경험이 포함된다. 인간의 숭고한 가치를 드높이며 공동선을 위해 자신의 삶을 희생하고 포기한 많은 사람들의 삶은 개인의 생존과 지속을 초월한 인간현상이다. 바로 이것이 우리가 집중하고 주목하는 '영성(Spirituality)'이다.

'영성'은 '자아초월'을 내포한다. 하지만 '자아초월'의 문제가 '영성'의 모든 영역을 담아낼 수는 없다. 제4세대 심리학이라고 말하는 '자아초월(trans-personality)'의 영역과 '영성(Spirituality)'의 융합을 본서에서는 '융합심리학(convergence Psychology)'으로 정의한다. 융합심리학은 '인문융합치료'의 해석(진단) 도구이자 방법론이다. 인문융합치료는 인문과학과 사회과학 그리고 자연과학의 융합을 통해 제반 학문들 심리학, 교육학, 사회학, 정신의학, 종교학, 상담학 등의 다양한 학문과 통섭하여 지식의 교류가 상호방향으로 활발히 이루어지게 하고, 학문 이론과 치료방법을 심층적으로 탐구하는 학문적 시도다. 인문융합치료는 융합심리학에서 이해하는 인간의 신체적·정신적·사회적·영성적 이해를 기반으로 한 개인이나, 지역, 공동체, 국가 등의 다양한 집단, 조직 안에서 발생하는 역동을 인문융합적으로 '관찰하고, 비판하고 분석하고 사변하는' 일련의 프로세스 전반을 시작으로, 당면한 문제를 해결할 수 있는 사회적, 심리적 전략을 연구한다. 또한, 다양한 치료 프로그램의 기획과 조직, 개발과 평가를 운용하는 전 과정을 학문적, 실천적 연구의 대상으로 상정한다.

기존의 심리학적 성찰, 특히 프로이트의 정신분석과 C. G. 융의 분석심리학을 인지행동치료(Cognitive Behavior Therapy)와 융합하는 분석상담은 기존의 종교 전통 안에서 살아 움직이며 진화해 온 가톨릭교회의 고해성사(confession)와 같은 맥락의 과정을 통해 '내러티브', '이야기 치료'를 시작한다. 치료 과정에는 다양한 문화적인 도구들 곧, 음악, 미술, 문학, 종교, 심리학과 상담 등의 인문학적 도구들을 '영성'과 융합하여 치료의 효과를 제고(提高)한다. 이어 문화적 도구들을 통해 표현된 내담자의 역동을 분석하고, 애니어그램(Enneagram), MBTI, TA(Transaction Analysis: 교류분석) 등을 통해 내담자의 내면을 해석한다. 이때 내담자의 지울 수 없는, 사라지지 않는 과거는 현재에서 새롭게 해석되어 히스테리적 비참을 평범한 불운으로 인식하는 치유과정이 전개된다. 내담자의 과거는 현재와 만나고 내담자의 미래와 통섭한다. 상담의 종결과정에서 '자기(self)'와 '자아(ego)'의 일치는 내담자의 영적 성장과 성숙을 가져오며, 궁극에는 '영성적 자기(spiritual Self)'를 발견하여 '자기초월'의 길을 열어 나간다. 여기에서 인간의 전인적 치료/치유가 진행된다.

'치료'와 '치유'는 서로 다른 의미를 갖는다. 치료(治療, 다스릴 치, 병 고칠 료)는 일반적으로 누군가 타자에 의해서 병이나 상처(傷處)를 낫게 하는 것이고, 병 자체를 고치려고 하는 행위 전반을 말한다. 반면 치유(治癒, 다스릴 치, 병 나을 유)는 스스로 병을 낫게 한다는 의미로 병의 원인을 알고 그것을 풀어 나가는 것, 자신의 본질로 되돌아가므로 스스로 병을 낫게 한다는 뜻으로 구별하여 이해할 수 있다. 곧, 치유는 내면의 힘이 발현하여, 조화와 균형을 잃어버린 '생체항상성'을 회복하고 자신의 병을 스스로 고쳐 나가는 '자기치료'의 과정이며, 스스로의 힘으로 병이 낫는 것이기 때문에 '자연치유'의 한 과정으로 이해할 수 있다. 상담자를 통한 치료 과정과 내담자의 자기치유과정이 융합되는 '융합심리분석상담치료'는 현대인들이 직면한 정서적 심리적, 영성적 위기를 균형 있고 조화로운 통합된 실존으로 유지해 나갈 수 있는 내면의 힘을 줄 것이다.

여기에서 이루어지는 치료상담 과정의 핵심적 도구는 '내러티브'이다. 내러티브를 통해 변화시킬 수 없는 과거의 사건을 지금 여기에서 새롭게 '해석'하는 과정을 통해 내담자의 불안하고 분노하고 우울한 실존을 '치료'하여 본래의 건강한 실존으로 회복시켜 주는 분석상담 치료과정을 우리는 이제 '융합심리분석상담치료'과정이라 명명하기 시작했다. 정신분석과 분석심리 과정의 전반은 상담자와 내담자 간에 이루어지는 '내러티브'이지만 그 한계 역시 간과할 수 없다. 내러티브가 가지는 '언어'적 소통에 대한 한계와 문제의식 외에도 '비언어적' 소통의 내러티브, 즉 언어라는 그물에 걸리지 않는 요소들을 '영성'이라는 측면에서 이해하려는 시도를 상담 과정 안에서 구현하고자 한다. 가령, C. G. 융의 적극적 명상(active meditation)이나 심상치료(Imagination Therapy), 종교적인 명상과 관상 수련을 통한 치료(Meditation & Contemplation therapy), 집중적 영성수련(Intensive Spiritual Exercise), 영적지도를 통한 상담(Spiritual Counseling) 등 영성을 동반한 수련과 마음의 치유는 전인적인 건강의 회복을 위한 중요한 과정으로 자리매김하게 될 것이다.

함께해 준 은인들에게 감사한다. 인하대학교에서 공존의 인문학을 기치로 인문융합치료학 전공을 창과(創科)하신 다문화융합연구소 소장 김영순 교수님과 연구교수님들, 그리고 인문학협동조합 '여럿이함께'의 염은경 이사장님과 모든 조합원님들, 한국영성심리분석상담학회 임원님들과 회원님들에게 감사의 마음을 전한다. 사랑하는 나의 어머니와 누이 그리고, 나사렛국제병원 이순자 병원장님, 아버지와 같은 따뜻함으로 함께해 주시는 함세웅 신부님께 심심한 감사의 마음을 전하고 싶다.

한국영성심리분석상담학회장

인하대학교 일반대학원 인문융합치료 전공초빙

지성용 교수

목차

Ch. 06   인문융합의 네러티브, 융합심리분석상담

부록   심리검사 진단평가자료

그림 차례

표 차례

Ch. 01

인간이란 무엇인가?

"나는 도대체 누구인가?" "내가 산다는 것은 무엇을 의미하는가?" 자신의 존재이유, 삶의 의미, 자기의 정체성 등을 물을 수 있는 것은 모든 존재 가운데 인간밖에 없다. 인간의 근원적 물음은 특히 우리가 한계상황에 부딪혔을 때 강하게 제기된다. 예를 들어 죽음에 직면해 있을 때, 참을 수 없는 고통에 처했을 때, 죄의식의 상황에서 실존적 물음이 생겨난다. 인간에 대한 고민은 오래전 신학과 철학에서 시작되어 수천 년의 역사를 가지고 있다. 사회구조의 다양화에 따라 또 인간이 변화하면서 근대 심리학에 이르러 인간 이해 문제가 태동했고(인간학), 심리학은 새로운 시대에 주목받는 분야로 성장했다.

그러나 심리학이 가지는 자기 한계는 인간의 초월적 영역에 대한 '판단중지'다.[1] 인간을 철학과 신학적으로만 이해하는 것도 분명 한계가 있지만, 인간을 심리학적으로만 이해하는 데도 마찬가지로 큰 어려움이 있다. 인간에 대한 이해는 융합적이고, 통섭적이어야 한다. 인간 안에서 그리고 인간관계 안에서 또 그들이 만든 문화와 문명 안과 밖에서 인간은 이해되어야 한다.

---

1) meta(메타)는 그리스어로 '넘어서, 위에 있는, 초월하는(trascendent)' 등의 의미를 가진 접두사(prefix)인데, 이 접두사로 만들어진 대표적 단어로는 형이상학을 의미하는 meta-physics가 있다. 글자 그대로 보면 자연(물리계)을 초월(trascendent)하는 그 무엇인데, 이 단어는 기원전 1세기경 그리스 철학자 안드로니코스(Andronicos)가 아리스토텔레스(Aristoteles)의 철학을 정리하면서 만든 용어다. 임영익. (2014), 메타생각. 리콘미디어. 259.

인간은 미완성의 상태로 태어나서 자신을 완성해야 하는 과제를 안고 있다. 이러한 자기완성의 여정 속에서 우리는 자기 자신을 이해하고 체험한다. 인문학의 한 방법론인 해석학에서는 인간 체험을 중시한다. 체험의 구조는 서구 근대사상의 기초가 되었던 데카르트의 주객 도식을 무너뜨린다. 서구 근대사상은 데카르트의 주객 도식에 근거한 방법론을 자연과학뿐만 아니라 정신과학에도 적용했다. 그 결과 인간의 주체성(Subject)은 과장되었고, 세계와 역사는 대상(Object)으로 전락하고 말았다. '설명(explain)'과 '이해(understand)'라는 개념으로 자연과학적 방법과 역사과학적 방법의 차이를 구별할 수 있다.

자연과학은 개별현상에 내재하는 보편적이고 필연적인 법칙을 발견하여 인과적으로 환원하는 '설명'의 방법을 취하지만, 역사과학은 개별적 사건에서 삶에 내재하는 본질(정신, 연속성)을 추구해 나가는 끝없는 탐구의 과정인 '이해'다. 이해란 사변적인 개념으로 파악하는 것이 아니라, 삶에 직접 참여하여 삶 자체가 사유되는 것을 말한다. 자연과학은 주객 도식에 의거한 방법으로 인과관계에 대한 설명이 가능하지만, 역사과학은 주객 도식으로 환원될 수 없으며, 역사적 사건들은 인과관계의 법칙에 따라 발생하지도 않는다. 역사는 자연과는 달리 시간이라는 요소를 포함하기 때문이다. 자연의 단순한 반복성과는 달리 역사는 자체 내의 시간적 연속성이라는 특징을 가지며, 의미에 대한 물음이 계속 남게 된다. 그러므로 역사과학은 '설명'되는 것이 아니라 '이해'되어야 한다. 여기서 이해는 본질적으로 순환 구조를 지니는데, "개별적인 것은 전체적인 것 속에서 이해되고, 전체적인 것은 개별적인 것으로부터 이해"된다.[2]

가다머(G. H. Gadamer, 1900-2002)는 더욱 명백하게 경험을 두 가지로 나누어

---

2) Gadamer, & 이길우. (2012). 진리와 방법: 철학적 해석학의 기본 특징들. 1(개정판). 문학동네. 215-222.

설명한다. 자연과학적 의미에서의 경험은 반복적인 실험을 통해 확증될 수 있는 것이지만, 정신과학에서의 경험은 부정성을 강조하는 변증법적 혹은 역사적 의미에서의 '체험(Erlebnis)'이라는 개념으로 설명된다. 체험은 정보나 지식이 아니라, 예기치 않은 방식으로 각자에게 발생하는 것이다. 새로운 체험은 우리가 이미 가지고 있던 지식을 바탕으로 실재에 대한 새로운 시각들을 열어 보인다. 새로운 체험들은 기존의 해석 틀을 통해 해석되며, 동시에 그 해석의 틀을 비판 대상으로 삼는다. 반복될 수 없는 새로운 체험의 의식이 그 사람의 방향을 전환시키고 역사적 이해를 가능하게 한다. 이러한 유형의 역사적 체험이 우리의 인식구조를 변화시키기 때문에 헤겔이 말하는 의미에서 변증법적 운동이 일어난다. 즉, 체험은 의식의 역구조이고 여기서 경험과 의식 사이의 변증법적 운동이 일어난다. 그러나 헤겔에게서처럼 절대정신으로 귀착되는 운동이 아니라, 무한히 열려 있는 순환운동으로 볼 수 있다.

우리는 체험을 통해 기존의 이해가 잘못되었다든가 아니면 부분적인 진리임을 인식하게 되고 이를 부정의 방식으로 경험한다.[3] 인간은 새로운 체험을 하면서 그것을 해석하고 그 체험을 자신의 것으로 만든다. 여기서 체험은 해석에 영향을 주고 해석을 불러일으킨다. 동시에 해석은 체험에 영향을 준다. 체험에 의해 우리의 인식이 변화되고 삶이 형성된다. 체험은 한편으로는 합리적인 삶의 경로에서 벗어나 있으면서, 다른 한편으로는 삶의 전체 의미를 드러내거나 변화시켜 주는 정신적 변모를 겪는다는 뜻이다. 이때 체험은 개인의 삶의 의미가 전개되는 중심이며,

---

3) 딜타이는 자연을 인식하는 범주에서 사용되는 '경험' 개념이 역사 속에서의 내재적 정신을 인식하는 경험과는 다르다는 것을 알았다. 그리하여 자연과학에서 사용하는 '경험(Erfahrung)' 개념과 구별하여 '체험(Erlebnis)'이라는 개념을 정신과학에 도입하였다. 이 말은 독일어 erleben에서 온 단어인데, leben, 즉 살다의 의미를 더욱 심화시킨 말이다. Erlebnis는 딜타이가 고도의 특수한 의미로 사용하기 전에는 없던 말이다. R. E. Palmer. 이한우 역. (1988). 해석학이란 무엇인가. 문예출판사. 160, 222-246, 358-362.

삶 자체에 해석학적 순환의 원리를 적용할 수 있는 토대가 된다.[4]

　우리는 자기 자신을 다른 사람 안에서 발견한다. 자기완성과 세계완성의 변증법적 통일에서, 자기경험과 세계경험의 변증법적 통일에서, 자기이해와 세계이해의 변증법적 통일에서 우리는 자기 자신을 경험한다. 이 전체성은 나와 나의 다른 것, 인간과 세계 사이의 동적인 관계상태와 조건상태다. 인간은 사회의 산물이며 사회 속에서 인간답게 성장한다. 인간은 그 사회의 언어를 배우고 그 사회의 풍속을 받아들이고 그 사회의 정신과 문화에 참여한다. 개인의 삶은 인간의 역사적 세계와 사회적 사건과 문화적 사건의 복잡다양한 관계구조 속으로 들어간다. 인간은 세계의 객체일 뿐만 아니라, 세계의 주체이기도 하다. 우리가 세계를 능동적으로 완성할 경우에만 우리는 하나의 세계를 갖는다. 세계구성에 있어서 언어는 인간 현존재의 기본적 요소다. 우리의 세계는 언어로 매개되고 해석되는 세계다. 언어를 배움으로써 우리는 인격적인 접촉과 사회적인 교제를 하게 된다.

　칸트는 '인간은 무엇인가'에 대한 물음에 "나는 무엇을 알 수 있는가?" "나는 무엇을 할 수 있는가?" "나는 무엇을 희망하는가?"를 먼저 물었다. 이 물음은 곧 '나는 누구인가?'에 대한 대답을 찾아 나가는 방법일 수도 있다. 내가 알고 있는 것, 할 수 있는 것, 희망하는 것이, 내가 누구인지, 인간은 무엇인지를 말해 준다.[5]

---

4)　G. Warnke. 이한우 역. (1993). *Gadamer, Hermeneutics, Tradition and Reason*. 가다머의 철학적 해석학. 사상사. 58-59.

5)　홍우람. (2021). 인식론적 관점에서 본 칸트의 《인간학》-《인간학》에서 재구성된 칸트의 경험적 인식 이론. 인문과학. 121(0), 181-213.

1

인문학의 상담치료적 접근과 인문융합치료적 접근

  인간의 삶 안에서 당면하는 장애(dis-order)란 무엇인가? 장애(障礙)는 신체나 정신에 문제가 있어서, 기능을 제대로 하지 못하는 것을 말한다. 자신 주변의 세상과 소통하거나 특정 활동을 하기 어렵게 만드는 조건을 말한다. 각기 다른 공동체에서 각각의 의미가 부여될 수 있으므로 장애는 여러 의미가 중첩된 개념이다. 라틴어 ordo는 하느님이 주신 '질서'를 뜻한다. 곧 질서를 만든 이는 하느님이기에 광활한 우주, 세계와 인간은 질서 지어져 있는 것이다. 장애(disorder)는 이러한 질서에서 벗어난 상태를 의미한다. 본래의 모습이나 기능에서 멀어져 있는 상태를 우리는 '장애'라고 규정한다.

  인간에게 왜 장애가 생겨나는 것일까? 무엇이 인간에게 부여된 질서에서 일탈하게 하고 우리 모두가 동의하는 질서에서 고통받는 것일까? 인간은 살아가면서 많은 상황에 직면하고, 많은 사람들을 만나며 관계를 형성한다. 때로는 그러한 여러 사건이나 타인(他人)과의 만남이나 교류가 자신을 성장시키고 깊어지게 하는 이유가 되기도 하지만 그러한 일들이 자기 존재에 치명적인 상처나 트라우마가 되는 경우들도 있다. 상처는 '타인을 담은 흔적'이라 했던가! 개별적으로 홀로 일어나는 일은 없다. 우연을 가장한 필연은 압도적이다. 때로는 알 수 없는 필연에 안갯속을 걷는 듯한 애매함도 체험한다. 문제는 삶의 균형과 조화로움을 잃어버렸을 때 그것은 단순히 한 개인, 개체만의 문제는 아니라는 것이다. 하나의 문제에는 다자의 문제와 연결고리가 있고, 다양한 환경과 상황의 변화가 개인에게 여러 가지 다양한 영향을 미칠 수 있음을 우리는 잘 알고 있다.[6] 인문학적 추구는 그런 측면에서 인간과 인간, 인간과 자연, 인간과 세계라는 다자적 측면의 교류와 영향을 통해 서로 소통하고 영향을 미치며 관계의 인트라망 안에서의 역동과 공명, 혹은 공진의 영향 아래에 존재한다.

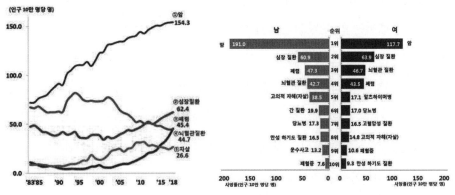

표 1: 2018년 인구통계, 대한민국 사망률 증감추이와 10대 사망 원인(통계청, 2018)

대한민국 사회에서 자살 문제는 매우 심각하다. 사망 원인 1위인 암도 사실 삶이 무너지면서 마음도 무너져 발생하는 경우가 많다. 인간을 둘러싸고 있는 자연환경의 변화, 기후환경의 변화, 노동환경의 악화 등의 문제가 인간을 고립시키고 더욱

---

6) 미국의 기상학자 에드워드 노턴 로렌즈가 1972년에 미국 과학부흥협회에서 실시한 강연의 제목인 '예측가능성-브라질에서의 한 나비의 날갯짓이 텍사스에 돌풍을 일으킬 수도 있는가(Does the Flap of a Butterfly's Wings in Brazil Set Off a Tornado in Texas?)'에서 유래한다. 일반적으로는 사소한 사건 하나가 나중에 커다란 효과를 가져올 수 있다는 의미로 쓰이지만, '카오스(혼돈)이론'에서는 초기 조건의 민감한 의존성에 따른 미래결과의 예측 불가능성을 의미한다. 때문에 이는 시공간을 가로질러 어떤 하나의 원인이 다른 결과를 초래하는 과정을 과학적으로 예측할 수 없다는 말이기도 하다. 카오스(χάος)는 특정 동역학계의 시간 변화가 초기 조건에 지수적으로 민감하며, 시간 변화에 따른 궤도가 매우 복잡한 형태를 보이는 현상이다. 혼돈 이론(混沌理論: chaos theory) 또는 카오스 이론은 무질서하게 보이는 혼돈 상태에도 논리적 법칙이 존재한다는 이론이다. 문희태. (2001). 카오스와 비선형동역학. 서울대학교 출판부.

깊은 위기로 몰아가고 있다. 신자유주의 시대가 깊어지고 있는 것이다.[7] 발병과 사망의 원인은 더욱더 치열해지는 경쟁과 노동으로 생산성을 제고(提高)하려는 '자본'의 속성에서 기인한다. 코로나19 이후 늘어난 택배 노동자들의 사망 소식, 끔찍한 산업재해 뉴스, 직장 내 괴롭힘 문제는 인간의 악의 문제라는 측면보다는 '자본의 인정사정없는 운동'이라는 측면을 고려해야 한다.

21세기 사회는 규율사회에서 성과사회로 변모했다. 한병철은 푸코가 말하는 규율사회가 '~해서는 안 된다'라는 부정성의 사회를 설명하는 데는 적당하지만, '~해야 한다'가 지배하는 오늘의 성과사회는 설명하지 못한다고 비판한다. 피로사회는 '자신을 착취하는 사회'이기 때문에 '착취하는 타인'이 없다. 자신이 스스로를 더욱 거세게 몰아간다. 취업을 위한 스펙과 경쟁력 있는 '상품'이 되기 위해서 고군분투한다. 피로사회, 성과사회에는 우리가 제거할 수 있는 자본가와 같은 타인 착취자가 없다. 자본가 역시 스스로 자기 착취를 하고 있다. 피로사회의 희생자는 분배를 못 받은 서민만이 아니다. 적은 양의 파이를 차지하는 대다수만이 아니라 가장 많은 양의 파이를 차지하는 소수의 대기업 총수와 운영진도 희생자가 된다. 착취란 성공에 대한 심리적 압박감에서 오는 몫이기보다, 구조의 산물이다. 성과 중심의 사회는 우울증, 과잉행동장애, 경계성 성격장애, 소진증후군(burn out symptom) 등과 같은 신경증이 만연한 사회를 만들었다. 이러한 성과사회의 해결책은, '~해야

---

7) 신자유주의(新自由主義, neoliberalism, neo-liberalism)는 1970년대부터 부각하기 시작한 '자본의 세계화 (globalization of capital)' 흐름에 기반한 경제적 자유주의 중 하나로 19세기의 자유방임적인 자유주의의 결함에 대하여 국가에 의한 사회 정책의 필요를 인정하면서도, 자본주의의 자유 기업의 전통을 지키고 사회주의에 대항하려는 사상이다. 토머스 우드로 윌슨 미국 대통령이 1920년대 제창했던 새로운 자유(The New Freedom) 정책, 그리고 정치적, 문화적 자유에도 중점을 두었던 자유주의와는 다른 고전적 자유주의에 더 가까운 것이며, 사회적인 면에서는 보수자유주의적인 가치를 지향한다. 국가 권력의 개입증대라는 현대 복지국가의 경향에 대하여 경제적 자유방임주의 원리의 현대적 부활을 지향하는 사상적 경향이다. 고전적 자유주의가 국가개입의 전면적 철폐를 주장하는데 비해, 신자유주의는 강한 정부를 배후로 시장경쟁의 질서를 권력적으로 확정하는 방법을 취한다. 신자유주의는 1980년대의 영국 대처 정부에서 보는 것처럼 권력 기구를 강화하여 치안과 시장 규율의 유지를 보장하는 '작고도 강한 정부'를 추구한다.

한다'라는 활동 과잉과 긍정성을 내려놓고 자신을 '무장해제'하는 것뿐이다.[8] 그러나 이러한 엄중하고도 긴박한 약육강식의 불신 가운데서 스스로 무장을 해제한다는 일은 쉬운 일이 아니다.

(단위 : 인구 10만 명당 명, %)

	0세	1-9세	10-19세	20-29세	30-39세	40-49세	50-59세	60-69세	70-79세	80세 이상
1위	출생전후기에 기인한 특정병태 142.0 (50.6%)	악성신생물 2.0 (20.2%)	고의적 자해(자살) 5.8 (35.7%)	고의적 자해(자살) 17.6 (47.2%)	고의적 자해(자살) 27.5 (39.4%)	악성신생물 40.9 (27.6%)	악성신생물 120.0 (36.3%)	악성신생물 285.6 (41.7%)	악성신생물 715.5 (34.2%)	악성신생물 1425.8 (17.0%)
2위	선천기형 변형 및 염색체 이상 52.5 (18.7%)	운수 사고 0.9 (9.6%)	악성신생물 2.3 (14.5%)	운수 사고 4.3 (11.6%)	악성신생물 13.4 (19.3%)	고의적 자해(자살) 31.5 (21.3%)	고의적 자해(자살) 33.4 (10.1%)	심장 질환 61.4 (9.0%)	심장 질환 216.0 (10.3%)	심장 질환 1060.2 (12.6%)
3위	영아 돌연사 증후군 22.3 (7.9%)	선천기형 변형 및 염색체 이상 0.9 (9.1%)	운수사고 2.3 (14.0%)	악성신생물 3.9 (10.6%)	심장 질환 4.2 (6.0%)	간 질환 12.5 (8.4%)	심장 질환 27.2 (8.2%)	뇌혈관 질환 43.4 (6.3%)	뇌혈관 질환 177.5 (8.5%)	폐렴 978.3 (11.6%)
4위	심장 질환 3.9 (1.4%)	가해(타살) 0.7 (7.3%)	심장 질환 0.5 (3.0%)	심장 질환 1.5 (4.1%)	운수사고 4.0 (5.7%)	심장 질환 11.2 (7.5%)	간 질환 24.3 (7.3%)	고의적 자해(자살) 32.9 (4.8%)	폐렴 144.0 (6.9%)	뇌혈관 질환 718.4 (8.5%)
5위	악성신생물 3.3 (1.2%)	심장 질환 0.6 (6.0%)	익사 사고 0.4 (2.3%)	뇌혈관 질환 0.6 (1.6%)	뇌혈관 질환 2.7 (3.8%)	뇌혈관 질환 8.2 (5.6%)	뇌혈관 질환 19.7 (6.0%)	간 질환 26.7 (3.9%)	당뇨병 75.1 (3.6%)	알츠하이머병 315.8 (3.8%)

※ 연령별 사망원인 구성비 = (해당 연령의 사망원인별 사망자 수 / 해당 연령의 총 사망자 수) × 100

표 2: 연령별 5대 사망 원인 사망률 및 구성비(통계청, 2018)

청년들의 스스로를 담금질하는 과도한 자기계발과 노력은 이제 경쟁이 아니라 전쟁이다. 패자들이 서 있을 곳이 없어진다. 산업예비군인 청년들은 미래를 담보로 오늘을 비극적으로 살아가야 한다. 표 2에서 제시되는 대한민국 10대 사망률의 연령별 분포를 보면 활동인구의 상당수가 극단적인 선택을 하는 것으로 파악된다. 언제부터인가 대한민국 사회는 효율과 능률을 중요시하며 경기에서 패배한 낙오

---

8)　한병철, 김태환. (2012). 피로사회. 문학과지성사.

자에 대한 배려와 보호장치를 거두어들이고 있다. 사회민주화가 진척되면서 개인의 자유가 보장되고 인종, 종교, 신분 등의 차별은 극복되어 삶의 주권을 쟁취했고 돈과 정보가 넘쳐나 기술, 교육, 물건 등의 접근을 막는 장벽은 무너졌다. 모든 것이 가능한 긍정사회가 되었다. 기회와 평화를 앞에 두고 이제 싸움의 대상이 '타자'에서 '자신'으로 변하기 시작했다. 이전에는 주권자, 자본가, 권력자와 싸워야 했지만 이제 자신과의 싸움, 자신을 향한 착취로 사람들은 우울해지고 삶의 리듬을 빼앗겨 버린다. 한병철은 과도한 긍정과 힐링의 인플레이션에 대한 문제점을 지적하고 비판하고 사변해야 한다고 말한다.[9]

바로 여기에 '인문과학'의 자리가 필요하다. '인문융합치료'는 인문학과 사회과학 그리고 자연과학의 융합을 통해 제반 학문들 심리학, 교육학, 사회학, 정신의학, 종교학, 상담학 영성 등의 다양한 학문과 통섭하여 지식의 교류가 상호방향으로 활발히 이루어지게 하고, 학문 이론과 치료방법을 심층적으로 탐구하는 학문적 시도이다. 인문학의 과학적 활용으로서의 인문과학은 이렇게 온 세상과 연결되어 있는 한 개인이나, 지역, 공동체, 국가 등의 다양한 개인, 집단, 조직 안에서 발생하는 존재의 위기 상황을 인문융합적으로 관찰하고, 비판하고 사변하는 일련의 프로세스 전반을 의미한다. 따라서 당면한 문제를 극복할 수 있는 사회적, 심리적 그리고 영

---

9) 민주주의 원리는 보편적 자유권보다 평등권을 중시한다. 따라서 현실에서는 실질적으로 제약이 많지만, 절대적 평등을 형식적으로 보장하며, 상대적 평등으로 하여금, 평등권의 실현을 점진적으로 꾀한다. 또한, 민주주의 발전이라는 목표로 볼 때, 단순히 대중 계층의 정치 지배를 의미하는 것에서, 경제적 수단인 생산수단과 경제권을 일반 노동계층(또는 대중계층)이 폭넓게 소유하고 접근할 수 있게 하는 경제 평등, 이른바 경제민주의도 실현해야 한다는 것을 명시한다. 하지만, 신자유주의는 경제적 합리주의를 맹신하는 결과로, 경제 엘리트주의를 중시하며, 결과로서의 불평등, 심지어 기회의 불평등도 사회 진화론에 따라 정당화했다. 또한, 약육강식의 논리를 옹호하는 경향이 있기 때문에 서민의 삶을 파괴하고 민주주의를 훼손한다는 비판이 대두되고 있다. 실제로 신자유주의자들이 시행한 정책들은 양극화를 심화시키는 결과를 보여 주고 있다. 대표적으로 레이거노믹스시행 10년 후 발표된 미 통계청 자료는 미국의 지니계수가 심각하게 악화되었음을 보여 준다. 특히 부동산 시장에 대한 지나친 규제 완화와 이로 인한 서브프라임모기지 사태의 발생을 계기로 신자유주의에 대해 비판하는 목소리가 커졌다. 특히 모기지사태 당시 신자유주의적 논리를 주장하던 사람들이 구제금융을 받은 것도 모자라 그 구제금융으로 보너스 파티를 벌인 사실이 드러나자 더더욱 신자유주의에 대한 불신이 높아졌다. 위의 책, 55-57.

성을 융합하는 치료 프로그램의 기획과 조직, 개발과 평가를 운용하는 전 과정을 학문적, 실천적 연구의 대상으로 상정한다. 치료의 과정에는 다양한 문화적인 도구들 곧, 음악, 미술, 문학, 종교, 심리학과 상담 등을 융합하여 치료의 효과를 제고한다.[10]

인문학적 치료가 개인의 내적인 문제의 필요로 전개될 때는 내담자를 둘러싸고 있는 제반의 모든 환경들에 대한 사회과학적인 인식을 토대로 개인에게 생겨난 정서적 심리적 문제에 대한 이해와 공감, 적극적 지지를 통해 삶을 어렵게 했던 부정적인 인식으로부터 해방될 수 있도록 도움을 준다. 반면 사회적으로 연결된 그룹이나 조직, 혹은 특수한 재난으로 형성된 피해자 그룹들을 대상으로 하는 인문학의 치료적 접근은 그들이 당면한 사건이나 사고, 재난이나 위기 상황에 대한 분석과 비판 그리고 문제를 해결하기 위한 사회적인 노력과 개선을 위한 의식화, 문제 해결 능력을 배양하는 교육이나 강연, 그룹테라피, 온택(ON-TACT)을 통한 정서적, 심리적 지지체계 구축 등의 다양한 정책적 제안이나 기획, 개발과 평가 작업을 진행할 수 있다.

2014년 통계에 따르면 전체 사망자 26만 7692명 중에 자살 사망자 수는 1만 3836명이었다. 그러나 2020년 인구 10만 명당 자살 사망률은 40명을 넘어섰다. 자살 사망률은 10년 전과 비교하면 3.6명(15%) 늘어났다. 2000년대 후반 들어 자살률이 연속으로 증가했으며, 2011년의 자살률은 2000년대 들어 가장 높은 수치였다. 그리고 2001년부터 2017년까지 늘고 줄고를 반복하다가 2018년부터 계속 늘어나고 있는 추세다.[11] 게다가 2020년 연초부터 코로나19 상황으로 촉발된 소위 '코로나블

10) 지성용. (2022). 인문융합치료 프로그램의 개발과 평가. 공감출판사.
11) 통계청 사회통계국 인구동향과. (2019). 연령별 5대 사망 원인 사망률 및 구성비. 1-7.

루' 현상은 감염병으로 인한 사망자 속출과 더불어 사회적 거리두기로 인한 격리나 분리 생활 등 일상의 삶이 급변하면서 많은 이들이 심리적인 우울과 불안증세를 호소하고 있는 것이 현실이다.

최근에 전 세계적으로 코로나19 확산 이후 불안증과 우울증 유병률이 2배가량 높아졌다는 경제협력개발기구(OECD) 보고서가 나왔다. 특히 한국은 코로나19 이후 우울감을 느끼거나 우울증이 있는 비중이 36.8%로 조사 대상 15개국 가운데 가장 높았다. [12]

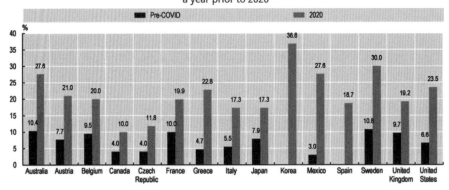

표 3: 2020년 우울증 증가 국가별 비교(OECD, 2020)

불안증세를 보이거나 불안증에 걸린 비율은 멕시코(15→50%), 영국(19→39%), 미국(8.2→30.8%), 프랑스(13.5→26.7%) 등에서 크게 늘었다. 우울증세를 보이거나 우울증에 걸린 비율 역시 스웨덴(10.8→30%), 멕시코(3→27.6%), 호주

12)   OECD, Policy Responses to Coronavirus: Tackling the mental health impact of the COVID-19 crisis: An integrated, whole-of-society response, 12 May 2021.

(10.4→27.6%) 등에서 큰 증가세를 보였다. 한국은 코로나19 발생 전 데이터가 없어 코로나19 확산 전후를 비교할 수는 없지만, 2020년 초반 정신질환 유병률은 다른 나라와 견주어 눈에 띄게 높았다. 한국은 불안증세를 보이거나 불안증에 걸린 비율이 29.5%였고, 우울증세를 보이거나 우울증에 걸린 비율은 36.8%로 조사 대상국 가운데 가장 높았다. 코로나19 이전에는 정신건강 지원이 사회적 복지나 고용, 청년 정책과 큰 연관이 없었지만, 이제는 더욱 강력하고 통합된 정신건강 지원 정책이 필요한 시대가 되었다.

〈표 2〉에서 또 하나 눈여겨보아야 하는 부분은 10대, 20대, 30대 젊은층의 자살률이 1위라는 점이다. 우리 사회와 학자들은 이 부분에 대해 심각한 문제의식을 가져야 한다. 학업 중단 및 가출 등으로 위험에 놓인 고위험군 청소년이 93만여 명에 달하고 이 중 긴급 상담 및 지원이 필요한 청소년 역시 30만 명이 넘는다. 하지만 그중 상담치료를 받은 청소년은 12만 8000명 정도에 불과하며 이들을 도와줄 상담 인력은 800여 명에 불과하다. 많은 청소년들이 상담의 사각지대에 방치되어 있는 것이다.

상담치료를 받는 청소년들에게 치료 개선 효과는 뚜렷이 나타난다. 상담은 청소년들의 행동과 의식을 변화시킬 수 있는 강력하고도 유효한 수단이다. 그러한 측면에서 인문융합적 상담치료는 청소년들의 심리상담을 진행하면서도 청소년 위기의 구조적인 문제 해결을 위한 정책적, 교육적 대안들을 제시하고 근본적인 문제 해결을 위한 실천적 노력을 병행할 수 있다. 교육청과 교과부에 청소년 문제 해결을 위한 정책적 대안을 제시하고 청소년 자살의 근본적인 문제를 파악하고 해결하기 위해 전 사회적 네트워크 형성 연구와 실행을 기획하고 프로그램을 구성한다. 청소년 관련 업무는 지난 10년 동안 보건복지부, 여성가족부 등 소관부처가 정해

지지 않아 혼란스러웠다. 이는 정부의 청소년 정책 현주소를 말해 주고 있다. 이런 문제들에 대해 연구하고, 변화하는 상황에 맞추어 유연한 대응들을 할 수 있는 학문적 연구와 매뉴얼들이 만들어져야 한다.

대한민국이 OECD 국가 중 노인자살률 1위에 올랐다. 인구 10만 명당 74세 이하 노인 자살률은 81.8명으로 일본 17.9명, 미국 14.5명에 비해 5~6배 이상 많았으며 75세 이상 자살률은 10만 명당 160명이 넘는 것으로 나타났다. 이는 10년 사이 2배 이상으로 늘어난 결과다. 2000년 인구 10만 명당 60대 25.7명, 70대 38.8명, 80대 이상 51.0명에서 2010년 60대 52.7명, 70대 83.5명, 80세 이상 123.3명으로 10년 사이 2배 이상 증가했으며 특히 70대 자살률은 2009년 79.0명에 비해 5.7% 증가했다.[13] 주요 요인으로는 사회적 고립과 상실감이 보고되고 있는데 자살을 시도하는 노인의 24~60%가 홀로 생활하는 노인으로 가족이나 의지할 수 있는 대상이 없는 것으로 나타났다. 특히 가까운 가족의 투병 생활과 죽음 등으로 인한 강한 상실감으로 외부 출입이 줄어들고 고립상태에서 우울감을 경험하게 되는 경우가 많았다. 더욱이 노인의 특성상 자살계획을 다른 사람에게 알리는 경우가 적어 노인자살률을 낮추기 위해서는 무엇보다 지속적인 관심이 필요한 것으로 나타났다. 이러한 문제는 심리상담만으로 해결될 수 없다. 보다 근본적이고 구조적으로 노인복지뿐만 아니라 노인정책의 문제로 접근해서 사회적인 합의와 대안을 모색하는 연구가 필요하다.

인문학을 통한 상담치료, 인문융합치료는 이렇게 개인의 문제를 사회 전체적인 맥락 안에서 이해하고 통합하고자 하는 융합학문의 하나다. 학제 간 공동협력과정을 통해 더욱 깊이 있는 분석과 이해, 비판과 통찰, 그리고 사변이 가능해진다. 인

---

13)   통계청 사회통계국 인구동향과. (2019). 연령별 5대 사망 원인 사망률 및 구성비. 1-7.

문학적 상담치료의 대상이 되는 개인이나 그룹, 그리고 인문융합치료가 참여할 수 있는 영역을 병행하여 아래와 같이 정리해 보았다.

- 사회적 위기, 혹은 참사로 인한 트라우마로 고통받고 있는 공동체와 개인.
- 사회적으로 소외되거나 배제되고 배척당하는 공동체나 개인(심리상담센터 운영).
- 직장 내 괴롭힘으로 고통당하는 개인이나 그룹(심리적 지원과 법률적 지원).
- 지역사회에 심리-정서적 지원을 하는 조직이나 개인(지지체계 구축을 위한 사업).
- 자아의 성찰과 인격의 성숙을 향해 나아가는 모든 사람들(인문학 아카데미 개설).
- 종교나 신앙의 문제로 일상의 삶이 파괴되는 공동체나 개인.
- 지역의 공무원이나 교사들의 직무 능력 제고(심리적으로 소진된 교사, 공무원 연수).
- 기업과 조직의 인문융합적 연수프로그램 개발
  (진단과 평가 & 개선과 혁신의 연수 프로그램 제공).

2

세계보건기구(WHO)의 '건강한 인간' 개념

20세기에 들어 1995년 세계보건기구(WHO)에서 발표한 "21세기에는 모든 인류에게 건강을"이라는 선언문에서는 건강의 개념이 진일보하여 **"영적으로 안녕한 상태"**라는 개념을 새롭게 추가했다. 곧 **"건강이란 질병이 없거나 허약하지 않은 것만 말하는 것이 아니라 신체적, 정신적, 사회적, 영성적으로 완전히 안녕한 상태에 놓여 있는 것"**이라 정의한다. 인문융합치료 영역에서는 '영성적'인 측면을 신체와 정신의 사회적 영향 아래 놓인 한 인간의 전인적이고 통합적인 측면에서의 이해를 추구한다.[14]

---

14) World Health Organization. Health promotion glossary. Geneva: World Health Organization; 1998, 1-2; WHO, 2018, 《Mental Health Atlas 2017》, https://www.who.int/mental_health.; 한지숙, 김영국. (2015). 관광 활동의 영적 안녕과 정신적 건강, 사회적 건강 간의 관계. 31(2), 187-210; 박희준. (2007). 일본학계의 영성 연구 동향. 한국정신과학회 학술대회논문집, 26(2007), 107-124. 세계보건기구는 1984년 제37회 총회에서 "서기 2000년까지 모든 사람에게 건강을"이라는 결의를 했는데 그 결의 전문에는 "Spiritual한 측면"이라는 말이 언급되어 있었다. "Spiritual한 측면"은 물질적인 성격의 것이 아니라 사람의 마음과 양심에 나타나는 사상, 신념, 가치와 윤리 특히 고매한 사상의 범주에 속하는 현상이라고 정의돼 있다. 1998년 1월의 제101회 집행이사회에서 7개의 헌장 개정안 가운데 하나로서 종래의 정의에 'Spiritual'과 'Dynamic'이라는 말을 추가하자는 안이 제기되었다. 곧 "Health is a dynamic state of complete physical, mental, spiritual and social well being and non merely the absence of disease or infirmity" "건강이란 육체적 정신적, 영적 및 사회적으로 완전히 행복한 동적 상태이지 단순히 질병이나 병약함이 없음을 뜻하는 것이 아니다." 이 개정안에 정족수 32명 가운데 찬성 22, 반대 0, 기권 8로 가결됐다. 찬성 측의 입장으로서는 인간의 존엄성이 확보되고 또 전통의학에 대한 허용도가 높아진다는 이점이 지적됐다. 또, 기권을 한 입장에서는 'Spiritual'의 '정의가 명확히 되어 있지 않다'는 의견과 건강의 정의와 같은 사항의 심의에는 더욱 시간을 들여야 한다는 등의 지적이 나왔다. 그러나 다음 해 1999년 5월에 열린 세계보건기구 총회에서는 '건강의 정의' 개정 제안이 보류되어 사무국장의 차후 검토에 맡겨지게 되었다. 이후 'Spirituality'에 관한 국제적인 질적 조사는 여러 나라에서 다양하게 조사되어 오고 있다. 영성 개념이 압도적인 찬성으로 채택되었음에도 불구하고 다시 검토의 대상으로 밀려난 것은 현대자본주의의 의학과 제약 분야에서의 거부에 기인한다. 영성이라는 단어는 대체의학과 민간의학 분야에서의 가능한 여러 가지 경험 사례들의 수집에 통로를 더욱 활성화 시켜 의학과 제약의 주도권을 일정 부분 잃어버릴 위험에 대한 자기방어라는 측면을 학자들은 지적한다.

19세기 이전까지의 건강의 개념은 신체 개념의 건강으로, 건강을 육체적인 질병의 반대편에 서 있는 상태로 이해하였다. 19세기 중엽부터 건강의 개념이 심신상관(Mind & Body concenrning) 개념의 건강으로 바뀌게 되었다. 정신과 신체를 별개로 구분해서 생각할 수 없다는 것을 알았기 때문이다. 여기서 나온 학문이 심신상관의학(Mind-Body Concerning Medicine)이다. '심신상관의학'이란 '마음은 육체에, 육체는 마음에 서로 영향을 주고받는다'는 개념 아래서 의학을 다루는 학문이다.[15]

몸과 마음은 연결되어 있다. 몸, 신체는 물질의 영역이기에 존재하는 것을 다루는 과학과 의학의 영역에서 여러 가지 접근과 설명이 가능하지만, 인간의 마음은 어떻게 설명하고 이해할 수 있을까? 일단 언어에 있어서도 '마음' '영혼' '정신'과 같은 단어들은 어떻게 구별하여 이해할 수 있을까? 심리학이 서양에서 기원하여 모든 언어들은 서구적 기원을 갖는다. '심리학(Psychology)'이라는 단어만 하더라도 'Psycho(영혼, 푸쉬케)'라는 그리스어에서 기원한다. 지금 우리가 번역하는 '심리'학은 이전에는 '영혼'학이라 말했다. 푸시케(그리스어: Ψυχή, 알파벳 표기: Psyche)는 고대 그리스의 말(희랍어)로, 원래는 '숨'을 의미했다. 호흡은 생명의 표시로서 가장 현저한 것이었으므로, 이윽고 이 푸시케라는 말은 생명을 의미하게 되어, 그것이 바뀌어 '마음'이나 '영혼'도 의미하게 되었다.

---

15) 린다 스미스 와스머, 박은숙. (1999). 몸과 마음의 관계. 김영사: 심신상관의학은 '인간의 생각이나 감정 등 정신이 건강에 큰 영향을 미친다'고 전제하며, 이완 명상 음악 유머 등을 치유방법으로 사용하는 의학으로 정의한다. 19세기 중엽 이래 구미에서는 '생체의학'이 발달해 박테리아나 바이러스, 혹은 화학적 불균형을 질병의 원인으로 보고 적절한 백신이나 의약품을 사용해 이를 고칠 수 있을 것으로 보았다. 그러나 에이즈와 암이 아직 정복되지 않은 오늘날 이러한 논리는 설득력을 잃었다. 대신 **신체 내부의 자연치유력을 회복시켜 주는 심신상관의학의 역할이 중요**해졌다. 심신상관의학은 특정 질병보다는 환자의 몸 전체와 정신에 더 많은 관심을 갖는다. 병원에서 환자의 정서를 순화시키기 위해 음악연주회와 미술전시회가 열리는 것도 이 같은 이유 때문이다. 특히 요즘 미국에서 각광받고 있는 치유법은 '지각명상(知覺瞑想)'이라고 설명한다. 기존의 '초월명상'과 달리 명상 중 생기는 다른 생각이나 감정에 오히려 집중하는 방법이다. 발에서 머리에 이르기까지 주의력을 몸 전체로 확산해 자신의 느낌에 온 정신을 기울이면 스트레스나 통증을 이겨 낼 수 있다고 소개한다.

인간이 건강하다는 것은 무엇을 말하는가? 몸과 마음, 정신과 영혼이 건강하다는 것을 우리는 어떻게 이해하고 말할 수 있을까? 몸에 관련해서는 의학적인 접근과 과학적인 접근의 영역으로 미루더라도 정신건강에 대한 부분, 아니 인간 '존재'에 관련한 부분에 대해서는 의사나 과학자들의 영역만은 아니다. 가령 인간의 '죽음'에 대해서 의사들은 소위 '사망진단'을 내릴 수는 있으나 인간의 '죽음'이라는 인간현상 앞에서 '사망진단'이라는 의료적이고 행정적인 판단은 무력하다. E 퀴블러로스는 한 인간의 죽음의 과정을 설명하며 인간 존재의 소멸 순간에 어떻게 마지막 사랑과 우정을 나누며 인간의 존엄과 가치를 잃지 않고 죽음을 맞이할 것인가에 대해 심리학적 설명과 협력을 말해 준다.[16] 정신과 의사인 퀴블러로스는 자신의 죽음이나 사랑하는 이들의 죽음에 대처하는 수백만의 사람들에게 위안과 이해를 가져다주었다.[17] 그것은 고도로 발달한 의학이나 과학이 감당할 수 있는 것이 아니었다.

우리는 일상에서 이와 유사한 많은 사례들을 말할 수 있다. 인간의 사랑과 우정, 희생과 헌신, 용서와 화해 등의 인간행동은 논리적이지도 합리적이지도 않다. 그럼에도 인간은 이성적이고 합리적이고 논리적인 세상 한가운데서 타인을 위해 목숨을 바치고, 용서할 수 없는 사람을 용서하며 화해하기도 하고, 조건 없는 사랑을 실현하며 숭고한 삶을 살아간다. 때로 그들은 타인을 위해 희생하여 신체의 일부를 잃게 되거나 정상적인 기능을 수행하지 못하게 되는 상황에 놓이게 된다. 신체

16) 퀴블러로스, 성염. (1979). 인간의 죽음: 죽음과 임종에 관하여. 분도出版社.

17) 1926년 스위스 취리히에서 세 쌍둥이 중 첫째로 태어난 저자는 제2차 세계대전이 끝나고, 열아홉에 폴란드 마이다넥 유대인수용소에서 소명을 발견한다. 그곳에서 죽음을 맞이해야 했던 사람들이 수용소 벽에 수없이 그려 놓은, 환생을 상징하는 나비들을 보고 삶과 죽음의 의미에 대해 새로운 눈을 뜨게 되었다. 그는 불치병을 앓는 많은 아이들과 에이즈환자, 노인들에게 죽음은 두려운 것이 아니라 지나가는 과정이라는 설명을 통해 죽음을 자연스럽게 받아들일 수 있도록 도움을 주었다. 이것은 살아있는 모든 이들에게 커다란 심리적 위안과 위로가 될 수 있으며 남아있는 삶을 건강하게 살아갈 수 있는 강력한 정신적인 힘을 낼 수 있도록 도움을 주었다.

일부가 기능하지 못한다 하여 그들을 건강하지 못한 인간이라고 말할 수 있는가! 그들은 지금도 인류에게 끊임없는 영감을 불어넣어 주고 있으며, 인간의 삶을 보다 높은 차원으로 이끌어 주고 있다.

반대로 인간은 이해할 수 없는 상황에 직면하기도 한다. 전쟁과 학살, 미국에서 벌어지는 총기난사, 인간에 대한 증오와 폭력, 강도와 살인 등의 인간으로서 도무지 이해할 수 없는 범죄와 가해로 인간에 대한 사랑을 파괴하고 공동체에 위협을 가하는 일군의 무리들도 만나게 된다. 그들은 건장한 신체적인 조건을 가지고 있지만, 결코 그들을 건강한 인간이라고 말할 수 없다. 그들의 마음과 정신 그리고 영혼은 파괴되었고 인류에게 위협적인 영향과 에너지를 발산하고 있을 뿐이다. 인간의 건강함이란 단순히 신체적인 건강만을 의미하는 것이 아니다. 그의 몸과 마음, 정신과 영혼이 하나 되어 어떠한 영성으로 살아가고 있는가 하는 인간에 대한 통합적인 안목과 관점에서의 접근은 그래서 중요하다. 곧 인간의 건강함은 다면적으로 이해하고 정의되어야 한다. 우리가 인간의 마음에 대해, 영혼에 대해 모든 것을 알고 설명할 수는 없지만, 인간의 역사와 문화, 철학과 영성의 변천을 되짚으며 축적된 인간의 긍정적인 경험 자료들을 어떻게 인류의 공동선을 위해 적용하고 융합할 것인가 하는 것이 우리들 연구의 흐름이고 방향이다.

최근 국제보건기구 WHO에서는 영성생활에 대한 현장 테스트 도구를 업그레이드해 전파했다. WHOQOL-SRPB 현장 테스트 도구는 삶의 질을 다루는 32개의 질문으로 구성되어 있다. 영성, 종교성 및 개인적 신념(SRPB)과 관련된 질문으로 구성된 이 도구는 전 세계 18개 센터에서 105개의 질문에 대한 광범위한 파일럿 테스트를 통해 개발되었다. 32개 질문 항목으로 구성된 테스트 도구는 삶의 질에 대한 개인의 인식에 대한 지표로 활용할 수 있다. 그들이 살고 있는 문화와 가치체계의 맥락에서 그리고 관계에서 삶의 위치 그들의 목표, 기대 및 관심사 안에서 만들어진 질문들은 인간 삶의 질을 이해하고 가치와 의미를 이해하는 데 '영성(Spirituality)'이 얼마나 중요한 도구가 될 수 있는지 말해 주고 있다.[18]

WHOQOL-SRPB
Field-Test
Instrument

WHOQOL Spirituality, Religiousness and Personal
Beliefs (SRPB) Field-Test Instrument

The WHOQOL-100 QUESTIONS
PLUS 32 SRPB QUESTIONS

MENTAL HEALTH: EVIDENCE & RESEARCH,
DEPARTMENT OF MENTAL HEALTH &
SUBSTANCE DEPENDENCE
WORLD HEALTH ORGANIZATION
GENEVA, SWITZERLAND

---

18) https://www.who.int/home/search?indexCatalogue=spirituality/WHOQOL-SRPB 현장 테스트 도구: WHOQOL 영성, 종교성 및 개인 신념 (SRPB) 현장 테스트 도구: WHOQOL-100 질문 및 32개의 SRPB 질문, 2012년 개정판(2021년 6월 18일 검색).

3

인문융합과 '영성(spritituality)': 전인적·통합적 이해

현대사회의 급변 가운데 영성은 사람들이 삶 속에서 신성함을 찾고, 보존하고, 또한 필요하다면 변모시키기 위해 생각하고 느끼고, 행동하거나 서로 관계하는 모든 방식과 관련 있는 것이다.[19] 우리가 따르기로 선택하는 규율과 습관들은 우리의 몸, 마음, 영혼 속에서 어떤 큰 통합이나 붕괴를 이끌고 우리가 신(神), 다른 사람들 (타자, 他者), 우주와 관련된 방식에서도 보다 큰 통합이나 붕괴를 이끈다. 모든 사람들은 영성을 가지고 있고, 이 영성은 앞에서 설명한 것처럼 우리 매일의 생각과 느낌, 행동들에 반영되면서 생명을 주거나 혹은 파괴적인 힘을 가하고 있다.[20]

'인문융합'의 키워드는 통합, 유기적 연결, 관계성(concerning)과 전인적 치료(gr. therapeia)로 이는 다양한 내담자에 대한 관찰의 토대가 된다. **인문융합치료는 인간의 마음과 몸, 사회공동체는 모두 유기적으로 연결되어 있다는 인문과학적 사유를 바탕으로 몸과 마음을 별개의 것으로 생각하지 않고 상호관련을 지어 파악하**

---

19) R. Rolheiser. (1999). Challenging the fire within [Excerpt from The Holy Longing]. Catholic New Times, 23(15), 3-:R. Rolheiser. (2000). The Holy Longing. Theological Studies (Baltimore), 61(3), 597.

20) 렌 스페리, 최영민 역. (2008). 영성지향심리치료: Spirituality Oriented Psychotherapy. 하나의학사. 19-24. 예를 들어 명상(meditation)은 수행 중 뇌에서 α파가 많이 방출되게 한다. 그런데 알파파가 방출되면 β-엔돌핀이라는 호르몬을 함께 분비한다. β-엔돌핀이 분비되면 자연살해세포(NK)의 활동이 좋아져 면역력이 높아지는 효과를 볼 수 있다. 1990년 레비와 헤르버맨은 유방암으로 유방절제수술을 받은 66명을 상대로 종교활동에 출석하는 사람과 출석하지 않는 사람의 자연살해세포(NK)의 수를 조사해 보았다. 그랬더니 교회에 출석하는 여성들의 자연살해 세포 수가 훨씬 많이 활동하고 있음을 발견했다. 자연살해세포(NK)란 암세포를 직접 파괴하는 세포이다. NK세포가 암세포를 죽이는 방법은 '퍼포린'이라는 단백질을 분비하기 때문이다. 이 '퍼포린'은 암세포의 구멍을 뚫어서, 그 구멍 안으로 물과 염분이 들어가게 해서 암세포를 죽인다.

고, 개별의 몸과 마음이 사회 전체의 구조와 메커니즘으로부터 어떠한 관계를 형성하고 서로 영향을 주고받는지 파악하여 통합적이고 전인적인 치료와 인간 개인과 공동체의 회복을 구체적으로 실천하는 학문 영역이다. 즉 국소의 질병만을 치료하는 것이 목표가 아니라 전신의 부조화를 회복하는 것을 목표로 삼고 있는 것이다. 이 인문융합치료는 그 자체가 심신의학의 키워드를 내포하고 있으며, 이것은 인간, 개별자의 문제만이 아니라 유기적으로 연결되어 있는 하나 된 인간관계의 네트워크, 연결망 안에서 긍정적인 영향을 줄 수 있는 방법을 연구하는 것이다. 심신상관의 관점에서 인문과학과 자연과학 그리고 사회과학과 영성이 융합하여 연구를 진행한다면 '인문융합치료'의 새로운 장을 열 수 있을 것이다.

인문융합치료는 기존의 질병관, 즉 '병=증상=약'이라는 도식에서 탈피하고자 노력한다. 인문융합치료는 질병에 걸린 사람(인생)을 보고 '그가 왜 삶의 조화와 균형을 잃어버렸는가?'라는 의문을 가지고 회복의 방법을 찾아 나간다. 즉, 병이란 그 사람 인생의 결과물로 이해한다. 그를 둘러싸고 있는 모든 환경, 그가 살았던 지역과 직업, 작업환경, 스트레스의 정도, 노동 시간, 거주지의 생태와 환경, 그를 둘러싼 사회적인 환경과 그것에 반응하며 살아온 한 인간의 내면 역동의 '통섭의 과정'을 돌아보아야 한다는 것이다. 곧 한 인간이 온전해지기 위해서는 특수한 개인 내면의 역동을 고찰하는 것만으로는 부족하고 동시에 그를 병들게 한 인생과 사회구조 시스템, 환경을 함께 고려해야 할 것이며, 여기에서의 치유란 질병의 신체적 고통에서 벗어나는 문제만이 아니라 그를 둘러싼 제반 환경 일체에 대한 고찰과 변화를 모색하는 전체적인 과정이 되어야 한다는 것이 인문융합치료 연구자들의 연구 방향이다.

'인문융합상담전문가(Humanities Convergence Specialist Counsellor: HCSC)' 양

성과정에서 훈련된 전문가는 인생의 깊이 있는 상담자가 되어 내담자의 전 인생과 그를 둘러싼 사회와 환경을 총체적으로 관찰하여 연구하고 내담자 인식의 변화를 줌으로써 깨어진 존재의 균형을 회복하고 신체적인 균형뿐만 아니라 정신, 사회, 영성적 균형을 회복하는 데에 초점을 둔다. 기존의 의학은 약이나 수술 등을 위주로 증상과 고통의 즉각적인 개선에 목표를 두고 있다. 그러나 기존의 의학으로 치료되기 어려운 많은 질병들과 인과관계가 명확하지 않은 많은 임상사례들의 치료와 회복의 결과를 마주하면서 의학은 새로운 방향을 모색한다. 미국에서는 서양의학을 제외한 모든 치유방법을 통칭하는 분야를 일반적으로 대체의학(Alternative Medicine)이라고 한다. 대체의학은 침술(Acupuncture)을 비롯하여 향요법(Aromatherapy), 카이로프랙틱(Chiropractic), 수치유법(Hydrotherapy), 식이요법, 동종요법(Homeopathy), 인도의 전통 의술인 아유르베다까지 약 50여 가지의 치유방법을 포괄한다. 동양의학인 한방을 대체의학의 한 분야로 바라보는 시각도 있다. 그러나 우리나라에서는 한방이 제도권 안에서 보호받는 상황이므로 한방과 현대의학을 제외한 제3의학을 대체의학이라고 할 수 있을 것이다.[21] 인문융합치료는 대체의학을 가능하게 하는 인문과학적 연구를 수행한다. 곧 인간의 신체와 마음, 정신, 영혼을 통합적으로 이해하며 인간이 가지고 있는 고유한 치료능력, '생체항상성'을 발견하고 고양할 수 있는 인간의식의 힘을 체계적으로 연구하고 삶에 적용하려 한다.[22]

---

[21] 대한의학회의 연구에서의 대체의학의 조작적 정의는 "현재 우리나라 사회에서 인정되는 정통의학, 주류의학, 제도권 의학, 정규의학에 속하지 않은 모든 보건의료체제 및 이와 동반된 이론이나 신념, 그리고 진료나 치료에 이용되는 행위와 제품 등의 치유자원 전체를 총칭한다". 참고: 대한의학회(2005), 보완대체요법 근거수준 결정방법론 개발과 적용. 대한민국의 의료법상 정규의학으로 인정되는 한의학은 대체의학이 아니며, 이는 중국의 중의학, 일본의 한방의학과 같다: 대한민국 의료법 제1장 제2조(의료인) http://www.law.go.kr/LSW/lsInfoP.do?lsiSeq=204193#0000.

[22] 생체항상성은 생명의 특성 중 하나로, 단순한 단세포 유기체에서부터 가장 복잡한 식물과 동물에 이르기까지 내부의 기작이 작동하여 물질대사가 진행될 수 있도록 정해진 환경을 유지한다. 항상성 기작은 세포, 조직, 기관, 유기체 전체 수준에서 일어난다. 항상성(恒常性, Homeostasis 혹은 homoeostasis)은 변수들을 조절하여 내부 환경을 안정적이고 상대적으로 일정하게 유지하려는 계의 특성을 말한다. 그리스어 ὅμοιος[ὅμοιος, Henry

영성은 고대의 주술적 치료나 종교적 치유와는 결을 달리한다. 종교의 시대는
갈수록 어두워지고 영성의 시대는 다가온다. 기존의 제도와 건물에 갇혀 절대자
에게 가는 길을 방해하거나 가로막았던 교회와 제도의 시대가 비판받고 초월적인
'자기(Self)'와 만나는 수많은 영성적 시도들이 동서양을 막론하고 수 세기를 걸쳐
종교 제도 밖에서 성장해 왔다. 제도는 시스템을 유지하고 관리하는 데 너무나 많
은 비용이 발생했고, 때로는 운영하는 사람들의 부도덕과 무능으로 막대한 제도
의 조직과 능력을 낭비하게 하였다. 이제 영성은 마치 직거래 장터와 같다. 중간
유통업자들의 속임수와 탐욕을 제거하고 내가 직접 '초월'의 문제에 직면하여 기
초적이어도 스스로의 명상(meditation)과 관상(contemplation)을 통해 초월자와
의 직거래 방식을 선택해 가고 있다. 이러한 모든 영성적 과정은 인문융합치료과
정과 융합하여 한 사람의 다양한 발병 원인 제거와 인체가 원래 지닌 생체항상성

George Liddell, Robert Scott, A Greek-English Lexicon, on Perseus.]('유사한'이라는 뜻)와 στάσις[στάσις,
Henry George Liddell, Robert Scott, A Greek-English Lexicon, on Perseus.]('동일하게 유지하다, 버티다'라
는 뜻)에서 유래하였다. 항상성의 예로 외부 조건의 변화에 대하여 인체 내부 환경을 일정하게 유지하는 과
정, 즉 체온 조절이나 산성도와 알칼리도(수소 이온 농도) 조절을 들 수 있다. 항상성 개념은 1865년에 클로
드 베르나르(프랑스어: Claude Bernard)가 제안하였으며, '항상성'이라는 단어는 1926년 월터 브래드포드 캐
넌(Walter Bradford Cannon)이 고안하였다. 항상성은 본래 살아 있는 유기체에서 일어나는 과정을 일컫는 단
어였지만, 지금은 온도조절장치(thermostat)와 같은 자동조절장치에도 쓰인다. 항상성은 변화를 감지하기 위
한 센서(sensor), 환경을 조절하는 효과 메커니즘(effector mechanism), 그리고 그 둘을 연결하는 음성 피드
백(negative feedback)을 필요로 한다. 모든 항상성 통제 메커니즘은 변수를 조절하기 위하여 최소 세 개의 상
호의존적인 요소(수용기, 조절계, 효과기)로 이루어진다. 수용기는 환경의 변화를 감시하고 그에 반응하는 감
지 장치이다. 수용기가 변화를 감지하면 '통제 중심'에 정보를 보낸다. 통제 중심(control center) 혹은 조절계
(control system)는 변수가 어느 수준으로 조절되어야 하는지 범위를 정하는 요소이다. 통제 중심은 자극에 대
해 적당한 반응을 결정하고 효과기에 신호를 보낸다. 신호를 받으면 효과기, 즉 근육이나 장기, 혹은 기타 구조
물은 변화에 대해 실제 반응을 하고 음성 피드백 신호를 보낸다. Marieb, Elaine N., Hoehn, Katja N. (2009).
Essentials of Human Anatomy & Physiology (영어) 9판. San Francisco, CA: Pearson/Benjamin Cummings.
ISBN 0321513428. 서로 상반되는 되먹임 작용은 건강한 신체 기능을 유지하는 데 중요한 역할을 한다. 두 되먹
임 작용 사이에 교란이 일어나거나 내부적, 외부적 요인에 의해 바뀌게 되면 항상성을 유지하기 위한 보상 작
용이 깨지고 질병이 유발된다. 생명체가 나이가 들면서 항상성 조절계의 효율이 감소하고, 내부 환경은 점진
적으로 불안정해진다. 따라서 질병 위험 요소가 늘어나고 노화와 연관된 신체적 변화가 나타난다. 특정한 항
상성 불균형, 예를 들면 심부 체온이 높거나, 혈중 염 농도가 높거나, 혹은 산소 포화도가 낮으면 동물은 그것
을 극복하려는 욕구를 느낀다. 이를 항상성 감각(homeostatic emotion)이라 한다. Emeran A. Mayer. (2011).
Gut feelings: the emerging biology of gut-brain communication. Nature Reviews Neuroscience (영어) 12 (8):
453-466.

(Homeostasis)의 회복에 초점을 맞추어 치유의 조력자 역할을 할 수 있는 것이다. 세계보건기구는 1990년부터 1995년에 걸친 회의를 통해 '보완대체의학'을 현대의학 발전과 보급 이전에 수백 년간 존재해 왔고, 현재에도 사용되고 있는 치료 경험들로 구성된다고 밝히고 있다. 과거 전통적으로 인정되었던 보완대체의학은 아래와 같이 정의한다.[23]

(1) 정규 의과대학에서 교과과정에 포함되지 않았던 의학 분야.
(2) 현대의료를 제공하는 병의원에서 다루지 않았던 의료.
(3) 그 효과가 과학적으로 증명되지 않거나 그 증명이 부족한 의료.
(4) 일반적으로 의료보험의 급여내용에 포함되지 못한 의료.

통합의학이란 건강 수준을 향상하기 위하여 기존의 서양의학에 효능이 입증된 보완대체의학 영역을 추가하거나 병행하는 것을 말한다. 즉 건강을 위해 그 효과가 검증된 모든 방법을 동원하여 최대한의 치료 상승효과를 기대하는 의학의 한 분야이다. 최대의 건강(통합의학)=현대의학+보완대체의학의 방법들에 따라서 현대의학을 대신하는 것이 아니라 부족한 면을 보완하는 의미가 강한 것이 통합의학의 개념으로 볼 수 있으며 현대의학에서도 이러한 접근법을 수용하기가 용이할 것으로 인식되고 있다. 그런 의미에서 인문융합치료는 통합의학적 측면에서 더욱 의미 있는 연구의 지점으로 성장하고 발전할 것으로 기대된다. 인문과학은 그동안 인류 역사 안에 축적된 긍정적인 경험들이고, 이들의 융합은 새로운 시너지를 만들어 인류의 진보와 지속 가능한 사회를 만들어 왔다.

치료(治療)는 상처나 질병을 낫게 하는 일을 말한다. 그것은 신체적인 문제에만

---

23) 참고: 김석범. (2014). 건강증진사업에 보완대체의학의 활용. 영남의대 예방의학교실.

해당하는 것은 아니었다. 몸은 마음과 연결되어 있다는 것은 주지의 사실이고 몸
이 아프면 마음에 문제가 생기고, 마음에 문제가 생기면 몸에도 문제가 생겨난다.
이어지는 장에서 현대사회의 정서적 심리적 위기와 병리를 살펴보고 치료의 근본
적인 의미에 대해 고찰해 보고자 한다.

Ch 02

현대사회의
정서적 심리적 위기와 병리

미래에 대한 희망과 믿음은 양차 세계대전과 함께 현대로 넘어오면서 산산이 부서져 버리고 현대인은 지금까지 인간들이 겪지 못했던 더 복잡하고 치명적인 삶의 문제들 앞에서 공포와 절망과 좌절을 맛보지 않을 수 없게 되었다.[24] 초연결·초지능 시대의 도래를 준비하던 '호모 사피엔스'가 바이러스와의 싸움에서 철저한 무기력함을 드러내며 죽은 자들을 애도할 시간도 없이 시신들을 처리할 방법도 찾지 못한 채 우왕좌왕하고 있다. 지젝은 말한다. "우리가 마주하고 있는 궁극적 선택은 이렇다. 과거의 일상으로 돌아가기 위해 분투해야만 하는가. 아니면 팬데믹이 우리가 새로운 '포스트휴먼'의 시대(인간됨이 무엇을 뜻하는지에 관한 우리의 지배적 인식과 관련한 '포스트휴먼')에 들어서고 있다는 신호 중 하나임을 받아들여야만 하는가. 이는 우리의 심리적 삶과 관련된 선택에 그치지 않는다. 그것은 어떤 의미에서 '존재론적' 선택이며, 우리가 현실(로 경험하는 것)과 맺는 모든 관계에 결부된다."[25] "탈인간(포스트휴머니티)의 도전을 받아들이는 것이 우리의 유일한 희망이다. '(낡은) 일상으로의 복귀'를 꿈꾸는 대신 우리는 새로운 일상을 건설하는, 힘들고 고통스런 길로 나서야만 한다. 이 건설 작업은 의학적이거나 경제적인 문제가 아니라 속속들이 정치적 문제다. 우리는 사회적 삶 전체를 새로운 형태로 발명해야만 한다."[26] "이는 우리 모두가 내려야만 하는 선택이다. 무지에의 의지라는 유

---

24)　남청. (2012). 현대인의 정신건강: 무엇이 문제인가?. 동서철학연구. 63, 199-218.

25)　슬라보이 지젝. (2021). 잃어버린 시간의 연대기. 163.

26)　같은 책, 166-167.

혹에 굴복할 것인가 아니면 정말로 기꺼이 팬데믹을 사유할 것인가? 팬데믹을 생화학적 건강 문제만이 아니라 자연에서 우리 인간이 점유하는 위치와 우리의 사회적이고 이데올로기적 관계를 포괄하는 복잡한 총체성에 뿌리를 둔 어떤 것으로 사유할 수 있는가? 이 선택으로 우리는 '부자연스러운' 행동을 받아들이고 새로운 일상성을 만들어 내는 결정을 해낼 것인가?"[27]

지젝의 말처럼 현대사회가 직면한 정서적 심리적 위기는 분석되고 연구해야 할 시대의 문제이며 구조적이고, 거시적인 문제의 변수들을 함께 고려해야 하는 상황이다. 개인의 '에고(ego)' 안에서 일어나는 스트레스와 분노, 억압과 우울, 중독이나 신체화 장애 문제는 도덕적 지탄의 대상이나 윤리적인 문제, 종교적인 죄와 고해성사의 문제가 아니다. 신자유주의 시대에 더욱 심각해진 경제-사회적 불평등의 문제, 재택근무가 일상이 되어 가면서 발생하는 노동명령체계와의 동거, 줌으로 연결되는 디지털 교육체계로 인한 학습능력 격차의 심화, 환경과 기후 생태계의 위기 등의 문제가 복합적으로 우리들의 삶의 자리로 접어들고 있다는 점을 함께 고려해야 할 것이다. 그러면 이러한 위급한 팬데믹 시대에 당면한 우리들의 '에고(ego)'의 문제들은 무엇인가?

'초자아(transpersonal)'적이고, '탈자아(beyond ego)'적인 당면한 인간실존의 문제에 대해 우리는 인문융합적 사유를 필요로 한다. 현대인들의 정서적 심리적 위기와 병리는 이전의 심리학에서 설명했던 분노와 불안 그 이상의 복합적이고 다면적인 의미를 내포한다. 기존의 심리학적 이해로 현대 인간실존의 문제를 분석하고 이해하는 데는 오류와 한계가 있다. 그렇다고 기존의 도식이나 연구의 성과들을 모두 부인할 수는 없다. 여전히 유효한 인간 마음의 문제에 대한 지점이 있고 오래

---

27) 같은 책, 202-203.

전 연구에서 방치하거나 크게 문제나 사유가 되지 않았던 부분들이 현대에 접어들면서 상당히 유의미한 연구의 소재와 주제가 되고 있는 것도 현실이다. 제기되는 인간실존의 문제는 여럿이고 더욱 광범위하지만 근본적인 인간실존에 위협을 주는 문제의 원인을 분노와 불안, 억압과 우울, 중독, 신체화 장애로 범주화하고, 인간을 둘러싸고 있는 제반의 사회환경 문제, 곧 정치, 경제, 문화, 환경 등의 문제를 사회역학적(Social Epidemiology) 접근을 통해 이해해 보고자 한다.

1

분노(anger)와 불안

코로나19 초기에는 질병에 대한 '공포' '불안' '우울'이 주요 감정이었다면, 최근에는 '분노'의 감정이 앞서고 있다. 코로나19 장기전에 대한 스트레스 과부하로 우울함(코로나 블루)을 넘어 분노(코로나 레드)까지 이어지고 있다.

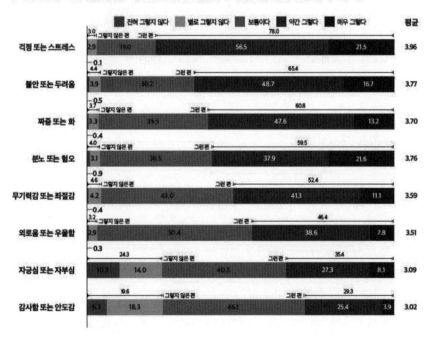

문. 코로나19 확산 전과 비교해, 귀하가 일상에서 느끼는 감정은 어떻게 변화했습니까? 아래 각 항목에 응답해 주십시오. (N=1,000)

표 4: 코로나19로 인한 감정 변화조사 결과(한국언론진흥재단, 2021년 2월 보도자료 참고)

한국언론진흥재단이 온라인으로 만 19세 이상 1000명을 대상으로 '코로나19 이후 국민의 일상 변화조사'를 실시한 결과 다수의 응답자가 △ 걱정과 스트레스(78.0%) △ 불안과 두려움(65.4%) △ 짜증 또는 화(60.8%) △ 분노 또는 혐오(59.5%) 등의 감정을 코로나19 이전보다 많이 느낀다고 응답했다. 이는 우리 사회가 우울함의 단계인 '코로나 블루'를 넘어 분노의 단계인 '코로나 레드'로 넘어가고 있다는 우려에 근거를 제공하는 결과로 풀이된다.[28]

일반적으로 어떤 사람은 화를 통제하지 못해서 어려움을 겪기도 하지만 어떤 이는 화를 묻어 버리기 때문에 문제가 된다. 어떤 사람은 특정 상대가 아닌 무고한 사람에게 화를 내기도 하고, 어떤 사람은 상대와 대면하지 않고 폭식, 흡연, 음주, 약물남용, 혹은 무자비한 자책으로 스스로를 파괴한다. 화를 인정하고 건강하게 표출하는 법을 찾지 못하면 화는 비정상적으로 병들거나 비생산적인 출구를 찾는다. 화를 지배하지 못하면 화는 우리 자신과 주위 사람들의 삶을 엉망으로 만들 수 있다. 화를 낸다고 반드시 갈등이 빚어지는 것은 아닌데 화를 키워 곪게 만들어 우리가 잘 인식하지 못하는 왜곡된 감정으로 변이를 일으키게 한다면 이는 더욱 상황을 어렵게 만드는 것이다.

화는 상당히 중요한 사회학적, 심리학적 영성적 지점이다. 이것은 인간관계나 자신을 둘러싼 사회적, 문화적, 종교적, 정치경제학적 환경 또는 자기 자신의 내면에서 무엇인가 잘못된 일이 일어났다는 신호다. 이 신호를 무시하면 화는 다른 감정들과 차단된다. 이것은 단순히 "분노는 종교의 교리 '칠죄종'의 하나로 고해성사를 보고 해결하라."는 '종교적 자위'로 해결되는 것은 아니다. 그렇다고 심리학이 '분노조절장애'를 단숨에 제거하거나 제어하기는 쉽지가 않다. 정신의학의 발달로

---

28)　한국언론진흥재단. (2021). 코로나19 이후 국민의 일상변화조사 보도자료. 10.

만들어진 '프로작' 복용이 문제의 해결이 아니다. 무엇이 나를, 인간을 움직이는 힘인지 깨닫고 발견해야 의미 있는 변화를 만들어 낼 수 있다. 영성은 감성과 이성을 넘어 한 인간의 총체적 인식과 변화의 에너지를 만들어 내는 직관의 힘이다. 영성은 다이내믹한 우리 안의 에너지다. 영성은 감성과 이성을 포괄하고 넘어(meta-)선다.[29]

하이데거가 현대인들의 근본적인 정서를 '불안(Angst)'이라고 한 것이 어쩌면 이러한 사회를 예측이나 한 것 같다.[30] 불안감의 원인은 크게 신경학적 요인과 심리사회적 요인으로 나뉜다. 심리사회적 요인이란 사회적 환경과 대인관계에서 유발되는 각종 스트레스와 갈등상황 등을 뜻한다. 대부분의 현대인들은 심리사회적 요인으로 불안감을 느끼곤 하는데, 이는 사회적 환경은 본인의 의지로 바꾸기가 쉽지 않고, 경제적인 문제나 인간관계는 감정적으로 받는 스트레스가 크기 때문이다. 이러한 스트레스와 불안감이 쌓이고 건강하게 해결되지 않을 때 발생할 수 있는 정신질환이 바로 흔히 알고 있는 공황장애나 우울증, 불면증, 강박증이다. 이러한 질환들을 방치하여 악화시키면 대인기피증이나 사회성 장애, 광장 장애 등이 동반되어 일반적인 생활을 유지하는 데 문제가 생길 수 있다.

불안은 분노를 만들어 낸다. 불안한 자아는 해결방법을 모색한다. 분노(憤怒, anger)란 화가 치밀거나 끓어올라 괴로워하거나 화를 이기지 못해 번민하는 마음을 통괄해 부르는 말이다. 분노는 자신이나 타인에게 어떤 자극이 위협적이거나

---

29) 이호영(Lee Ho-Young), 황효성(Hwang Hyo-Sung), 윤기덕(Yun Ki-Duk). (2021). 불안과 분노 발화의 발성 특성. 우리말연구. 64, 5-33.

30) 소광희. (2004). 하이데거의 존재와 시간 강의. 문예. 214: "불안은 근본적 정상성이다. 불안으로 인해 현존재는 그가 가장 독자적으로 던져져 있다는 사실에 직면하게 되고, 일상적으로 친숙하던 '세계-내-존재'는 생소하게 드러난다", 128: "불안의 대상은 완전히 무규정적이다. 이 무규정성은 어떤 세계 내부적 존재자가 위협하는가에 대해 현실적으로는 결정하지 않을뿐더러, 도대체 세계 내부적 존재자가 〈중요하지〉 않음을 의미한다."

위험한 것으로 감지하게 되었을 때, 그에 따른 심리 생리적 반응이다. 공격성/분노 반응은 대체로 위협에 대한 대응으로 나타난다. 위협에는 불편이나 긴장 같은 미묘한 느낌도 포함된다. 공격성은 진화상 동물들이 발달시켜 온 감정 반응 양식의 하나다. 다시 말해 공격적 반응은 동물이 환경에 적응하기 위해 발달시켜 온 본성의 하나다. 인간 사회에서 공격적인 우리의 마음은 여러 층위에서 드러난다. 학교 내 패거리 문화에서도, 정치권은 물론 회사 내에서의 권력 싸움, 가정 폭력에서도 공격성과 분노/증오는 여전히 작동된다. 더 큰 규모로 우리의 분노/증오는 편견과 독재, 인종청소, 전쟁 등으로 나타난다. 정신분석학적으로 볼 때, 집단적 규모에서 일어나는 분노와 증오의 원천은 그들 아버지 혹은 권위자에 대한 (무의식/비의식에 깔린) 적개심의 투사(投射)인 것이고, 또 그러한 맥락에서 확산된 집단적 '아이덴티티(identity)'의 형성이, 소위 정치적 구호나 일종의 집단 최면을 통해 상대를 곧바로 '적들'로 규정해 버리며 악마화해 버린다. 우리가 일상에서 호칭하는 '나'라는 것은 어디까지나 심리적 환영(psycho-logical illusion)일 뿐이다. 환영의 '나'가 고정된 나인 것으로 취급되어 확신하게 된 까닭은, 라캉의 말을 빌리자면 심리적으로, 인간이 자신의 허약함이나 취약성을 감추려는 의도가 커서이다. 우리 인간은 자신의 허약함이나 취약성을 드러내지 않으려 한다. 이런 약점을 드러내는 일은 생존 전략에서도 불이익을 초래할 가능성이 크기 때문이다. 해서 인간은 이러한 진실을 감추기 위해 우리의 '나'라고 하는 환영은 어떤 힘(power)을 소유하고 있다는 생각을 자연 품게 된다는 이치다. 이 힘은 다름 아닌 공격(aggression) 또는 공격에 따른 힘이다. 그리하여 우리는 어떤 위협에 직면했을 때, 이 힘을 재빠르고 손쉽게 그리고 아주 흔하게 사용하기를 주저하지 않는다. 이 힘의 사용(여러 사용 패턴)을 정신분석에서는 방어(defense)라고 부른다. [31]

---

31) 신승철. (2016. 9. 10). 심리학에서 보는 분노. 불교평론(http://www.budreview.com).

이러한 분노는 그리스도교 문화 안에서는 '죄', 특별히 칠죄종 가운데 하나다. 어떤 사람은 모욕 등으로 상처를 받았을 때, 분노 반응을 노골적으로 표현하기보다 '환상' 속으로 침몰하여 내색하지 않게 된다. 그것은 그가 몸담은 문화 양식이나 종교 등에 기대어, '죄'라는 혹은 '나는 죄인'이라는 생각, 자기가 속한 문화에 젖거나, 종교적 감성에 동화가 되어, 죄의식 문화에 젖어 사는 경우가 있다. 신학적(특히 그리스도교적) 의미에서 흔히 거론되는 죄는 본질적으로 우리 에고가 활동하는 삶에서 가치를 찾는다는 것이 의미 없음인데, 거기서 무슨 가치를 찾겠다고 집착하는 일 자체가 잘못인 까닭에, '죄'라고 하는 것이 성립된다. 하지만 일반적으로 그런 식으로 심도 있게 '죄'의 개념을 포괄적으로 생각하고 있는 사람들은 없다. 사회 일반에서 죄란 자신의 적개심이나 억눌린 분노에서 생긴, 죄책감과 등가의 개념으로 받아들이고 있다. 정신분석학의 입장에서 죄란 하나의 '열병'으로, 허영심에서 비롯된 좌절에 대한 자기 비난, 분노에 대한 자책감 같은 성질이 끓어서 생긴 것을, 나름의 언어와 표양으로 그렇게 표현한 것이라 본다. 그런데 잦은 분노 반응은 그 뿌리가 과거에 겪은 크나큰 '정신적 외상(psychic trauma)'이나 과거에 반복적으로 받은 정신적 외상의 후유증 탓으로 야기되는 경우도 적지 않다. 내면에 갇힌 분노는 반복해서, 그 울타리를 뚫고 뛰쳐나오려고 계속 시도한다. 자라 보고 놀란 가슴이 솥뚜껑 보고도 놀라듯, 대형 사고를 겪은 뒤에는 사소한 자극이나 위협적인 상황에 접하게 되면 당사자는 반복된 트라우마의 환상으로부터 어쩔 줄 몰라 한다. 그런 자극으로 인해 비의식에 억압된 분노가 다시 노출되려고 꿈틀거려서다. 이성의 힘으로 부정적 세력을 억제하려 힘을 쓰지만 그럴수록 더욱더 극심한 불안을 겪게 된다.

특히 반복적인 학대를 받는 아이는 자신도 모르는 사이에 가해자에 대한 적개심(부정적 에너지)을 자신을 향해서 쏟아 내거나(자학적 가해) 가해자와 자신을 동일시하며 자기좌절로부터 벗어나기 위해 타인에게 부정적인 힘을 쓰기 시작한다. 그 '힘'은 오랜 학습 과정을 통해 이미 그의 내면에서 정당화된 '힘'이기도 하다. 이런 심리 과정을 정신분석에서는 공격자와의 동일시(identification with the aggressor)라 부른다. 흔히 폭력의 대물림이란 말과 같은 맥락의 말이다. 성폭력을 당한 아이가 후에 성폭력 범죄를 저지르는 일도 유사한 맥락의 심리 과정에 따른 결과다. 프로이트는 수없이 많은 방어기제에 대하여 언급했지만, 모두를 포괄하는 의미로 '억압'에 주목한 것이 그의 가장 큰 공로다. 그의 딸 안나 프로이드는 우리가 오늘날 방어기제라고 부르는 개념들의 대부분을 규정했다. 그중 하나가 이미 언급된 "공격자와의 동일시"이다. 자신이 두려워하는 사람의 특성이나 버릇을 자신이 습득하여 따라 하게 되는 것이다. 예를 들어 아버지를 두려워하는 아이가 아버지의 어떤 특징을 흉내 내는 것이다. 또 나치수용소에서 살아남은 사람의 아들이 미국 나치당의 회원이 되는 것 등이다.[32]

---

32) 안창일, 고영건, 김미리. 김지혜. (2019). 이상심리학(2판ed.). 학지사. 106.

2

억압(depression)과 우울

우울증(憂鬱症, depression)은 우울감과 활동력 저하를 특징으로 하는 정신적 상태를 가리킨다. 감정을 조절하는 뇌의 기능에 변화가 생겨 '부정적인 감정'이 나타난다. 양상은 다양하나, 주로 우울한 기분, 의욕·관심·정신활동의 저하, 초조(번민), 식욕 저하, 수면의 증가 또는 감소, 불안감 등이 나타난다. 대인관계, 스트레스, 경제적 문제 등으로 인한 일시적인 우울감은 인간 심리에 있어 자연스러운 일이나, 그 정도나 기간 등이 비정상적인 경우 병리적인 상태로 볼 수 있다.

현대 정신의학에서는 심한 우울증 상태가 반복적으로 나타나는 경우 주요 우울장애(반복성 우울장애)로 분류하여 심리적, 약물적 치료를 행하고 있다. 이외에 증상이 유사한 여러 우울장애가 분류되어 있다. 세계 인구의 2~3%가 우울장애를 앓는 것으로 조사될 정도로 우울증은 드물지 않은 질환이다.[33] 일부가 '마음의 감기'라 부르는 우울증은 누구나 걸릴 수 있지만, 제대로 치료하지 않으면 삶을 위협할 수 있는 위험한 질병이다. 종교적 믿음 부족이라고 오해되지만, 한국 복지법에서는 조현병, 양극성 장애와 더불어 호전의 기미가 보이지 않는 우울장애를 정신장애로 인정하고 있다.[34]

---

33) GBD 2015 Disease and Injury Incidence and Prevalence Collaborators (October 2016). "Global, regional, and national incidence, prevalence, and years lived with disability for 310 diseases and injuries, 1990-2015: a systematic analysis for the Global Burden of Disease Study 2015"

34) 장애인복지법 제2조 및 같은 법 시행규칙 제2조제2항의 규정에 의한 〈장애등급판정기준〉(보건복지부고시 제2012-60호.)

과학자들은 우울증의 원인을 밝혀내기 위해 노력하고 있지만 아직까지 정확한 발병 원인은 밝혀지지 않았다. 세로토닌과 멜라토닌은 우울증의 원인으로 지목되는 대표적인 물질들이고 이들뿐 아니라 도파민, 노르에피네프린 등 신경과 관련된 여러 가지 호르몬이 우울증에 영향을 미친다. 한편 임신우울증, 산후우울증, 주부우울증, 계절우울증 등의 이름에서 알 수 있듯이 우울증의 발병은 내적·외적 영향을 받는다. 세로토닌은 뇌척수액에서 발견되는 신경대사물질로, 뇌를 순환하며 신경전달 기능을 한다. 세로토닌은 감정표현과 밀접한 관련을 가진 것으로, 이 물질이 부족하면 감정이 불안정해서 근심·걱정이 많아지고 충동적인 성향이 나타난다. 1970년대 과학자들은 세로토닌 결핍이 우울증과 밀접한 관련이 있다는 것을 밝혀냈다. 현재 우울증 치료제로 사용되고 있는 약에는 세로토닌이 재흡수되는 것을 막아서 뇌 속에 더 오랫동안 머물도록 하는 것들이 많다. 멜라토닌은 인체의 생체 시계 역할을 하는 호르몬으로, 수면과 연관되어 있어 부족할 경우 불면증에 시달리게 된다. 멜라토닌은 수면욕 외에도 식욕, 성욕 등 생리 기능에 관여하기 때문에 부족할 경우 무기력증에 빠질 수 있다. 우울증은 일반적으로 남성보다 여성에게서 2배 정도 많이 나타난다. 여성들은 일반적으로 남성보다 세로토닌 수치가 높은 것으로 나타나지만 여성은 세로토닌의 농도가 조금만 변해도 민감하게 반응하기 때문에 우울증에 걸릴 확률이 더 높다. 여성이 남성보다 민감하게 반응하는 이유는 월경 주기를 전후로 에스트로겐과 프로게스테론 등 여성 호르몬의 불균형이 뇌를 자극하여 세로토닌에 변화를 주기 때문이다. 우울증은 도파민, 세로토닌, 노르에피네프린 등 신경전달물질의 화학적 불균형으로 일어나게 된다. 그리고 생물학적, 심리학적, 사회학적, 병리학적 다양한 요인이 이러한 불균형에 영향을 미친다. 특히 어릴 적 당한 사고, 폭행, 학대 등으로 인한 정신적 트라우마는 이후 성장하면서 우울증으로 발전될 확률이 8~10배 높다. 이유는 스트레스 시 인간의 뇌에서 단백질의 손상이 일어나 이를 신경영양인자를 통해 치료하지만, 정작 깊은 트

라우마로 인한 우울증을 겪는 사람에게선 신경영양인자의 양이 정상인보다 떨어지기 때문이다.[35]

자존감(self-esteem)은 자신이 사랑받을 만한 가치가 있는 소중한 존재이고 어떤 성과를 이루어 낼 만한 유능한 사람이라고 믿는 마음이다. 서울대병원 강남센터 정신건강의학과 교수 윤대현은 "자존감은 자신에 대한 평가이고 다분히 주관적이다. 자존감 수치가 떨어져 경고등이 들어온다고 해도 실제로 내가 엉망인 사람은 아닐 수 있다. 자존감은 '내가 이룬 것'에서 '내가 목표로 한 것'을 뺀 값이 클수록 높아진다. 자신의 목표가 지나치게 높으면 이 수치가 마이너스로 떨어져 자존감을 느끼기 어렵게 된다. 목표를 낮게 잡는 것이 대안이 될 수 있다. 목표가 낮기에 작은 성취에 만족하고 주변의 비판에도 자존감 시스템이 안정을 유지할 수 있다."라고 말했다.[36] 우울증은 80%~90%가 치료되어 관리할 수 있는 질환이다. 전문가와의 상담은 우울증 치료의 첫 관문이다. 그 치료방법으로는 약물치료, 정신치료 등이 있다. 우울증 환자가 신앙에 의존하는 경우가 있는데 의사의 진료를 받으면서 신앙생활도 하는 것이 좋다. 신앙만으로 우울증을 이겨 낼 수 있다고 착각하는 경우가 많지만, 우울증은 생물학적인 원인으로 생기는 것으로 신앙만으로는 치료할 수 없다.

한국에서는 체면을 중시하는 문화와 급속한 산업화로 자살률이 치솟고 있지만, 전문적인 정신·심리상담치료를 기피하는 분위기가 여전하다. 한국에서는 매일 30여 명이 넘는 사람들이 자살로 생을 마감한다. 한국의 인구대비 자살률은 OECD 국가 가운데 최고이며 증가율로 최고치다. 지난 10년간 일면식도 없는 사람들이

---

35) 노용환, 이상영. (2013). 우리나라의 자살 급증원인과 자살 예방을 위한 정책과제. 보건복지포럼. 200호, 18.
36) 윤대현. (2011. 6. 30.). '자존감' 떨어져 고민하는 당신, 목표 낮추고 남과 비교하지 마세요. 한국경제.

인터넷을 통해 만나 동반 자살을 하는 현상도 크게 늘었다. 최근에는 정치인들과 연예인, 기업인, 대학총장, 스포츠뉴스 아나운서, 축구선수, 대학생, 교수 등이 잇따라 스스로 목숨을 끊는 등 자살은 일상사가 되었을 정도다. 자살의 80%~90%는 우울증의 결과로 추산되고 있다. 이렇게 상황이 심각하지만, 최신 기술과 유행의 '얼리 어답터'인 한국에서 유독 서구식 상담치료만큼은 확산되지 못하고 있다. 이후 논의하겠지만 이것은 정책적인 노력 없이는 불가하다. 한국보건의료연구원은 대한민국 사회에 심각한 문제로 대두된 우울증과 자살에 대한 대책 마련을 위해 기존의 연구들과 전문가들의 의견을 종합해 '국내 우울증의 질병부담과 치료현황'을 분석한 결과를 발표했다. 평생 한 번이라도 우울증을 앓은 사람이 전체 인구의 5.6%(약 200만 명)에 달하는 것으로 나타났다. 현재 우울증을 앓고 있는 사람도 전 국민의 2.5%(약 100만 명)에 이른다. 하지만 정신과 등에서 우울증 치료를 받고 있는 환자 수는 29만 명에 그쳤고, 이 중에서 지속적으로 치료를 받는 사람은 15만 명(15%)에 불과한 실정이다. 우울증은 2주 이상 우울 증상이 지속되어 일상생활이나 사회생활에 심각한 지장을 주는 질환이지만, 누구나 앓을 수 있고 치료도 얼마든지 가능하다. 하지만 '정신질환'이라는 편견 때문에 방치되면, 자살 등 심각한 문제로 이어질 수 있다.[37]

우울증은 자살에 가장 큰 영향을 미치는 요인이지만, 대상이나 상황에 따라 자살에 영향을 미치는 주요인은 얼마든지 달라질 수 있기에 다양한 관점에서 자살을 이해하려는 노력이 필요하다. 그리고 정신과 치료를 받게 되면 취직, 결혼, 보험가입 등 여러 면에서 불이익이 생긴다는 오해들로 인해 정신과 치료를 기피하는 경향이 있는데, 이것이 자살의 시도와 계획을 증가시키고 있다는 점도 간과해서는 안 된다.

---

37) 허대석 외. (2011). 국내 우울증의 질병부담과 치료현황. 한국보건의료연구원. 1-98 참고.

3

중독(addiction)

우리의 삶은 수많은 감정들(Emotions), 외로움, 좌절감, 질투, 분노, 시기, 기쁨, 슬픔 등으로 짠 직물과도 같다. 대중 앞에서 말을 하거나 감정을 표현할 때 두려움과 불안을 느낀다거나, 제어되지 못한 분노가 터져 돌이킬 수 없는 말을 내뱉는다. 다른 사람들의 성공을 바라볼 때 느끼는 감정(시기 혹은 질투), 혹은 발견된 나의 결점에 대한 부끄러움, 수치심, 죄의식 등 이러한 무수한 감정 문제를 잘 해결하지 못하면 심장이 두근거리거나 눈물을 보이기도 하고 괜히 배가 아프거나 소화도 되지 않고 머리가 아프고 얼굴이 달아오르는 등 나의 부정적인 감정이 신체로 전이됨을 느끼게 된다. 또한 이것이 장기간 표출되지 못하고 눌려 있게 되면, 삶에 대한 심한 무기력을 체험하게 되고, 자신 혹은 타인에게 위험한 행동을 감행할 수 있는 계기가 되기도 한다. 또는 기억력과 판단에 장애가 생기기도 하고, 관계의 어려움을 호소하며 사회 부적응 행동을 하게 된다.[38]

이러한 감정으로부터 우리는 편안해지기를 원하고, 즐거움을 얻기를 바라고, 이렇듯 복잡한 감정에 휩싸여 있음에도 불구하고 사람들과 어울려 인정받기를 원하고 그러한 감정을 무력화시킬 여러 가지 전략들을 구사한다. 그래서 인위적으로 즐거움과 쾌락을 만들고, 부정적으로 다가오는 감정들의 파고에서 안전해지고자 돌파구를 마련한다. 그것은 알코올일 수도 있고, 다양한 약물일 수 있고, 일(work)

---

38) 지성용. (2014). 에니어그램의 영성. 공감출판사. 5-6.

일 수도 있고, 섹스일 수도 있고, 컴퓨터 게임, 도박일 수도 있다. 알코올 중독과 마약 중독은 대개 도덕적, 종교적 관점에서 고백성사의 한 줄거리가 되어 스스로 단죄하고, 윤리적인 부끄러움을 가지게 되었지만, 중독에 대한 새로운 인식의 전환이 요구되는 시대가 되었고, 이제는 중독이라는 문제를 영성의 한 주제로서 연구하고 이해할 시점에 이르게 된 것이 사실이다. "존재한다는 것은 중독에 길들여진다는 것."이라는 말처럼 인간의 실존적인 삶은 중독과 불가분의 관계가 있다. 현대의 대중문화는 그 자체가 광범위한 중독의 메커니즘을 가지고 있다. 원래 사람이 가치를 두고 있는 모든 것은 중독성을 가지고 있다. 수많은 중독들은 크게 물질에 대한 중독과 과정에 대한 중독으로 분류할 수 있다. 물질에 대한 중독(Substance addiction)은 알코올, 마약, 음식 등 우리 몸 안으로 들어오는 물질에 대한 중독과 성, 도박, 쇼핑, 인터넷, 게임, 종교 등의 구체적인 일련의 행동들과 상호작용들의 과정에 빠져 들어가는 과정 중독(Process addiction)으로 나누어 살펴볼 수 있다.[39]

라틴어 addicene는 '양도하다' '굴복하다'라는 의미를 가지는 단어다. 중독이라는 단어의 어원을 살펴볼 필요가 있다. 곧 고대의 로마 법정에서 'addicene'는 잡혀서 감금된 노예나 주인에게 넘겨진 사람을 의미한다. 노예는 어떤 사물에 대한 소유권을 잃어버린 것이 아니라 자기 자신에 대한 소유권을 상실한 사람들을 일컫는다. 현대적 의미에서 중독은 대부분의 경우 그들 스스로의 통제를 넘어 유전적이고 환경적인 여러 요인들에 의해 스스로 무엇인가(알코올, 마약, 게임, 도박, 인터넷, 쇼핑 등)에 노예가 된 상태를 지칭한다. 곧 기분을 전환시키는 물질이나 대상, 상호작용(과정)에 묶여 버리는 상태의 총칭이다. 중독은 우리가 무기력해지는 어떤 과정이며, 개인적 가치에 맞지 않는 것들을 행하고 생각하게 하며, 우리가 점진적으로 더 충동적이며 강박적이 되도록 하면서 우리를 통제한다. 중독의 확실한 징후는 자

---

39) A. W. Schaef. (1987). When society becomes an addict, San Francisco: Harper & low. 18.

신과 다른 사람들을 속이고, 거짓말을 하며 부정하고 은폐하려고 하는 행동을 통해서 확인할 수 있다. 중독은 다양한 모습으로 표출된다. 가장 중요한 것은 통제의 환상(illusion of control), 자기기만(Dishonesty), 자기중심성(self-centerdness), 두려움(Fear), 자기의지(self-will), 완전에 대한 환상(illusion of perfection), 영성의 상실(loss of spirituality) 등으로 특성화된다. 중독에서 비롯된 마음의 방어기제들과 교묘한 술책들은 우리의 궁극적인 관심을 왜곡하고 영성을 고갈한다.[40]

프로이드는 인간의 정신활동은 리비도(Libido)라 불리는 심리적 에너지에 의해 야기된다고 설명한다. 그의 정신분석학에서 무의식을 지배하는 성적 충동의 에너지인 리비도는 인간에게 쾌락을 주는 대상, 사람, 활동을 추구한다. 리비도의 대상추구를 '정신집중(Cathexis)'[41]이라고 설명하는데 이는 영성의 전통에서 설명하는 '애착(attachment)'[42]과 그 의미를 함께한다. 어떤 행동이 만족이나 쾌락을 불

---

40) A.W. Schaef. (2000). Addictive System. The Way, Vol. 40(4). 356-358.

41) 그리스어 용어 cathexis(κάθεξις)는 프로이트에게 '성욕의 배분'으로 정의되었으며, 그는 성욕을 가진 물체의 초기 카테시스를 인간 발달의 중심적인 측면으로 보았다. M. Scott Peck은 사랑과 cathexis를 구별한다. cathexis는 관계의 초기 사랑 단계이고, 사랑은 지속적인 보살핌의 헌신이다. 따라서 Cathexis to Peck은 동적 요소로 인해 사랑과 구별된다.

42) 애착 이론(attachment theory)의 핵심 주장은 영아가 정상적인 감정, 사회적 발달을 하기 위해서는 하나 이상의 주 보호자(primary caregiver)와 관계를 형성해야 한다는 것이다. 애착 이론은 심리학, 진화학, 동물학을 아우르는 학제 간 연구를 바탕으로 한다. 제2차 세계대전 직후 생겨난 부랑아와 고아들이 많은 사회적 관계에 어려움을 겪자 UN에서는 심리분석가이자 심리치료사인 존 보울비(John Bowlby)에게 이 문제에 관한 문서를 작성하도록 했다. 이 경험을 바탕으로 보울비는 애착 이론의 토대가 되는 이론을 만들었고, 이 이론은 매리 애인스워스(Mary Ainsworth)나 제임스 로버트슨(James Robertson)의 자료와 연구에 의해 발전되었다. 아기들은 자신에게 민감하고 반응을 지속적으로 잘해 주는 성인과 6달에서 2년 사이의 몇 달의 기간 동안 애착관계를 형성한다. 기거나 걷기 시작할 무렵부터 아기는 친숙한 애착대상을 하나의 안전기지로 이용하기 시작하는데, 이 안전기지를 토대로 주변을 탐험했다가 돌아오는 과정을 반복한다. 부모의 반응이 이 시기 애착의 형태를 결정하는 데 영향을 미치고, 이 애착 형태는 아기의 지각, 감정 및 향후 관계에 대한 생각과 기대에도 영향을 미치게 된다. Bretherton I, Munholland KA (1999). 〈Internal Working Models in Attachment Relationships: A Construct Revisited〉. Cassidy J, Shaver PR. 《Handbook of Attachment: Theory, Research and Clinical Applications》. New York: Guilford Press. 89-114. ISBN 1572300876. 애착이론에서 애착대상과 멀어지는데 따른 분리불안은 애착관계가 형성된 아기의 적응을 위한 정상 반응으로 여겨진다. 진화학자들은 이런 행동이 아이의 생존 확률을 높이기 위해 진화과정에서 생겨난 것으로 추측한다. 애착관계와 관련된 아이는 보통 애착대상을 근처에 두려는 모습을 보인다. 생애 초기에 애착 형성에 관한 이론을 만들기 위해 존 보울비는 진화생

러일으키면 그 행동은 반복해서 일어나게 되는데, 이것을 긍정적 강화(positive reinforcement)라고 한다. 학습된 것은 습관을 형성하고, 투쟁을 통해 애착(중독)하게 된다. 중독적 행위가 있을 때마다 연상작용(association)은 강화되고, 그것을 반복한다. 반복되는 습관이 계속 진행되면 내성(tolerance)이 생기게 되며 이 내성을 방해하는 것이 생겼을 때 금단증상(withdrawal symptoms)이 발생하여 투쟁이 일어난다. 이러한 중독은 유전적 소인과 가정환경, 시대와 문화적 영향에 의해서 일어난다. 현대인들의 일상 안에서 일어나는 애착은 그 종류의 다양함과 더불어 삶 가운데서 전방위적으로 발생한다. 때로 그것은 중독의 성향을 보이기도 한다. 가령 스마트폰을 통한 네트워크 가운데서 발생하는 SNS 과다 의존이나 애착, 특정

물학, 대상관계이론(심리분석학의 한 갈래), 제어 시스템 이론, 동물학, 인지심리학 등의 다양한 분야의 지식을 융합하였다: Simpson JA (1999). Cassidy J, Shaver PR, 편집. 《Attachment Theory in Modern Evolutionary Perspective》. 《Handbook of Attachment: Theory, Research and Clinical Applications》(New York: Guilford Press). 115-40. ISBN 1572300876. 1958년에 짧은 논문을 발표한 뒤, 1969년과 1982년에 걸쳐 보울비는 3권의 《애착과 상실(Attachment and Loss)》이라는 책을 통하여 자신의 애착이론 연구를 펴낸다. 발달심리학자인 매리 애인스워스는 1960년대와 1970년대에 걸쳐 애착이론의 기본 개념을 강화하며 '안전 기지'라는 개념을 소개하며 아기에게 나타나는 여러 가지 애착 패턴에 대한 이론을 만들었다. Bretherton I (1992). "The Origins of Attachment Theory: John Bowlby and Mary Ainsworth". 《Developmental Psychology》 28 (5): 759. doi:10.1037/0012-1649.28.5.759. 애인스워스가 분류한 세 가지 애착 패턴에는 안정 애착(secure attachment), 불안정-회피(insecure-avoidant) 애착, 불안정-양가(또는 불안정-저항, insecure-ambivalent) 애착이 있다. 네 번째 패턴인 혼돈(또는 비조직화, disorganized) 애착은 나중에 발견되었다.: N. J. Salkind: Child Development 2002, 34. 1980년대에 이 이론은 어른간의 애착 관계로까지 확장되었다: Hazan C, Shaver PR (1987년 3월). "Romantic love conceptualized as an attachment process". 《Journal of Personality and Social Psychology》 52 (3): 511-24. 이런 연구들에서 부모와 자식 간의 관계뿐 아니라 친구 관계, 애정 관계, 성적 매력 등 다른 사회관계들 역시 애착 행동의 요소들로 설명할 수도 있는 것으로 나타났다. 이 이론의 성립 초기에 심리학자들은 보울비를 비판하며 그가 심리분석학의 핵심에서 벗어났다며 배척했다: Rutter, Michael(1995). "Clinical Implications of Attachment Concepts: Retrospect and Prospect". 《Journal of Child Psychology & Psychiatry》 36 (4): 549-71. 하지만 그 뒤로 애착이론은 "초기의 사회적 발달을 이해하는 우세한 접근 방식이 되었고, 아이들의 관계 형성에 대한 경험적 연구가 활발히 일어나도록 만들었다."; Schaffer R (2007). 《Introducing Child Psychology》. Oxford: Blackwell. 83-121. "이후에 '기질', 사회적 관계의 복잡성, 애착 패턴 분류의 한계와 관련해 애착 이론에 대한 비판이 일기도 했다. 애착 이론의 세부적인 부분은 경험적 연구를 통해 많은 수정이 이뤄졌으나, 그 핵심에 대해서는 학계의 인정을 받고 있다. 애착 이론은 새로운 심리치료를 만들어 냈고, 기존에 존재하던 심리치료 방식에도 영향을 주었으며, 애착 이론의 개념들은 사회 정책과 보육 정책에 많은 영향을 주었다". Berlin L, Zeanah CH, Lieberman AF (2008). 〈Prevention and Intervention Programs for Supporting Early Attachment Security〉. Cassidy J, Shaver PR. 《Handbook of Attachment: Theory, Research and Clinical Applications》. New York and London: Guilford Press. 745-61쪽. ISBN 9781606230282.

한 취미나 레저 등에 대한 강한 애착, 비트코인이나 주식, 게임이나 도박에 대한 반복 등은 현대인들의 불안한 일상과 전망의 부재에 대한 가망성 없는 희망의 한 가닥 끈일 수 있는 것이다. 향후 변화하는 새로운 시대만큼이나 변화하는 현대인들의 중독과 애착, 의존에 대한 보다 세밀한 동향연구는 유의미한 작업이 될 것으로 예상된다.

4

신체화 장애(Somatization disorder)

신체화 장애(Somatization disorder)는 정신적인 문제가 신체적 증상으로 표현되는 현상을 말한다. 신체적인 통증과 불편함이 있어 병원을 내원하지만 여러 가지 검사와 검진을 해도 특별한 병명을 알 수 없거나 진단이 되지 않는 경우들이 종종 있다. 이러한 증상은 꾸며 낸 것이 아니지만 위험한 질환의 전조증상으로 생각되면 환자들은 놀라게 된다. 이 질환은 건강염려증과 유사한 면이 있다. 건강에 대한 염려는 아주 경미한 증상임에도 불구하고 심각한 질환으로 인식하며 과다하게 걱정하는 것이지만, 신체화 장애는 이러한 작은 정신적인 손실과 붕괴로 생긴 소소한 정신적인 문제가 실제로 신체의 변화를 일으켜 심각한 증상을 만들어 내는 경우들도 관찰할 수 있다. 신체화 장애에 당면한 환자는 반복해서 병원을 방문하여 증상을 말하고 치료를 받는다. 검사 결과가 정상이면 환자들은 다른 의사를 찾아가곤 한다. 극단적인 신체화 장애의 경우 수없이 병원을 방문하느라고 일상생활이 어려울 지경이 되며, 반복적인 검사로 건강이 위험해질 수도 있다.

불안장애와 우울증 같은 여러 가지 정신과 질환이 신체화 장애와 관련되어 있다. 신체화 장애로 의심되는 환자는 자아도취나 다른 사람을 지나치게 의존하는 인격 장애를 동반하는 경향도 있다. 의사는 대증요법으로 치료하기도 하지만, 더 이상의 검사는 피하고 환자에게 정신적인 문제로 신체 증상이 생겼다고 얘기해 주며 환자를 안심시켜야 한다. 그리고 정신질환이 있는지 정신과적인 평가를 받아 보라고 권하기도 하지만 이를 거부하는 환자들이 많다. 인지치료(cognitive therapy), 인지행동치료(cognitive behavior therapy: CBT)가 도움이 되기도 한다. 우울증으로 신체화 장애가 생긴 경우에는 항우울제를 투여하며 정신과 치료가 이루어져야 한다. 아래에 제시된 디지털치매, 조울증(bipolar disorder), 번아웃 증후군, 공황장애, 등은 이러한 신체화 증상의 대표적인 진단명이라 할 수 있다. 간단한 자가검사나 상담자의 질문을 통해 증상에 대한 진단과 치료를 위한 방향을 잡아나갈 수 있을 것이다.

디지털치매(Digital demetia)

구분	디지털치매 증후군 자가진단 체크리스트	체크	
	아래 문항 중 3가지 이상에 해당한다면 디지털치매 증후군일 가능성이 높음	O	X
1	외우고 있는 전화번호가 3개 이하이다.		
2	애창곡이어도 가사가 없으면 잘 부르지 못한다.		
3	전에 만났던 사람을 처음 만나는 사람으로 착각한 적이 있다.		
4	서명할 때를 제외하면 거의 손으로 글씨를 쓰지 않는다.		
5	전날 먹은 식사 메뉴가 생각나지 않는다.		
6	같은 이야기를 자꾸 반복한다는 지적을 받은 적이 있다.		
7	하루 대화 중, 모바일 메신저나 이메일 대화가 80% 이상이다.		
8	내비게이션 없이는 스스로 길을 못 찾는다.		

출처_일본 고노 임상의학 연구소

조울증(Bipolar disorder)

구분	조울증 자가진단 체크리스트	체크	
	비정상적으로 의기양양하고 과대, 과민한 기분과 비정상적이고 지속적인 목표지향적 활동이나 에너지의 증가가 적어도 1주간 지속하는 경우 다음 증상가운데 3가지 이상이 지속하면 조울증 가능성이 높음	O	X
1	팽창된 자존심 또는 과장된 자신감이 있다.		
2	수면에 대한 욕구 감소.(단, 3시간의 수면으로도 충분하다고 느낀다)		
3	평소보다 말이 많아지거나 계속 말을 하게 된다.		
4	사고의 비약 또는 사고가 연달아 일어나는 주관적인 경험		
5	주의 산만(불필요한 외부 자극에 너무 쉽게 주의가 이끌린다)		
6	새로운 일을 많이 벌이고 활동이 증가하거나 초조해서 안절부절 못한다.		
7	고통스러운 결과를 초래할 쾌락적인 활동에 지나치게 몰두한다. (충동구매, 무분별한성행위, 어리석은 사업투자 등)		

출처_미국정신의학회 정신장애 진단 통계편람(DSM-5)

번아웃 증후군(Burnout syndrome)

구분	번아웃 증후군 자가진단 체크리스트	체크	
	아래 체크리스트에서 3개 이상 해당한다면 번아웃 증후군일 가능성이 높다.	O	X
1	아침에 일어나면 답답하고 한숨이 나온다.		
2	임무를 완수해도 성취감이 없다.		
3	사소한 일에도 쉽게 짜증이 난다.		
4	갑자기 떠나고 싶거나 현실에서 도피하고 싶어진다.		
5	쉽게 피로를 느낀다.		
6	현재 하는 일에 흥미를 잃었다.		

출처_가톨릭병원

공황장애(Panic disorder)

구분	공황장애 자가진단 체크리스트	체크	
	아래 체크리스트에서 4개 이상이 갑자기 나타났다면(보통 급작스럽게 발생하여 10분 안에 최고조에 이름) 공황발작을 경험한 것이며 해당 증상이 한달 이상 지속하는 경우 전문의의 도움을 받아야 한다.	O	X
1	맥박이 빨라지거나 심장 박동이 심하게 느껴진다.		
2	땀이 많이 난다.		
3	떨리고 전율이 느껴진다.		
4	숨이 가빠지거나 숨이 막히는 것 같은 느낌이 든다.		
5	질식할 것 같다.		
6	가슴이 답답하거나 통증을 느낀다.		
7	토할 것 같거나 복부 불편감이 있다.		
8	현기증을 느끼거나 머리가 띵하다.		
9	비현실감이나 내가 아닌 다른 사람이 된 것 같은 느낌이 든다.		
10	자제력을 잃게 되거나 미쳐버릴까 봐 두렵다.		
11	죽을 것 같아 두렵다.		
12	마비감이나 손발이 찌릿찌릿 느낌 등의 감각 이상이 있다.		
13	오한이 나거나 얼굴이 화끈 달아오른다.		

출처_삼성서울병원

5

전인적 치유를 위한 사회역학(Social Epidemiology)적 접근

인간은 사회적 동물이다. 사회 안에서 우리는 여러 가지 분열을 체험한다. 동시에 인지부조화를 체험하는 경우도 많이 있다.[43] 이해가 되지 않는 논리로 판단과 인식에 장애가 생기는 순간도 있다. 사회역학(Social Epidemiology)은 이러한 사회 안에서 살아가는 사람들의 정서적 심리적 신체적 질병의 원인을 찾고, 부조리한 사회구조를 바꾸어 사람들이 더 건강하게 살 수 있는 길을 찾아 나가는 학문이다.

지난 백여 년 의료기술과 제약은 눈부신 발전을 거듭하고 있다. 혈압과 혈당을 조절하는 약물을 개발하여 고혈압이나 당뇨가 통제 가능한 질병의 영역으로 돌아섰다. 암에 걸려도 이전처럼 절망적이지 않은 것은 적절한 시기에 발견하는 건강검진과 적절한 의료진을 만나게 되면 어렵지 않게 질병을 치유할 수 있는 길이 열리기 때문이다. 이러한 의료기술의 눈부신 발달에도 불구하고 해결하기 어려운 문제들은 여전히 상존한다. 최근 한국 사회는 '중대재해기업 처벌법'의 국회 통과 문제가 국민의 관심사가 되었다. 열악한 노동환경으로 작업 시 사망하는 노동자들이 부지기수며, 실직과 해고로 고통받아 자살하는 노동자들과 비정규직 노동자들의

---

43) 인지부조화란 두 가지 이상의 반대되는 믿음, 생각, 가치를 동시에 지닐 때 또는 기존에 가지고 있던 것과 반대되는 새로운 정보를 접했을 때 개인이 받는 정신적 스트레스나 불편한 경험 등을 말한다. 레온 페스팅거(Leon Festinger)의 인지부조화 이론은 사람들의 내적 일관성에 초점을 맞췄다. L. Festinger, (1957). A Theory of Cognitive Dissonance. California: Stanford University Press. 불일치를 겪고 있는 개인은 심리적으로 불편해질 것이며, 이런 불일치를 줄이고자 하거나, 불일치를 증가시키는 행동을 피할 것이다. 개인이 이러한 인지부조화를 겪을 때 공격적, 합리화, 퇴행, 고착, 체념과 같은 증상을 보인다고 알려져 있다.

불안한 일상은 실존의 불안을 가중시키고 있는 현실이다. 인간은 사회 속에서 타인들과 더불어 살아간다. 직장과 학교, 가정과 공동체에서 맺어지는 수많은 관계들이 인간의 몸에 상처를 남긴다. 관계 속의 차별과 사회적 폭력은 인간의 마음과 몸에 흔적을 남기며 병을 유발한다.

2012년 진행된 '전국 다문화가족 실태조사'에서 다문화가족 청소년 3627명을 대상으로 어떤 형태의 학교폭력(욕설, 집단 따돌림, 성희롱, 갈취 등)이 있었는지를 조사하고 그런 경험들이 우울증상과 어떤 연관성이 있는지 살펴보았다. 연구를 진행한 김승섭 교수는 '학교폭력 대응 방법에 따른 우울증상 발생 위험의 차이'에 대해 연구했다. 곧 주위의 교사나 부모 친구에게 도움을 요청한 경우와 누구에게도 도움을 요청하지 않은 경우, '별다른 생각 없이 그냥 넘어갔다'라고 대답한 경우 주목할 점은 '남학생들'에게 압도적으로 높은 우울증상 유병률이 나타났다. 그들은 학교폭력에 노출되고도 누구에게도 도움을 요청하지 못한 채, 스스로에게 괜찮다고 말하며 그 상처를 숨기고 있었던 것이다.[44] 특히 한국을 포함한 아시아의 사회문화는 남자가 힘든 감정을 표현하는 것을 바람직하지 않다고, 남자라면 자신의 문제는 스스로 해결해야 한다고 생각하는 경향이 있다. 이 같은 사회에서 어쩌면 그들은 강한 남자로 보이기 위해 스스로를 속인 것일 수 있었다는 것이 연구의 특이한 지적이었다. 이러한 연구는 보다 근본적인 사회의 치유와 내담자의 치유를 위해 진일보한 연구일 수 있다.

김승섭 교수는 재난 불평등, 낙태, 가난, 질병, 해고, 직업병, 위험한 일터, 국가폭력, 성소수자, 재소자 등 사회적 약자와 취약계층의 아픔은 우리 사회의 책임과 무관하지 않은 공동체의 문제, 우리가 함께 책임져야 할 문제로 인식하고 그들의 상

---

44) 참고: 김승섭. (2017). 아픔이 길이 되려면. 도서출판 동아시아. 14-20.

처와 고통에 공감한다. 그들의 질병은 사회적이고 그들의 치유 또한 사회적인 해결이 필요한 부분들이 상당히 많다는 점을 강조한다. 또한, 급작스러운 재난의 상황이나 전 사회적 위기, 전쟁이나 전염병의 팬데믹과 같은 상황에서 인간은 고통을 겪게 된다. 고통에 직면한 인간의 무수하고 다양한 감정들, 상실, 애도, 분노, 좌절감 등은 한 개인의 문제일 수도 있지만, 공동체가 직면한 집단적이고 전체적인 정서와 기류를 형성한다. 이러한 상황은 한 개인의 치료적 접근으로는 해결이 불가능하다. 이러한 상황에서 사회역학적 접근과 치료, 문제의 분석과 해결을 위한 노력이 필요하다.

위기사건이란 개인의 행동방식과 사건을 다시 생각하게 만드는 인생 또는 사회에 발생하는 갑작스런 중단상황을 말한다. 정상적인 일상생활의 기반이 무너진다는 전반적 상실감(예를 들면, 사랑하는 사람의 죽음, 실업, 건강악화 등)을 경험할 때, 정상적인 상황이 급격히 바뀔 때 개인은 위기를 경험하게 된다. 이러한 경우 심리사회적 지지가 필요하다. 심리사회적 지지(Psychosocial Support)란 무엇인가? 심리사회적(psycho-social)이라는 단어는 서로 영향을 미치는 개인의 심리적(psychological)인 측면과 사회적(social)인 측면 사이의 역동적 관계를 지칭한다. 심리적(psychological) 측면에는 내적, 정서적 특성, 사고 과정, 감정과 반응이 포함된다. 사회적(social) 측면에는 관계, 가정과 지역사회 네트워크, 사회적 가치, 문화적 관습이 포함된다. '심리사회적(psychosocial) 지지'란 개인, 가정, 지역사회의 정신적 욕구(psychological needs)와 사회적 욕구(social needs) 두 가지 모두를 해결하는 행위를 말한다. 이렇게 심리사회적 지지를 만들어 내기 위한 전제가 사회역학적 접근일 수 있다. 심리사회적 지지는 사회적 네트워크를 강화하고, 사람들이 자신 및 타인을 보호하는 방법을 배울 수 있게 도와주며, 타인과 협력하여 자기 자신을 회복할 수 있게 한다. 이는 능동적인 자기 회복을 위한 첫 단계이다.

역학(Epidemiology)은 질병의 원인을 찾는 학문이다. 흡연이 폐암의 원인이고, 공장에서 배출되는 화학물질들이 발암의 원인이 되는 것을 찾아낸다. 코로나와 같은 전염병이 어디에서 어떻게 시작되었는지 그 원인을 찾아내는 것이 역학조사이다. 사회역학적 탐구는 사회적 고립과 고용불안 등의 사회적인 문제들이 질병의 원인이 된다는 연구가설을 탐구하는 학문이다. 우리는 모두 건강하게 삶을 살아가고자 하지만 '생로병사(生老病死)는 인간 운명이다'라고 말한다. 인간의 건강은 의료기술의 발전만으로 해답을 찾을 수는 없고, 과학기술의 진보도 해결하기 어려운 인간 존재의 문제가 있다. '인간의 몸과 건강은 어떠한 관점으로 바라보고 접근해야 하는가?'라는 문제에서 초월적 존재로서의 인간 문제뿐만 아니라 사회역학적 측면에 대한 고려도 병행해야 한다는 것이, 본 연구의 목표이자 방향이기도 하다.

'치료'의 어원에 대한 고찰

'치료'라는 개념은 인간의 본래의 모습으로 돌아가기 위해 사용되는 모든 의료적 행위 전반을 지칭한다.[45] 현대의 과학과 의학은 '치료'라는 말을 독점한다. 과학이 종교처럼 맹신의 대상이 되어서는 안 된다. 인간의 질병에 대한 연구와 치료는 인류의 오랜 역사 안에서 진행해 왔지만, 그것이 의학을 통한 신체적인 문제의 해결 만으로 완성되거나 완결되지 않는다는 것을 우리는 경험으로 잘 알고 있다. 아무리 의학이 발달하더라도 인간에게서 발생하는 수많은 질병과 문제들을 이겨내기에는 아직 역부족이다. 보다 일반적으로 '문제를 해결하는 데 사용되는 일련의 조치 및 수단'일 뿐이다. 의학이 인간존재 전체를 떠받칠 수는 없다.

　프로이트는 인간에게 죽음과 더불어 자신이 알지 못하는 여러 가지의 위협이 있다고 생각하고 그것을 세 가지로 나눈다. 첫째는 외부적 위협으로부터의 자기보호, 둘째는 자연재해의 위협으로부터의 보호, 셋째는 자기 자신으로부터 보호이

---

45)　'치료'라는 말의 어원은 그리스어 '테라페이아(θεραπεία)'에 기원한다. 그리스 문화 안에서 치료의 의미는 질병이나 기타 부작용을 치료하는데 사용되는 모든 행동과 수단으로 '전인적 의미의 건강을 회복'을 의미한다. 곧 '본래의 모습으로 돌아간다'는 의미였다. θεραπεία in Liddell & Scott (1940) A Greek-English Lexicon, Oxford: Clarendon Press: A. service, attendance: I. of persons, service paid to the gods, 2. service done to gain favour, paying court, II. medical or surgical treatment or cure, cures by cautery, treatment III. of animals, care, tendance, 2. of plants, cultivation, 3. maintenance or repairs of temples, 4. preparation of fat for medical use, Henry George Liddell. Robert Scott, A Greek-English Lexicon. revised and augmented throughout by. Sir Henry Stuart Jones. with the assistance of. Roderick McKenzie. Oxford. Clarendon Press. 1940.

다. 죽음과 불가분의 관계를 가진 우리 인간은 이 죽음이라는 사실을 방어하기 위해 숱한 에너지를 소비하기에 정작 일상생활에서는 적응력이 떨어지고, 정상적인 불안에 대한 수용을 하지 못하기에 병리적 불안으로 인해 다량의 에너지를 소모하게 되는 비효율적인 삶을 산다고 본다. 심리학에서는 '두려움(fear)'과 '불안(anxiety)'에 대한 이유와 근거에 대하여 여러 가지 사유와 이론들이 있다. 인간은 이러한 두려움과 불안의 위협으로부터 자신을 보호하고 방어한다. 즉, 죽음에 대한 생각을 떨쳐 버리고, 실존이라는 세계 안에서 여러 가지 방법으로 영원(immortality)의 욕망을 가지고 살아간다. 인간은 죽음을 인생에 필요한 결과로 인식하고 있다. 그러나 실제로 인간은 죽음이 마치 우리와는 상관없는 것처럼 행동하는 것에 익숙해져 있다. 자신의 죽음은 정말로 상상할 수 없으며 죽음에 대하여 상상을 시도할 때마다 우리는 죽음에 대한 관망자로서 생존한다는 것을 인식할 수 있다. 어느 누구도 자신의 죽음을 믿지 않는다. 그래서 정신분석학파는 인간의 밑바탕에는 '어느 누구도 자신의 죽음을 믿지 않는다'라고 하거나, 같은 문제를 다른 방법으로 사용해 모든 사람은 자신의 무의식 가운데서 영원(immortality)을 생각하고 있기 때문에, 자신의 죽음을 믿지 않는다고 주장한다.[46]

이러한 인간의 근원적 두려움을 전제로 현대인들에게 다가오는 실질적인 가장 큰 문제는 스트레스다. 스트레스(Stress)는 정신적 신체적 자극을 일으키는 심리적, 신체적 반응으로서의 '적응'을 뜻한다. 심리학 또는 생물학에서 스트레스 요인에 대해 경계하고 대항하려는 심신의 변화 과정을 자세히 추적하다 보면 상당히 유의미한 통계적 자료들을 확인할 수 있게 된다. 일반적으로 외부에서 존재에 대한 심각한 위협이나 도전을 받게 될 때 신체를 보호하고자 스트레스 반응이 일어

---

46)   S. Freud. (1959). Thoughts on War and Death. Collected Papers. Vol. 4. trans. Riviere, J. New York: Basic Books, Inc.

난다. 부정적 정서를 표출하기만 할 뿐 어떠한 행동적 대처를 하지 않는다면 상황이 원만하게 변하지는 않는다. 이후 혼자서 스트레스 요인을 해결할 수 없는 시점부터 그것은 병이 된다. [47]

스트레스 중 가장 심각한 것은 '만성적 스트레스(chronic stress)'다. 스트레스의 원인이 해소되지 않고 계속해서 지속되기 때문에 아드레날린 등 호르몬 역시 지속적으로 나오게 되고 위산 과다분비 같은 심각한 부작용을 초래한다. 특히 만성 스트레스 상태에서는 부신피질호르몬인 '코르티솔'이 분비된다. 이 호르몬이 면역력을 대폭 낮추기 때문에 건강한 사람이라면 쉽게 잡아낼 수 있는 바이러스나 세균, 암세포 같은 것에 취약해지고, 이러한 상태의 지속은 신체적으로 심각한 질병으로 발전할 수 있는 원인이 된다. 인간의 질병은 스트레스와 밀접한 관련이 있다. 오늘날 많은 현대인들의 심각한 심리적 정서적 문제는 바로 이러한 생활 가운데서 다가오는 스트레스가 심각한 수준에 이르렀다는 것이다. 이것은 사회구조적인 변동과도 무관하지 않다. 곧, 신자유주의 시대의 과도한 경쟁이 생존을 위한 전쟁으로 변해가고 있다. 사람들은 서로 치열하게 자신의 스펙을 가지고 경쟁하게 되고, 함께 살아가는 사람들과의 사랑이나 우정, 협력과 공존을 위한 배려보다는 최근 화제가 된 넷플릭스의 〈오징어게임〉마냥 끝없는 경쟁과 이익을 중심으로 하는 패거리 짓기, 불신과 증오로 삶에 대한 긴장과 두려움, 불안을 안고 살아가는 환경에 그대로 노출되어 있는 것이다.

불안 이전에 불만이 있다. 만족하지 못하는 것이다. 인간은 성장과정에서 '주된

---

47) 스트레스의 심각한 문제는 당사자가 아니면 이해할 수 없다. 내가 지금 두 손에 물컵을 들고 있다고 생각해 보자. 1분은 아무렇지도 않을 것이다. 10분이면 팔이 서서히 아파 올 것이다. 1시간이면 팔을 들고 있기 힘들 것이다. 이렇게 만약 하루, 이틀, 사흘이 지나면 어떤 생각이 들까? 물컵을 내려놓을 수 없는 상황이라면 아마도 '죽고 싶다'는 생각까지 들 것이다. 아무리 사소한 스트레스라도 지속되는 순간 생명을 위협하는 문제가 될 수도 있다.

돌봄자(primary care-givers)'가 없는 상태로부터 '불안'이라는 정서가 출발한다. 불안은 인간 발달과정에서 발생할 수 있는 '상실과 박탈(loss & deprivation)' 경험의 무의식적 기저를 이루고 있다. 인간에게는 이 불안의 그늘이 이미 앞선 지적과 같이 출생 초기에 모태의 분리에서 시작되는 것이며, 이것이 인간에게 근원적 불안의 근거가 된다. 이러한 불안에 근거한 현대인들의 욕구는 필요 이상으로 과잉이다. 신자유주의 시대를 살아가고 있는 현대인들은 자본의 끊임없는 선동으로 끊임없이 소비하고 확장하며 그들의 욕망을 제한하지 못하고 달려가고 있다. 부동산과 주식, 비트코인 등의 재테크 열풍과 자산확장을 위한 끊임없는 추구는 삶의 여유와 여백을 모두 빼앗아 버렸다. 그러한 크고 작은 긴장들이 내면의 불안을 잠시 잊게 만든다. 그리고 부정하고 부인하게 만든다.

M. Heiddegger는 인간은 본질적으로 '근심하는 존재'라고 규정한다. 인간은 살아있는 동안 근심과 걱정으로부터 해방될 수 없다. '근심'은 그리스어로 'merimna'인데, 이는 "무엇을 구하기 위해 애를 태우다! 무엇을 추구하다! 무엇을 몹시 원하다! 무엇을 두려워하다!"라는 의미를 갖는다. '근심'의 어원을 살펴보면 우리가 근심하는 이유가 명확해진다. 우리는 무엇을 구하기 위해 애를 태우며 근심한다. 우리는 무엇을 몹시 원하고, 무엇을 추구하며, 무엇을 두려워하며 근심한다. 걱정과 불안은 우리 자신을 좀 더 잘 다루게 하고, 실재의 나에게 적합한 표상을 가지게 한다. 걱정과 불안은 하나의 정서적 심리적 영성적 도전이다. 걱정과 불안 그리고 두려움 중에는 인간의 존재 자체에 필연적인 것들도 있다. 사실 인간의 생존과 사랑을 위해서 선택하는 애착은 행동을 긍정적으로 하는 데 상당한 동기부여를 할 수가 있다. 충분한 애착이 이루어지면 내면의 아이는(Inner child) 애착 대상자에 대하여 애착의 한계를 넘어서 자신이 가진 환경에 대하여 탐험과 호기심을 가지게 된다. 그러나 이러한 애착관계가 형성되지 않고 분리와 박탈을 경험하게 되면, 즉

관계성이 상실과 파괴를 되풀이하게 되면 내면의 아이에게 불안과 근심을 일으키는 요인이 되기 때문에 상당한, 분노 그리고 우울과 같은 성격장애를 발생시킬 수 있는 근거가 된다.[48]

    '치유'라는 말은 몸과 마음의 병을 낫게 하기 위한 일련의 행동 모두를 포괄한다고 볼 수 있다. 치료는 어원학적으로, 현대 라틴어로 therapia, '질병의 치료', 그리스어로 therapeia, '치료, 치유, 병자에 대한 봉사; 회복되다(본래의 모습으로 돌아가다), 기다림, 봉사'에서 therapeuein, '치료하다, 의학적으로 치료하다'는 말 그대로 '참석하다, 봉사하다, 회복하다, 돌보다(참고 therapeutic)'는 의미로 정의되었다.[49] 고대의 제사장이 원시 씨족이나 부족의 질병을 기도나 예식을 통해 조정하거나 통제하려고 했던 모든 제례들과 약물이나 약초의 복용 등 다양한 치료 행위들이 존재했다. 근대적인 의미의 의료행위가 치료 행위로 자리 잡기 전의 치료는 매우 인문학적이었다.[50]

---

48)　H. Bacal & K. Newman. (1990). Theories of Object Relations: Bridges to Self Psychology. New York: Columbian University Press.

49)　θεραπεία in Liddell & Scott. (1889). An Intermediate Greek-English Lexicon, New York: Harper & Brothers θεραπεία θεραπεύω. I. a waiting on, service, θ. θεῶν service done to the gods, divine worship, Plat. 2. service done to gain favour, a courting, paying court, to court one's favour, II. of things, a fostering, tending, nurture, care, 2. medical treatment, service done to the sick, tending, III. of animals or plants, a rearing or bringing up, tendance, id=Plat. IV. in collective sense, a body of attendants, suite, retinue.

50)　엄찬호, 최병욱. (2013). 인문학의 치유 역사. 강원대학교출판부.

1

종교의 기원과 성장 안에서 '치료' 개념의 발아(發芽)와 성장

인류 문명이 발달하기 전 인간에게 생겨나는 질병의 원인과 치료를 위한 이성적인 이해나 탐구가 진행되기 전에는 질병들이 초자연적이며 신적인 어떤 힘들에 의해 병이 들고 죽음을 맞이하게 된다고 생각하는 것이 일반적이었다. 원시 종교의 출발이었다. 정령신앙,[51] 토테미즘, 애니미즘 등의 고대 원시 종교들은 질병의 발생과 치유 과정과 밀접한 연관이 있었다. 고대 사회에서 질병은 신이 내린 벌이거나 잡귀에 의한 것으로 인식되었다. 히브리 문화권이나 그리스 문명을 포괄하는 성경의 문화 안에 등장하는 질병들은 악령들에 의한 것으로 기술한다. 주술은 원인(cause)과 결과(effect) 사이의 관계성에서 출발한다. 원인과 결과의 관계는 과학적 사고의 출발점이 된다. 어떤 결과가 있기까지는 반드시 그 결과를 있게 한 원

---

[51] 정령신앙(精靈信仰), 물활론은 해, 달, 별, 강과 같은 자연계의 모든 사물과 불, 바람, 벼락, 폭풍우, 계절 등과 같은 무생물적 자연 현상과 생물(동·식물) 모두에 생명이 있다고 보고, 그것의 영혼을 인정하여 인간처럼 의식, 욕구, 느낌 등이 존재하다고 믿는 세계관 또는 원시 신앙이다. 달리 말해, 애니미즘은 각각의 사물과 현상 즉, 무생물계에도 정령(精靈) 또는 영혼, 즉 '눈에 보이지 않는 어떤 영적인 힘 또는 존재'가 깃들어 있다고 믿는 것이다. 애니미즘은(animism) 'breath, spirit, life'라는 의미를 갖는 라틴어 anima에서 유래되었으며, 종교의 기원에 관한 여러 이론 가운데 하나다. 영국의 인류학자인 타일러가 종교의 기원을 설명하기 위해 애니미즘이라는 말을 사용한 데서 등장하였다. 타일러는 문화인류학자로서 문화를 인간의 지(知)·정(情)·의(意)·성(聖) 등의 요소들과 관련된 삶의 융합체로 이해했다. 이러한 문화구성론에 근거해서 그는 종교를 문화의 다양한 형식들 가운데 하나로 취급했다. 그는 종교를 정령, 곧 사물에 깃들어 있는 영의 존재에 대한 신앙에서 진화된 것으로 바라보며, 정령숭배(animism)를 인간의 문화와 사회 어디에서나 발견될 수 있었던 최초의 종교현상이라고 주장했다. 정령의 존재에 대한 관념과 신앙은 인간의 심리적인 현상과 꿈이나 환상 같은 현상에 의하여 착상되어 그 현상을 해석하는 과정에서 믿음의 단계로 발전되어 종교가 생겨났다고 본다. 타일러는 원시 종족은 죽은 자의 모습이 꿈이나 환상 속에 나타나게 되면, 그것을 망자의 정령(anima)으로 믿었으며 숭배했다고 말한다. 정령에 대한 두려움과 외경심 그리고 호기심과 지적 관심에서 정령숭배 신앙이 발생했다는 것이다. 동국대학교 불교문화대학 불교교재편찬위원회. (2012). 불교사상의 이해 22쇄판. 서울: 불교시대사. 16-17.

인이 존재한다는 믿음이 주술을 낳았다고 설명할 수 있다. 그러나 주술은 과학에 서처럼 원인과 결과를 객관적으로 입증할 수 없으며, 어디까지나 인간의 신앙에 의한 행위이기 때문에 합리적으로 설명할 수 없다.

　민간요법은 주로 그 문화의 믿음체계(belief system)에 근거하고 있다. 초월적 세계와 현실적 세계를 이어 주는 주술은 다양한 방식으로 고대인의 삶에 영향을 끼쳐 왔다. 제임스 프레이저(James G. Frazer)에 의하면, 주술은 유사한 행위를 통해 그와 동일한 결과를 창출해 내는 행위로써 결과가 원인을 닮아 간다는 믿음에서 출발한다.[52] 수많은 신체적 질병 가령 두통, 눈과 귀의 문제, 장 통증, 숨 가쁨과 현기증, 발열, 신경과 정신장애, 살아있는 해골 같은 외모 등은 귀신을 보고 들음에서 생겨난다고 고대 바빌론 메소포타미아 지역의 문헌들은 설명한다. 또한, 전염성질환, 비뇨생식기질환, 위장관질환, 대사 및 영양질환, 심장, 순환계, 폐, 눈, 귀, 코, 뼈, 관절질환. 산부인과, 신경과, 외상 및 쇼크, 독극물, 정신질환, 치과 및 구강질환 등 각각의 고통에 대해 메소포타미아 문헌(모두 상호 참고함)의 대표적인 예와 함께 간략한 (치료적) 설명을 제공하기도 한다. 바빌론 및 아시리아 의학의 진단에 대한 보다 일반적인 치료법을 제공하는 문헌이 관찰되고 논의된 각각의 고통은 현대의학 분류법을 통해서도 분석되었다. 예를 들어 공중 보건 관행에 대한 부분에서는 기생충, 물린 상처, 강한 독소 등과 같은 환경 위험에 대한 논의가 포함되고 문헌의 저자는 전염병에 대한 유사한 치료법을 제공하기도 하지만 결국 주술적 치유는 마지막에 초월적 세계를 조정하는 중재자(medium)에 의해 병마가 해소된다는 공동체의 믿음을 기술하고 있다.[53]

---

52)　J. G. Frazer. Totemism And Exogamy: A Treatise On Certain Early Forms Of Superstition And Society. Kessinger publishing. 11.

53)　S. Noegel. (2009). Review of JoAnn Scurlock, Magico-Medical Means of Treating Ghost-Induced Illnesses in Ancient Mesopotamia and JoAnn Scurlock and Burton Andersen, Diagnoses in Assyrian and Babylonian Medicine: Ancient Sources, Translations, and Modern Medical Analyses. Journal of Hebrew Scriptures, 7.

타일러는 사회 구성원의 지능, 곧 사물에 대한 인지능력의 정도에 비례해서 사회가 발전한다고 주장했다. 이것은 원시인의 지적 능력이 미숙했기 때문에 초월적 존재에 대한 신앙 양태가 불확실하고 모호했으나 점점 고도로 진화하며 정령에 대한 신앙으로, 믿음의 체계로 종교화됐다는 것이다. 그는 인간의 지능이 진화하고, 지식이 축적되고, 인식 수준이 높아지고, 인식의 범위가 확대되면서 사회뿐만 아니라 종교 형태의 형성에도 영향을 미치게 되었고, 이로써 하등종교 단계에서 고등종교 단계로 발전된 종교를 창출하게 됐다고 역설한다. 이런 논리로 그는 종교의 생성-전개-발전 과정을 설명했다. 그의 주장에 따르면 종교는 원시 종교 형태인 정령숭배(animism)에서 주물숭배를 거쳐 범신론(汎神論)으로 그리고 단일신론(monotheism)으로 진화되어 왔다.[54] 이러한 '아니마'에 대해 우리가 주되게 취급하는 C.G. 융은 아니마/아니무스를 원형 안에서 설명하며 남성과 여성은 서로 다르다는 것을 말한다. 이것은 우월과 열등의 차이가 아니며, 가부장적인 시대 속에 사는 우리 인간은 오래전부터 남성의 역할에 가치를 부각해 왔다. 여성은 억압을 당하면서 존재해 왔다는 것이다. 융은 남성 안에 여성성과 여성 안에 남성성이 서로 보완되어야 인간의 '개성화 과정(individuation)'으로 나아갈 수 있다고 설명한다. 이러한 개성화 과정, 인간이 인간 자신의 본연의 자기(Self)로 돌아갈 수 있는 것은 결국 내재(內在)한 '신성'으로의 접근이다. 타일러가 언급한 '정령'은 외부에 존재하는 타자가 아니라 인간의 정신 안에 존재하는, 융이 말한 것처럼 내면 안에 존재하는 '현명한 노인(old wise man)', 혹은 '대지의 어머니(great mother)'의 다른 이름으로 내 안의 또 다른 '자기'이다.[55]

---

54) E. B. Tylor. (1872). 원시 문화, 신화론, 철학, 종교, 예술과 풍습의 발전에 관한 탐구: Primitive Culture: Researches into the Development of Mythology, Philosophy, Religion, Art and Custom.

55) 김혜정, Kim Hye Jung. (2020). C.G. 융의 아니마/아니무스와 여성성. 정신분석심리상담(구정신역동치료). 4, 115 이하.

그럼에도 타일러는 원시 종족의 정령숭배 신앙이 아직까지도 현대인의 의식(意識)에 '잔존물(survivals)'로 남아 적극적으로 작용하고 있다고 주장한다. 이것 역시 융이 말한 '집단적 무의식(collective unconsciousness)'과 같은 맥락에 있다. 타일러는 원시 종족의 정령숭배 신앙에서 진화되어 온 애니미즘 신앙이 아직도 현대인의 삶에서 문화의 '찌꺼기(leftover)'로 남아 이어져 내려오고 있다고 설명한다. 타일러는 종교를 신앙의 발현(發現) 현상으로 이해한 것이 아니고 지적 능력의 체계 정도로 이해했다. 그러나 종교는 원초적으로 초월적 존재에 대한 신앙심에 의해 표출되기 때문에 그의 종교론에는 많은 비판이 뒤따른다. 슐라이어마허(F. Schleiermacher)는 초월적 존재에 대한 인간의 '절대 의존의 감정'을, 오토(R. Otto)는 '누미노제 감정(sensus numinis)'을, 엘리아데는 '성현(hierophany) 현상'을 종교 발생의 동인으로 간주했다. 에밀 뒤르켐(Émile Durkheim)은 종교적 의례는 사회공동체가 정기적으로 자체를 제어하기 위한 것이라고 하여 종교의 사회적 기능에서 종교 발생의 기원을 설명하려 했다.[56] 이러한 설명들에 비하면 타일러는 정령숭배 신앙이라는 타자화된 관념을 만들어 낼 수밖에 없었던 원시부족 지적 능력의 한계라는 방식으로 설명하며 빈축을 샀지만, 유의미한 것은 원시부족에서마저 필요했던 '정령'이라는 개념의 타자화는 인간이 당면한 한계상황에서 벗어나고자 하는 원시부족의 관념 요구를 설명했다는 점에 있다. 곧 '정령'이라는 '보이지 않는 실재'에 대한 '생각'을 '생각'했다는(Homo Sapiens Sapiens) 인류사의 큰 전환점을 포착했다는 것은 타일러의 학문적 업적이다.

스펜서(Herbert Spencer)의 종교 이론은 자연숭배, 조상숭배, 불가지론으로 그

---

56) 종교의 본질을 자연 외에 정신이나 영혼 에서 찾는 종교학자들의 '종교 발생설'은 대체로 인류학, 민속학 등의 영향에 의한 것으로 타일러(E. B. Tylor)의 《원시 문화, 신화론, 철학, 종교, 예술과 풍습의 발전에 관한 탐구》 (Primitive Culture: Researches into the Development of Mythology, Philosophy, Religion, Art and Custom, 1872)와 스펜서(H. Spencer)의 《사회학 원리》(Principles of Sociology, 1876~1882)에서 제기되며 시작했다. 타일러는 정령숭배론(animism)을 주장했고, 스펜서는 조상숭배론(Ancestor worship)을 주장했다.

구조를 이루고 있다. 그는 '조상숭배'가 종교의 시작이라고 주장하면서도, 신의 존재는 알 수 없다는 불가지론을 역설한다. 원시인들은 자연현상의 변화나 인간의 '생로병사(生老病死)' 현상, 유용한 것과 유용하지 못한 것의 대립적인 관계 등을 보면서 생명력의 이원성을 인식할 수 있었다. 이것은 낮은 단계의 이원론의 흔적을 보여 주는 것이다. 이러한 추리력으로 자연을 움직이는 영의 존재와 인간의 혼백에 대한 관념을 갖게 되었다. 저들은 깨어 있는 것과 잠자는 것, 삶과 죽음, 자연의 생멸(生滅) 현상 등의 동인을 영혼, 혼의 실체로 믿으며 신격화하여 신앙하기 시작했다. 이렇게 발전된 정신(영혼) 관념이 자연숭배와 조상숭배로 결부되며 종교로 생성되게 되었다. 하지만 원시인의 이런 신앙에는 아직도 내세의 인과응보 이론이 포함되어 있지는 않았다.

원시인들은 만물에 영이 깃들어 있으며, 인간에 밀착되어 있다고 믿었다. 만물에 영이 깃들어 있다는 것, 이런 의미에서 물활론[57]은 모든 물건들의 신성을 인정한 것이다. 타일러는 이 영적 존재를 '아니마(anima)'라고 규정했으나 스펜서는 아니마를 죽은 자의 영혼(유령)까지도 포괄하는 넓은 개념으로 사용했다. 자연의 삼라만상이 정령의 실체로 신격화되면서, 자연숭배 신앙도 생겨났다. 특히 물의 숭배, 강의 숭배, 바다 숭배, 일월성신에 대한 숭배, 그리고 나무와 초목에 대한 숭배, 동물숭배, 토템 신앙(totemism), 뱀의 숭배 등이 이런 종교현상으로 나타난 것들

---

57)　물활론적 사고는 고대 인도의 베다 학파 가운데 로카야타(Lokāyata) 학파부터 보였다. 또한, 그리스의 경우는 소크라테스 이전 철학에 속하는 학파 중 적지 않은 자들이 물활론적 사고를 갖고 있었다. 대표적으로 밀레토스 학파의 탈레스(Thales), 아낙시만드로스(Anaximandros), 아낙시메네스(Anaximenes)가 있으며, 에페소스 학파의 일원인 헤라클레이토스(Herakleitos)가 있다. 물질이 바로 영혼(pneuma) 또는 정신(nous)을 포함하고 있거나, 이것을 생동하게 하는 매개자라는 것이 이들 주장의 요지이다. 단, 여기서 영혼은 다양한 의미로 해석될 수 있다. 'pneuma'는 능동적인 의미에서의 영혼, 즉, 귀신을 뜻하기도 하며, 또는 의지 활동의 근본이라고 할 수 있는 정신을 의미하기도 한다. 그러나 당시 고대 그리스 철학의 사고로 보아, 이 둘은 구별이 되지 않았던 것으로 보인다. 하지만, 점점 인식론이 발달하게 되면서 둘은 의미가 달라지게 되었고, 스토아 학파 및 기타 범신론자들이 물활론 개념을 접수하면서 영혼(pneuma)은 이성(logos)과 차별화되지 않게 되었다. 이봉호. (2019). 최초의 철학자. 파라아카데미. 40-41.

이다. 자연숭배 신앙의 극치는 자연의 모든 종류를 신격화하는 신앙이다. 이런 원
시적인 자연숭배 사상에서 원시 문화 민족의 다신론뿐만 아니라 고등 문화 민족의
고차적인 다신론이 발전되었다. 하늘, 대지, 바다, 우레, 비, 물, 바람, 태양, 달 등
등 만물을 신들로 믿었다. 이 신들은 인간 삶의 전체적 상태나 기능을 지배하는 것
들이다. 즉 출산의 신, 농경작의 신, 죽은 조상의 신, 그리고 신들의 조상과 관계하
였다. 스펜서는 죽은 조상에 대한 숭배가 종교의 기원이라고 주장하며 조상숭배가
정령숭배보다 앞선다고 했다. 사실상 타일러의 정령숭배론을 부정한 것이다. 조상
의 혼령은 다른 사람의 몸에 들어갈 수도 있으며, 또는 병이나 죽음을 초래하기도
한다고 믿었다. 이런 믿음 때문에 돌을 깎거나 채색하여 신으로 숭배하며, 우상숭
배(Idololatrie)가 생겨나기 시작했다는 것이다. 그러나 엄격한 의미에서, 즉 오늘
날 우리들이 이해하는 의미에서 유일신론이나 범신론은 원시인들의 사고에는 아
직 형성되어 있지 않았다. 위대한 신들을 초월한 최고 존재에 대한 표상의 흔적은
종교사에서 여러 민족의 원시 종교를 추적하는 가운데 증명되기도 한다. 유일신
론은 다신론적 신들 중 하나에 최고의 지배권을 부여하려는 목적이나 인민 대중을
하등의 신성으로 그리고 최고 절대 지배자인 왕을 유일한 최고의 신으로 세우려는
의도에서 생성되었을 것으로 보기도 한다. 스펜서는 죽은 조상의 영혼이 신격화되
어 신으로 신앙되는 종교적 형식을 종교의 기원으로 간주했다. 종교사에서는 조상
숭배에 대한 이런 신앙형식을 유헤메리즘(Euhemerism)이라고 한다. 이것은 BC 4
세기에 유헤메로스(Euhemeros)에 의해 주장된 것인데, 죽은 최고의 지배자를 신
격화하여 지고의 신으로 숭배하는 신앙 형식을 일컫는 말이다. 이런 신앙 형식에
대한 기록은 크세노파네스(Xenophanes)나 헤로도토스(Herodotus) 등에게서도
발견된다고 한다. 최고 존재에 대한 표상은 모든 민족이나 종족에 공통적인 원형
(Ur-typus)으로 잠재되어 있는 것이 아니고, 각 민족이나 종족에 따라 각각 다양한
형식으로 유지되고 있다. 스펜서는 자연의 본질이나 현상, 신적 존재의 실체 등을

인간은 결코 알 수 없다는 철저한 불가지론을 주장했다. 그는 신은 경험적인 실재가 아니기 때문에 인간은 신이 실제로 존재하는지 알 수도 없고, 신에 대한 지식을 요청할 수 있는 수단도 갖고 있지 않기 때문에 신의 존재를 증명할 길도 없다고 역설한다. 뿐만 아니라 그는 종교적 신앙마저도 의심하며 인간은 종교적 진리가 참인지 거짓인지조차도 알 수 없다고 했다. "종교는 신조들, 입증할 수 없는 지각된 내용들을 과학에 의해 하나씩 포기하지 않을 수 없게 되었다."는 것이 스펜서의 결론이다.[58]

또 하나 농사 종교의 목적은 작물 생산에 신이 축복하여 작물을 보호하고 수확을 많이 내는 데 있다. 이러한 이유로 인간은 정성을 들여 신을 모셔야 했으며, 그 결과는 제의의 형태로 나타났다. 이 제의는 농사력과 긴밀한 관계 속에서 행해졌다. 고대 근동의 가나안 종교에는 농사 축제가 봄과 가을에 행해졌으며 이때 주술적인 제의들이 있었다. 우가릿 문헌에는 'Tishri의 달'이 있는데 이때를 왕이 희생을 드렸던 신년 축제 절기라고 한다. 이것은 이스라엘에서 속죄일(속죄 제물을 바침으로써 신과 인간, 공동체와 개인의 관계 회복을 의미하는 제삿날)과 밀접한 관계가 있다. 몇몇 제의의 제도들 역시 이스라엘인들이 가나안인들로부터 인계받았다. 예컨대 가을의 신년 절기를 들 수 있는데, 이것은 후대에 와서 초막절이 되었다. 초기 이스라엘 백성들은 후대에 그들의 생활력을 보존해 나가기 위한 행동, 태도, 개념들을 가졌다. 그들의 종교적 토대는 신앙으로 통합되었다.[59]

구체적으로 정령숭배는 어떤 종류의 동물이나 식물을 신성시하여 자신이 속해 있는 집단과 특수한 관계가 있다고 믿고, 그 동식물류(독수리, 수달, 곰, 메기, 떡갈

---

58) Carneiro, R. G. Perrin. (2002). Herbert Spencer's Principles of Sociology: A Centennial Retrospective and Appraisal. Annals of Science. 59(3). 221-261.

59) R. de Vaux. Ancient Israel. 491, 494, 501.

나무 등)를 토템이라 하여 집단의 상징으로 삼은 데서 유래한다. 한때 서구권에서 종교에 관한 진화적 시각이 유행했는데, 지금은 폐기된 이 관점에 따르면 종교는 애니미즘에서 기원하여 다신교와 단일신교를 차례로 거쳐 일신교로 발전한다. 이 발전 도식에서, 다신교는 정령들이 자신만의 특징적인 형태와 능력을 가진, 특정 사물이나 현상에만 깃들어 있지 않은 독자적인 신으로 변화하는 단계를 거치게 된다. 단일신교는 신들 사이에 계층 분화가 일어나고 가장 큰 힘을 가진 신이 최고신이 되어 신앙의 주된 대상이 되는 단계이다. 일신교는 단일신교의 과정이 심화되어 단 하나의 전능한 신, 즉, 유일신만이 존재하고 나머지는 그것에 흡수되거나 그것의 사자(使者)가 되는 단계로 설명된다.[60]

이렇게 종교의 시작과 발전, 변화와 적응에는 질병에 대한 '치유' 문제가 은연중에 결부되어 있다는 사실을 살펴볼 수 있다. 병든 사람의 치유 문제뿐만 아니라 병에 걸린 사람이 죽음을 맞이하게 되었을 때도 종교는 죽음 이후의 세상에 대한 설명을 해주면서 살아남은 자들이 갖는 두려움과 불안을 상쇄하려는 정서적 심리적 역할을 주도했다. 설명할 수 없는 인간의 질병과 사망에 대한 설명을 종교가 주도했던 것이다. 특히 이러한 '치유'의 제례(祭禮)나 의례(儀禮)에는 어김없이 중재자가 등장한다. 그는 제사와 의례를 주관하며 공동체에 해결되지 않는 형이상학적 문제들과 초자연적인 문제들에 대한 '신'의 섭리를 설명하며 당면한 삶의 고난에 대한 해설을 '내러티브'한다.

이러한 스토리텔링과 내러티브는 공동체의 결속을 다지는 기능과 효과를 가진 강력한 결속의 도구가 되었다. 그리스 신화를 통해 그리스인들이 결속하고 세계지배의 강력한 신화적 결속을 이룬 것처럼 제사장은 내부에서 발생하는 질병에 걸린

---

60)   참고: 강동효. (2001). 윤리용어사전. 신원문화사(서울).

사람들과 사망자들에 대한 공동체의 불안과 두려움을 제례나 의례의 해설을 통해 해소하는 사회적 기능과 역할을 담당했다. 이를 통해 제사장은 공동체에 분열이나 혼란, 두려움을 억제하거나 완화시키려는 노력을 주도했고, 공동체의 지도자가 되었다. 그는 신(神)과의 중재의 역할, 치유의 전령사가 되어 제정일치(祭政一致)의 사회를 구축해 나갔다. 이렇게 원시부족사회의 치유를 주관하는 제사장은 신내림 상태, 탈혼이나 빙의의 상태에서 주술적, 미신적 방법을 통해 아픈 상태를 진단하고 치유를 진행했다. 이부영이 연구한 〈한국의 샤머니즘과 분석심리학〉은 정신과 의사인 저자가 샤머니즘에 대한 문화정신의학적·분석심리학적 연구를 모아 정리한 연구 성과물이다. 임상사례와 정신병리현상을 제시하면서, 분석심리학의 상징 해석을 통해 샤머니즘의 여러 관념과 현상이 우리 마음속의 무엇을 반영하고 있는가를 확인하고 있다. 인간의 병고와 죽음을 치료하는 과정에서 원시적 의사가 무엇을 보고 무엇을 행하는지를 살펴보며, 원시적 관념과 행위가 상징적으로는 현대를 사는 우리의 마음속에 살아있음을 증명한다. 또한, 정신병리적 체험내용의 상징적 해석을 통해 병자들의 호소를 이해하고 무의식에 활성화되는 치유의 상징을 제시했다.[61]

무당은 아픈 사람을 치유한다. 무당은 아픈 사람을 증후에 따라서 구분해서 치유한다. 하나는 몸에 든 병을 치료하는 것이고, 다른 하나는 마음에 든 병을 치료하는 것이다. 물질과 정신의 병을 치료한다. 그런데 몸이든 마음이든 병이 든 곳을 가리지 않고 모두 신과 상의해서 치료하는 점이 남다르다. 그 점에서 무당은 전통적인 민간의학과 구분된다. 몸에 탈이 나고 마음에 병이 드는 것은 신이나 혼령이 까탈을 부려서 그렇다고 하는 것과 연관된다. 사제로서의 무당은 의례인 굿을 주관한다. 굿은 여러 가지 종류가 있으나 집굿, 동네굿, 사령굿 등으로 세분된다. 굿

---

61) 참고: 이부영. (2012). 한국의 샤머니즘과 분석심리학, 고통과 치유의 상징을 찾아서. 한길사(서울).

에서 신과 의사소통을 해서 신에게 인간의 뜻을 전달하고, 신의 뜻을 인간에게 전달하기도 한다. 그러므로 무당은 반은 인간이고 반은 신의 기능을 수행하게 된다. 신에게 제사를 지내고 인간이 신의 이름 아래 모이게 되는 것은 무당이 집전하기 때문이다. [62]

　많은 문화권에서 질병은 악마와 악령에 의해 몸과 마음이 사로잡힌다는 관념이 지배적이고 지속적으로 나타난다. 전 세계의 많은 문화권에는 여전히 이러한 샤먼들이 남아 있고, 아메리카 원주민 사회의 주술사, 시베리아의 샤먼, 아프리카의 주술의, 영국의 거머리, 웨일즈의 마법사나 우리나라의 무당 등이 이에 해당한다. 원시부족사회에 남아 있는 의식들은 기도와 마법과 주문을 외고, 악기들을 연주하며 여러 가지 성스러운 대상물들을 병든 자에게 접촉시키는 행위들로 시작하여 병자가 과거의 이야기를 하게 하고 자기 공동체(씨족이나 부족)의 종교적 내지 사회적 규칙과 율법을 위반했던 일들을 고백시켜 일종의 병의 원인을 얻어 내려 한다. 이에 의례를 주관하는 제사장은 병의 원인이 되는 진단과 필요한 치료의 방법을 제시한다. 질병에 사로잡힌 사람은 먼저 자신의 죄를 고백(confession)하는 이야기(narration)를 통해 치유를 시작한다. 가톨릭교회의 고해성사는 그런 의미에서 정서적, 심리적 치료 효과를 가진다. 칼 메닝거, 에리히 프롬, C.G. 융, 빅터 프랭클 등의 심리학자들은 인간과 신, 그리고 자기 자신, 타인, 우주와의 관계에서 자유로움을 찾을 때 인간은 건강한 심리적 정서적 균형을 이룰 수 있다고 말한다. [63] 근본적인 치유와 회복은 종교적인 관점에서 발견된다. 왜냐하면, 삶은 궁극적으로 종교적이기 때문이다. 때문에 성스러움(누미노제: numinose)에 대한 접근이 본래적

---

62)　참고: 김광일. (1981). 한국전통문화와 정신분석. 교문사(서울).

63)　헤링 베른하르트, 이동익. (1999). 고해성사. 가톨릭신학과사상. 28(28), 209-235; 윤영돈. (2018). 융의 분석심리학에서 본 화해와 용서의 문제. 철학논집. 54, 79-104.

인 치료법이며, 누미노제를 체험할 때 질병의 저주로부터 벗어날 수 있다.[64] 특히 융에게 있어 고백과 용서의 개념은 심리학과 종교가 만나는 곳에 위치한다.[65]

공적인 것이든 사적인 것이든, 무의식적인 비밀이나 은폐된 것은 언제나 심리적 독소로 작용하고, 공동체로부터 행위자를 소외시킨다. 그것은 일종의 '그림자'인 셈이다. "우리(자아)와 그림자 사이의 심연에 다리를 놓는 것은 다름 아닌 '고백'"이다. 그러니까 고백이란 은밀한 자아, 즉 우리 자신의 그림자를 직면하고, 그것을 의식화하고, 올바르게 한다.[66] 융은, '영혼에 대한 돌봄과 염려'를 철학함의 과제로 삼았던 소크라테스처럼 자신을 '영혼의 의사'로 자처하면서 '아파하는 인간'을 위한 정신요법을 탐구하였다. 융이 설정한 삶의 목적은 내담자의 존엄성과 가능성을 신뢰하고, 내담자가 자신의 삶을 실현할 수 있도록 돕는 데 있었다. 토드에 따르면 고백과 용서의 상징체계는 상담가(심리치료사)와 내담자 간의 관계에도 반영된다. 영혼의 의사로서 상담가는 내담자로부터 자발적으로 고백을 이끌어냄으로써 억압된 무의식적 요소를 의식화하도록 촉진한다는 점에서 상담가는 사제와 공동체를 대신할 수 있다.[67]

엘리아데는 고대 샤먼의 기원을 중앙아시아로 보고 있다. 한국을 위시한 동북아시아의 무속 문화에 직접적인 영향을 미쳤으며, 소아시아를 거쳐 고대희랍으로 건너간 주술적, 종교적 지도자였던 샤먼은 디오니소스의 제전(祭奠)에 망아(忘我) 축제의 주례자로 그 모습을 나타냈다.[68] 그 후 이러한 주술적 제전은 극작가이자 연

---

64) C. G. Jung, trans. R. F. C. Hull. (1989). Psychology and Religion. New York. 334.

64)   C. G. Jung, trans. R. F. C. Hull. (1989). Psychology and Religion. New York. 334.

65)   E. Todd (1985), "The Value of Confession and Forgiveness According to Jung". Journal of Religion and Health. Vol. 24, No. 1, 39.

66)   E. Todd, "The Value of Confession and Forgiveness According to Jung", 44.

67)   위의 책, 46.

68)   멀치아 엘리아데(Mircea Eliade)는 루마니아의 수도 부쿠레슈티에서 태어나 미국 시카고에서 죽음을 맞이할

출가였던 에스컬리스의 영향으로 고대 희랍비극의 형식으로 바뀌게 되었다. 이러한 관점에서 대부분의 학자들은 연극의 시조를 샤머니즘이라고 보고 있다. 고대 희랍 연극 전성시대의 평론가였던 아리스토텔레스의 유명한 연극평론집 〈시학: poetics〉에서 밝힌 그의 '카타르시스 이론'은 현대정신치료에 아직까지도 적용될 수 있는 이론이다. 무속이 고대 희랍연극의 아버지라고 한다면 아리스토텔레스는 연극치료이론의 아버지라고 할 수 있겠다. 미술치료의 경우, 고대 샤먼의 주거지였던 동굴 속에서 찾아볼 수 있는 주술적인 목적의 암각화, 무화, 무구, 부적 등을 제작하여 상징적으로 치병을 한 경우로 한국 무당들이 오방신장기 이용으로 공수를 하는 것과 나바호 인디언이 모래그림을 이용하는 것 등이 그 좋은 예가 될 수 있다. 무용, 음악 치료의 경우 주술치료로 사용된 듯이 보이는 안부를 시도한 흔적이 동굴바닥에 그려져 있는 표식들과 또 그 무용을 위하여 사용되어 오던 악기들의 발견 등으로 그들이 무용과 음악을 주술치료에 사용했다는 것을 알 수 있으며, 특히 한국의 굿에서 무가와 춤이 중요한 치병의 효과가 있다고 하는 것은 많은 학자

때까지 종교학을 중심으로 문학, 철학 등 다방면에 걸쳐 관심을 가진 학자였다. 대학생이 되어 로마에 머물면서 《이탈리아 철학, 마르실리오 피치노로부터 조르다노 부르노까지》(Italian Philosophy, from Marsillo Ficino to Giordano Bruno)를 쓸 무렵 다스굽타 교수를 만나 그의 생애는 큰 전기를 맞게 된다. 서양의 고전적 전통을 이어받은 엘리아데는 다스굽타 교수에게 산스크리트어를 배우며 인도의 사상과 상상력에서 깊은 영감을 받았다. 1936년에 쓴 박사학위 논문〈요가: 인도신비주의 기원〉은 파리와 부쿠레슈티에서 동시 출간되어 큰 반향을 불러일으켰다. 그후 연금술과 우파니샤드, 불교를 통한 상징해석에 남다른 특색을 보이기 시작하며, 《잘목시스: 종교학 연구리뷰》(Zalmoxis: A Review of Religious Studies)를 출간하기도 한다. 1949년에는 그의 종교연구를 집대성한 《종교형태론》(Traité d'histoire des religions)의 출간을 계기로 그의 학문적인 무대가 미국으로 옮겨지게 되었다. 1956년 미국 시카고 대학에서 한〈이니시에이션의 유형〉강의는 1958년에《이니시에이션의 의례와 상징》(Rites and Symbols of Initiation),《탄생과 재생의 신비》(The Mysteries of Birth and Rebirth)라 묶어 출간했다. 1982년에《종교관념의 역사》(A History of Religious Ideas) 2권을 출간하고 그 보완작업을 하던 중 1986년에 사망했으며《종교대백과사전》(Encyclopedia of Religions)은 1987년 그가 죽은 다음 해에 출간되었다.《성과 속》은 종교학의 기본 안내서이지만 관점은 철학적 인간학이나 현상학, 심리학을 포괄하고 있으며 잠재적인 인간실존의 여러 차원을 동시에 조명해 주고 있다. 종교사와 종교현상에 대한 전 세계적인 자료들이 백과사전이라 할 만큼 풍부하게 나열되어 있지만 그런 자료들이 현학적으로 느껴지지 않고 명료하게 정리되어 있다. 그리고 원시 종교적인 자료와 현대의 자료들이 동일한 문맥 속에 동원되어 있음에도 불구하고 모순을 느끼지 않는 것은 이 문학적이라 할 만큼 간결하면서도 호소력 있게 펼쳐져 있기 때문이다. 한마디로 엘리아데의 성과 속의 문제의식은 고대인이든 현대인이든 자신이 종교적 인간일 수밖에 없다는 것을 확인하며 인간실존의 본원을 회복하게 한다.

들에 의하여 지적된 바 있다. 예술심리치료는 무의식의 세계와 의식의 세계를 연결하는 동시에 고대와 현대를 잇는 치료법이기는 하나 무속의 치료를 현대에 그대로 적용하기에는 여러 가지 어려움들이 있다. 그러나 이 무속의 전통이 정신문화적인 차원에서 중요성을 가지고 있고 중요한 연구재료가 될 수 있다고 본다.

민속 종교들은 기쁨이나 행복을 포기하고 금욕 생활을 했다. 현실의 행복이나 부(富)를 포기하는 것이 보이지 않는 질서에서 힘을 획득하는 길이라고 믿었다. 불가능하고 금지되어 있는 피안(彼岸)은 차안(此岸)을 포기함으로써만 가능하다고 생각한 것이다. 원시적인 의미에서 '정화한다'는 동사는 '치유한다'는 것과 '환각에서 깨어난다'는 것을 동시에 의미한다. 순수함이 성(聖)으로까지 승화되는 경우에는 보편적으로 건강과 풍요한 생명력을 갖는 것으로 이해되었다. 순수와 불순은 서로 상반되는 특징을 지닌다. 한쪽이 고귀하면 다른 쪽은 열등하고 한쪽이 숭배, 사랑, 감사의 성격을 띠면 다른 쪽은 혐오, 공포, 위협의 감정을 불러일으킨다. 한쪽은 적극적인 힘, 건강, 사회적인 우월, 전쟁에서의 용기, 노동에서의 큰 힘을 말한다면, 다른 쪽은 죽음과 파괴적인 힘, 병과 재해, 전염병, 범죄 등을 일으킨다. 생명의 힘과 죽음의 힘이라고도 할 수 있는데, 전자는 대낮의 빛과 건조를 나타내고 후자는 어둠과 습기를 나타낸다. 동방과 정오는 태양을 상승시키고 열을 증대시키는 증가의 덕을 나타내고, 북방과 일몰은 천체의 생명력을 하강시키고 붕괴의 힘이 거주하는 곳이다. 오른손은 왕이 왕홀(王笏)을 잡는 곳, 권위의 서약, 성실을 나타내고, 왼손은 기만을 나타내며 세상에 사멸을 가져온 이브도 아담의 왼쪽 갈비뼈로 만들어졌다.

고대인의 치유와 정화 의식에 대해 엘리아데는 에밀 뒤르켐의 토테미즘 사례를 들면서 성이 속에서 분리되는 순간, 종교가 탄생한다고 말한다. 즉, 세상의 모든 종교는 성(聖)에 대한 인간 본연의 본능적인 추구가 세속에서 하나의 무형의 형태로서 세상과 인간 안에서 독립한 형태로 자리 잡았다. 엘리아데는 고대인의 토테미즘을 설명하는데, 고대인은 자연물 자체를 숭배하는 것이 아니라, 그 자연물을 통해 현현(顯現)하는 성스러움을 숭배하는 의미로 받아들여야 한다. 이렇게 초자연주의적 질병관이란, 질병의 원인이 초월적 존재로부터 생긴다고 믿는 것이다. 이것은 원시시대부터 만들어진 관념으로서 질병은 '불운'에 의해서 혹은 '정령'이나 '신'이 만들어 내기 때문에 그 원인을 제공한 알 수 없는 '존재'를 달래 주는 행위 즉 기도나 제식을 통해 치유된다고 믿었다. 따라서 사제(priest)가 곧 의사의 역할을 수행하였으며, 이들이 하는 일은 주로 질병의 원인을 해석하거나 대처해야 할 방향을 제시하는 것이 전부였다.[69] 이것은 각 시대와 문화권별로 치료와 건강을 담당하는 특별한 신이 존재했음을 의미한다. 이집트는 이시스(Isis)와 임호텝(Imhotep), 그리스와 로마는 아폴로(Apollo)와 아스클레피오스(Aesculapius), 중세는 예수 그리스도로서 누가 치료하느냐만 바뀌었을 뿐 그 역할은 비슷했다. 또한, 전체 질병과 건강을 관장하는 주신(主神)과 함께 특정 신체 장기 및 질환을 담당하는 반신(半神)들도 존재했으며, 고대의 반신은 그리스도교 전파 이후 성자(聖者)들로 대체되었다.[70]

---

69) 아라스, 포터 로이, 비가렐로 조르주, 주명철. (2014). 몸의 역사. 1, 르네상스에서 계몽주의 시대까지. 길. 24-26.
70) 이해경, 채철균. (2012). 고대 의료시설의 유형 및 특성에 관한 연구. 의료·복지건축: 한국의료복지건축학회 논문집. 18(2), 77-84.

2

서양세계에서 치유에 대한 인식의 기원과 변천

건강은 정신적인 측면과 동시에 육체적인 측면, 모두에 관련이 있다는 것은 주지의 사실이다. 인간에게 고통을 일으키는 몸의 상처나 질병 등은 마음을 병들게 하고, 때로는 마음이 병들어 몸이 병들기도 한다. 고대 그리스 철학자인 플라톤과 아리스토텔레스는 신체와 정신의 조화로운 발달을 추구했다. 플라톤은 이데아론적 측면에서는 신체와 정신이 완전하게 분리된 것이 아니라 본질적으로 각각 상호의 존해서 존재하고 있으며 훌륭한 교육이란 정신과 신체를 조화롭게 발달시키는 것이라 하였다. 아리스토텔레스는 신체에 있어서도 영혼의 감옥이 아니라 신체가 있어서 영혼이 있으며, 영혼이 있어서 신체가 존립한다며 신체를 중요시한 철학자였다. 신체와 영혼의 조화롭고 균형 있는 인간 형성을 위해 신체가 정신에 중요한 상관관계를 갖는다는 관점을 중요하게 생각했다.[71]

고대인들은 질병의 발생은 '정령(精靈)' 또는 '악마' 같은 초자연적인 것에 의해서 야기되는 것이라고 믿었기 때문에, 이런 초자연적인 마력(魔力)을 극복하여 몸 밖으로 쫓아낼 수 있는 힘은 오로지 전지전능한 힘을 지닌 신(神)에 의해서만 가능하다고 믿었다. 그래서 어느 민족을 막론하고 의약의 창설자는 전지전능한 힘을 지닌 신이라 믿고 의신으로 모셨다. 따라서 이 세상 대부분의 문화 민족들은 자기 민족에게 처음으로 의술(醫術)을 전수(傳受)했다는 의신을 모시고 있다.[72] 그리스인

---

71) 한도령. (2014). 건강한 신체에 건전한 정신이 깃든다. 한국웰니스학회지. 9(2), 1-11.

72) 로이포토 & 여인석. (2010). 의학: 놀라운 치유의 역사. 네모북스.

들에게 있어 이상적 삶은, 곧 '건강한 삶'을 의미했으며, 인간의 삶에 있어서 최고의 덕목은 '건강'이었다. 그들에게 있어 건강이란 '조화'의 문제였다. 즉 '조화'가 이루어진 상태는 건강한 것이며(eucrasia), 그 조화가 깨지면(dyscrasia) 그것이 곧 질병이 된다고 생각했다.[73]

　호메로스 시대의 의학은 점술에 기반을 두고 발전했다. 그러나 그리스 문화가 동양의 영향을 받게 되면서 의학에는 점점 종교적 색채가 가미되기 시작했다. 호메로스 이후의 문학작품에는 요괴, 점술, 예견, 저주 등의 내용이 자주 등장한다. 그리스의 유명한 철학가 데모크리토스(Demokritos)가 동시대의 의사 히포크라테스에게 보낸 편지에는 "사람들은 건강을 유지하는 방법을 몰라서 그저 신에게 기도만 드릴 뿐이다."라는 내용이 적혀 있다. 아폴로, 아르테미스, 아테네, 아프로디테, 그리고 지옥의 신에 이르기까지 그리스의 신들은 모두 질병을 고치고 병마를 쫓아내는 능력을 지니고 있었다. 그리스의 종교는 풍부한 시적 정서가 담긴 신화적 색채가 강하다. 그리스 신들은 인간의 자유를 침해하지 않으며 대자연에 역행하지도 않는다. 올림피아의 모든 신들이 그리스인에게 준 가장 큰 선물은 바로 건강이었다. 이로써 경건한 신앙은 의학의 신 아스클레피오스에 대한 경배로까지 이어졌다. 고대 그리스의 아스클레피오스 신전에는 많은 이들이 방문하였다. 신전은 병원의 기원이다. 신전의 주인 아스클레피오스는 원래 신이 아니었다. 그의 아버지는 태양의 신 아폴론이었지만 그의 어머니 코로니스가 인간이었기 때문에 둘 사이에 태어난 아스클레피오스는 반인반신의 영웅일 뿐이었다.[74]

---

73) 그리스에서 질병은 인간을 열등한 존재로 만드는 재앙처럼 느꼈으며, 치료 불가능한 질병을 가진 자들이 죽음을 선택하는 것은 자연스러운 일이었다고 한다. 전문 의사는 건강을 유지·회복시키는 장인으로서 대우받았으며, 히포크라테스에 의해 가망 없는 환자에 대해서는 치료를 거부하는 것이, 보다 윤리적인 행동으로 받아들여졌다. 이해경, 채철균, (2012). 고대 의료시설의 유형 및 특성에 관한 연구. 의료·복지건축: 한국의료복지건축학회 논문집. 18(2), 79.
74) 아스클레피오스의 탄생은 기구했다. 코로니스는 아폴론의 총애를 감격스러워했지만, 불경스럽게도 다른 사내

그림 1: 그리스 에피다우로스의 아스클레피오스 신전

를 마음 깊이 품고 있었다. 이 사실을 안 아폴론은 진노했고, 화살을 쏘아 사내의 목숨을 단박에 끊어버렸다. 한편 아폴론의 누이 아르테미스 여신은 괘씸한 코로니스를 향해 활시위를 당겼다. 코로니스를 쏜 것은 아르테미스가 아니라 아폴론 자신이었다는 전설도 있다. 비명횡사한 코로니스의 시신이 화장의 불길에 휩싸일 때, 아차 싶었던 아폴론은 황급히 코로니스의 배를 가르고 간신히 아이를 꺼냈다. 태어나지도 못하고 죽을 뻔한 아스클레피오스의 생명이 기적적으로 건져진 순간이었다. 그는 곧 영웅들의 스승 켄타우로스족의 현자 케이론에게 맡겨져 양육되었다. 그에게서 많은 것을 배웠지만, 아스클레피오스에게 가장 요긴한 것은 바로 의술이었다. 그러나 의술의 능력은 선천적인 것이었다. 어둠을 비추는 태양이 그렇듯, 아폴론은 어둠으로 상징되는 모든 것들을 이겨 내는 힘이 있었다. 의술도 병마의 고통과 죽음의 공포라는 어둠을 물리치는 밝은 태양과 같은 것으로 이미 아폴론의 것이었다. 그렇게 아폴론의 의술은 아스클레피오스에게 유전되었다. 아스클레피오스의 자녀들도 모두 의술의 귀재였다. 휘기에이아(위생), 이아소(회복), 아케소(치료), 아이글레(화색), 판아케이아(모든 이들의 치유)가 다섯 딸의 이름이다. 이들 모두가 아버지를 도와 신전의 여사제로 일했다. 특급 간호사였다. 세 아들도 아버지를 돕는 신전의 사제로서 의사였고, 이 가운데 둘은 트로이아 전쟁에 그리스 연합군의 군의관으로 참전했다. 이 신화에 비추어 보면, 우리가 찾는 병원은 거룩한 신전이며, 의사는 아스클레피오스 신과 같고, 환자들을 돌보는 간호사들은 신의 딸처럼 신비로운 존재인 셈이다. 그런데 의술은 여타 불사의 신들에겐 불편한 것이었다. 특히 저승의 신 하데스는 당혹스러웠다. 아스클레피오스가 자연의 법칙을 거슬러 늙고 병들어 죽어야 할 사람들을 치유하고, 심지어 죽은 사람까지 되살려내자 저승세계의 출입구가 한산해진 것이다. '이러다가 아무도 저승으로 오지 않겠군!' 걱정이 된 하데스는 제우스에게 불만을 터트렸고, 이에 추동된 제우스는 냅다 번쩍이는 번개를 던졌다. 아스클레피오스는 번개를 맞고 목숨이 꺼져 버렸다. 아들의 죽음을 안 아폴론은 제우스에게 항의했고, 보복했다. 제우스의 번개를 만드는 외눈박이 거신 퀴클롭스를 죽인 것이다. 격노한 제우스와 아폴론 사이에 지난한 신경전이 지속되었다. 마침내 제우스는 아스클레피오스를 불쌍히 여겨 하늘의 별자리로 빛나게 하고, 나아가 불사의 신으로 부활시켜 올림포스에 거주하게 하였다. 한갓 인간에서 불멸의 신이 되었다. 김헌. (2020). '의술의 신' 아스클레피오스의 고향에서 치유의 지혜를 찾다. 한겨레신문(2020-09-18).

고대의 신전에서는 종합적인 치료가 일어났다. 기원전 770년경 이 자애로운 의학의 신을 기념하기 위한 첫 번째 신전이 그의 고향 테살리아에 세워졌다. 각종 질병에 시달리던 그리스인들은 아스클레피오스를 찾아가 그에게 경배를 드리며 쾌유를 빌었다. 시간이 지남에 따라 이 신전은 경배의 장소뿐만 아니라 진료를 겸한 병원의 기능까지 담당하게 되었다. 신전의 수도자들이 돈을 받고 환자들을 치료하기 시작했으며 치료가 실패하면 환자를 아스클레피오스의 신전으로 데리고 가 신의 도움을 청하며 빌었다. 에피다우로스, 코린토, 키오스, 아테네, 베르가모, 미케네 등 30여 개 도시에도 신전이 있었다는 기록이 남아있다. 이 신전들은 후에 그리스도교 시대에도 여전히 막강한 영향력을 행사했다. 5세기까지도 사람들은 여전히 신전을 찾았다. 신전이 세워진 곳들은 대개 풍경이 수려하고 기후가 쾌적하며 부근에 온천이 있어서 환자들이 치료를 겸할 수 있었다. 제사, 수양, 기도, 꿈해몽, 광천욕, 안마, 그리고 수술까지 시행되었고 연고, 마취연기, 토사(吐瀉, 토하게 하거나 설사하게 하는) 등의 치료가 이루어졌다.

그리스 신화에 따르면 의술(art of healing)이란 신이 가르치는 것이었다. 따라서 이집트와 마찬가지로 그리스의 의료시설 또한 신전을 중심으로 이루어졌다. 독특한 것은 부속 시설 대부분이 주로 건강을 증진시키기 위한 성격을 가진다는 점이다. 즉 질병 혹은 이상 증상을 궁극적으로 제거하는 것은 신의 뜻이지만, 치료의 결과를 높이고 도움을 주기 위해서는 환자들의 안정과 휴식이 무엇보다도 중요했다. 따라서 이 공간은 건강한 삶을 유지하고 관리하기 위한 그리고 여러 사람들이 모여 커뮤니티를 형성하는 건강증진시설(health welfare center) 혹은 복합치유시설의 성격을 가진다고 말할 수 있다. 이들은 복잡한 도시와 떨어진 곳에 좋은 공기, 조망을 고려하여 신중히 만들어졌으며, 이것은 당시에 질병을 초자연적 그리고 자

연적인 현상으로 보는 견해가 공존했음을 보여 주는 좋은 증거라 할 수 있다.[75]

아스클레피오스에 대한 숭배 사상은 그리스인들의 질병에 대한 관심과 쾌유를 바라는 심정을 대변해 주고 있다. 아스클레피오스 신전의 영향력으로 종교는 다시 의학 위에 군림하는 경향을 보였다. 제사장들이 환자를 치료하면서 축적한 경험과 지식은 후대에까지 대대로 전해졌다. 아스클레피오스의 수도원에서도 이성을 앞세운 신진 의사들이 탄생하면서 의학이 더욱 발전할 수 있는 계기가 마련되었다. 이들의 사상은 의학의 아버지로 불리는 히포크라테스에게 큰 영향을 끼쳤다. 기원전 6세기부터 수도자들은 종교적으로 의식화된 치료에서 점점 벗어나 세속의 의사들처럼 전문화된 의학지식을 갖추게 되었다. 치유는 병을 물리치거나 다스리고(cure) 환자를 보살피는(care) 행위로 구성된다. 서양의학사는 이 두 가지 행위를 대표하는 신화적 전통에 뿌리를 두고 있다. 다스림을 상징하는 아스클레피오스(Asclepios)적 전통과 보살핌을 상징하는 히게이아(Hygeia)적 전통이 그것이다. 우리가 서양의학의 시조로 받드는 히포크라테스는 이 중 아스클레피오스

75) 이혜경, 채철균. (2012). 고대 의료시설의 유형 및 특성에 관한 연구. 의료 · 복지건축: 한국의료복지건축학회 논문집. 18(2), 80. 수도자들은 이들을 '정결한 사람'이라고 분류해 아스클레피오스 신전에 들여보냈다. 수도원의 입문 진찰을 통과한 환자들은 신전 앞에서 죄를 씻는 제사의식을 치렀다. 일부 환자들은 정식 치료에 들어가기 전에 수도원에서 15일 동안 금식했다. 이러한 의식을 마치고 나면 비탈진 계단을 지나 지하에 있는 욕탕에 들어갔다. 환자들은 이곳에서 몸과 마음을 모두 정결하게 해야 했다. 몸을 닦아 내는 것은 치료의 시작이었다. 질병은 바로 '내면 깊은 곳에 숨어 있다' 생각했기 때문이었다. 몸과 마음을 정화하고 나면 신전에 가까이 가기 전에 '아바돈(Abaddon)'이라고 불리는 안수의식을 통해 구마행위를 진행했다. 환자들은 치료를 받기 전에 아마(亞麻)로 된 흰색 예복을 입고 꿈을 꾸도록 인도되었다. 꿈은 아스클레피오스 수도원의 고유한 치료방법이었다. 신전의 제사장은 환자들을 성지의 특수한 방으로 안내한 후 바닥에 누워 휴식을 취하도록 했다. 금식을 통해 모든 에너지를 소진한 환자들은 스스로 최면을 걸어 자기 꿈속에 신이 나타나 어떠한 계시를 내려줄 것을 기원했다. 다음 날 아침이 되면 모든 환자들은 제사장에게 전날 밤 자신이 꾼 꿈을 얘기했다. 제사장은 꿈 풀이를 한 후에 '신의 계시를 받은' 처방전을 내렸다. 만약 환자의 병세가 호전될 가망이 없으면 수도사들은 환자의 믿음이 결여되어 있기 때문이라며 책임을 전가했다. 아스클레피오스 신전의 주요 치료 과정은 수치요법(水治療法, hydropathy: 물을 이용한 물리요법), 기혈순환요법, 연고치료, 안마, 관장, 장세척, 운동, 식이요법 등으로 구성되었다. 이와 함께 심리치료를 병행하여 환자의 주의를 환기시키고자 했다. 환자들은 신전을 떠나기 전에 일정한 비용을 지불해야 했다. 또한 자신의 이름을 적은 액자에 병고에 시달린 과정과 그 치료 과정을 모두 적어 남겨 두어야 했다. 이는 후에 신전에 들어온 사람들에게 믿음을 심어 주기 위해서였다.

의 후손이며 히게이아는 보건학, 위생학, 간호학과 같은 주변 학문의 시조로 받들어진다.[76]

히포크라테스는 그리스의 페리클레스 시대 의사이고, 의학사의 가장 중요한 인물 중의 하나다. 보통 그를 의학의 아버지라고 부르며, 히포크라테스 학파를 만들었다. 이 학파는 고대 그리스의 의학을 혁명적으로 바꾸었으며, 마술과 철학에서 의학을 분리해 의사라는 직업을 만들었다. 기원전 280년경 고대 그리스에서 편찬된 히포크라테스의 《히포크라테스 선서》는 질병을 보다 객관적으로 다루고 치료법을 찾으려는 합리적인 노력을 시작했음을 보여 준다.[77]

나는 의학의 신 아폴로와 아스클레피오스(Asclepios), 그리고 건강과 모든 치유, 그리고 모든 신과 여신들의 이름에 걸고 나의 능력과 판단으로 다음을 맹세하노라. 나는 이 선서와 계약을 지킬 것이니, 나에게 이 의술을 가르쳐 준 자를 나의 부모님으로 생각하겠으며, 나의 모든 것을 그와 나누겠으며, 필요하다면 그의 일을 덜어 주겠노라. 동등한 지위에 있을 그의 자손을 나의 형제처럼 여기겠으며 그들이 원한다면 조건이나 보수 없이 그들에게 이 기술을 가르치겠노라. 교훈이나 강의 다른 모든 교육방법을 써서라도, 나는 이 지식을 나 자신의 아들들에게,

---

76) 강신익. (2006). 질병·건강·치유의 역사와 철학. 의철학연구. 1, 17-39.

77) Pierre Germa. 김혜경 역. (2000). 세계의 최초들 1. 하늘연못. 144. 피에르 젤마는 프랑스 남불(南佛)에서 태어난 프리랜서 번역가이다. 1954년 월간지 《최고의 책 클럽》 편집장, 1959년 미술지 《눈(L' OEIL)》 편집장, 1961년 EGI(국제 그래픽 총서) 컬렉션 소장, 1965년부터 1977년까지 라루스사 편집장을 역임했다. 1978년 은퇴 후 남불에 정착한 그는 1980년 《세계의 최초들》을 출간하였고, 1983년 《3,000가지 프랑스어 인용문구》, 1986년 《성구, 관용구 및 기원에 관한 사전》, 1992년 《세상을 바꾼 최초들》 개정증보판 등 다양한 저서를 출간했다. 현재는 《영불해협 횡단에 관한 최초의 기록들》을 기획집필 중에 있다. 그의 대표작 《세계의 최초들》은 제목처럼 인류의 궁금증과 호기심이 빚어낸 만물의 발명, 발견의 역사를 다룬 책이다. 인류와 관련된 도구·언어·의식주·제도·기술·과학·예술 등 다양한 만물의 숨은 역사를 '누가 언제 어디서 무엇을 어떻게 왜' 식으로 설명하고 있다. 우연히 발견된 빵과 포도주에서부터 텔레비전과 같은 물건에 이르기까지 우리의 상식을 뒤집는 발견들, 그 과정 속에 감춰진 일화들, 창의의 비밀스런 과정들을 재미있게 다루었다.

그리고 나의 은사들에게, 그리고 의학의 법에 따라 규약과 맹세로 맺어진 제자들에게 전하겠노라. 그러나 그 외의 누구에게도 이 지식을 전하지는 않겠노라. 나는 나의 능력과 판단에 따라 내가 환자의 이익이라 간주하는 섭생의 법칙을 지킬 것이며, 심신에 해를 주는 어떠한 것들도 멀리하겠노라! 나는 요청받는다 하더라도 극약을 그 누구에게도 주지 않을 것이며 그와 같은 조언을 하지 않을 것이며, 비슷한 의미로 낙태를 조장하는 페사리를 여성에게 주지 않을 것이다. 청렴과 숭고함으로 나는 나의 인생을 살 것이며 나의 의술을 펼치겠노라. 나는 바위 아래에서 일하고 있는 자(또는 분만하는 자)를 베지 않을 것이나, 이러한 일을 시행하는 자에 의해서는 이루어지게 할 것이다. 내가 어떠한 집에 들어가더라도 나는 병자의 이익을 위해 그들에게 갈 것이며 어떠한 해악이나 부패한 행위를 멀리할 것이며, 남성 혹은 여성, 시민 혹은 노예의 유혹을 멀리할 것이다. 나의 전문적인 업무와 관련된 것이든 혹은 관련이 없는 것이든 나는 일생동안 결코 밖에서 말해서는 안 되는 것을 보거나 들을 것이다. 나는 그와 같은 모든 것을 비밀로 지켜야 한다고 생각하기에, 결코 누설하지 않겠노라. 내가 이 맹세를 깨트리지 않고 지낸다면, 그 어떤 때라도 모든 이에게 존경을 받으며, 즐거이 의술을 펼칠 것이요. 인생을 즐길 수 있을 것이다. 허나 내가 이 맹세의 길을 벗어나거나 어긴다면, 그 반대가 나의 몫이 될 것이다.[78]

이렇게 히포크라테스는 인체를 하나의 유기체로 보고 주로 환자에 대한 세심한 관찰을 통한 임상실험을 토대로 의술을 시행했다. 기원전 400년경 히포크라테스는 인간의 건강은 생활양식, 기후, 지형, 공기상태, 음식 등의 여러 가지 포괄적인 환경요인의 영향으로 인하여 유지된다고 보았으며, 정신과 육체는 서로 깊은 영향을 주고받는 관계로 독립된 실체가 아니라고 주장했다. 인간의 건강을 결정

---

78) https://ko.wikipedia.org/wiki/히포크라테스선서

하는 중요한 변수로 사회적인 환경을 꼽았고 이에 따라 점차 사람들의 인식도 변해 갔다. 사람들이 질병이 악령의 노여움이나 분노에 의해, 또는 그들의 법을 위반하여 생긴다고 믿는다면 그들은 그러한 방법으로 달래야 한다. 악령의 존재를 믿고, 나아가 그에 대처하기 위한 요법이 효과가 있을 거라고 믿는 사람들에게 그것은 합리적인 행동이다. 인간은 갑자기 사고를 당하거나 질병에 걸리게 되면 자신에게 닥친 불행을 해석하려고 하는 성향이 있다. 왜 자신에게 이러한 일이 일어났는지, 그리고 이러한 불행을 극복하고 피할 수 있는 방법은 무엇인지 찾고자 한다. 민간요법이 효과적인 것은 가약 효과(placebo effect)가 첨가되기 때문이다. 치유의 결과에 대한 믿음이 있으면 병자들은 더 좋은 결과를 얻을 수 있었던 것도 사실이다.[79]

---

79) 위약(僞藥, 가약) 또는 플라시보(placebo)는 치료에 전혀 도움이 되지 않는 가짜 약제를 심리적 효과를 얻기 위하여 환자가 의학이나 치료법으로 받아들임으로써 실제로 치료 효과가 나타나는 현상을 말한다. 영어로는 플라시보(placebo, 라틴어로 '마음에 들다'라는 뜻을 가지고 있다.)라고 한다. 가약과 관련하여 잘 알려진 현상으로 심리 현상 중 하나인 가약 효과(placebo effect)가 있다. 이를 플라시보 효과 또는 '플라시보 이펙트'라고 그대로 읽기도 한다. 의사가 환자에게 가짜 약을 투여하면서 진짜 약이라고 하면 환자의 좋아질 것이라고 생각하는 믿음 때문에 병이 낫는 현상을 말한다.

3

고대 이집트의 종교와 치유

 나일강을 중심으로 모여 살던 이집트인들은 나일강의 범람에서 사람이나 동물의 갑작스러운 죽음에까지 인간생활과 자연의 모든 현상을 신이 결정한다고 생각했다. 의사가 존재하기는 했으나 초자연적이며 특히 종교적인 관점을 가진 제사장들이 보다 우세했다. 왕은 신이며 초자연적인 존재이기에 죽어서도 피라미드의 미라가 됐고 사제들이 중요한 정치적 역할을 했던 이집트에서 질병과 치료에 대한 초자연적이며 종교적인 지배는 놀라운 일이 아닌 일상이었다. 많은 사람들이 질병을 치료하기 위해 특정 신을 찾아 신전으로 왔다. 이집트 시대 가장 대표적 치료신은 이시스와 임호텝이었으며, 신전을 중심으로 치료 및 의료 관련 시설이 존재했다. 이집트 시대의 파피루스(Papyrus) 기록을 통해 당시 의학이 체계적으로 분리되었음과 해부학 및 외과술과 산과술 또한 발전했음을 알 수 있다. 특히 피라미드 공사로 동원된 노동자들의 외과적 수술은 외과의사들에 의해 시행되었으며, 내과적 질환은 사제의사가, 정신적 질환은 엑소시스트(exorcist)들이 담당했다. 토테미즘(totemism) 및 여러 신들에게 일상생활을 의지했던 당시 이러한 현상은 지극히 당연한 결과일지 모른다. 치료는 주로 의식을 통해 이루어졌다. 중앙 신전의 기둥이 많은 다주실(hypostyle hall)에서 소위 말하는 '수면치료(incubatio)'가 이루어졌다. 많은 사람들은 꿈속에서 신들의 치료를 받아 기적적으로 회복되기를 기원한 것이다. 사제의사(priest-physician)들은 신을 만나기 전 환자들의 몸을 청결히 하도록 권했으며, 날것을 피하고 신선한 음식을 섭취하는 식이요법을 권했다. 이러

한 부가적인 치료법과 함께 각 질병을 신에게 맡기는 치료관은 로마시대까지 그대로 이어졌다.[80]

　이집트 신화에서 네페르템(치료, 아름다움의 신)은 처음에는 세계 창조 때 태초의 물에서 솟아오른 연꽃이었다. 아이 네페르템은 대지 아버지 눈(Nun)의 태초의 검은 물과 하늘 어머니 누트(Nut)로부터 왔다. 그가 성숙하면 라(Ra)가 된다. 네페르템은 마지막으로 창조의 신 프타(Ptah)의 아들로 나타나며, 여신 세크메트(Sekhmet)와 바스테트(Bastet)는 때때로 그의 어머니로 불린다. 예술작품에서 네페르템은 보통 머리 주위에 푸른 수련이 있는 아름다운 젊은 남성으로 표현된다. 바스테트의 아들로서 그는 때때로 사자의 머리를 한 모습으로 표현되거나 엎드린 사자 또는 고양이로 표현되기도 한다. 고대 이집트 사람들은 종종 그의 작은 조각상을 행운의 장식물로 혹은 보호구처럼 몸에 지녔다. 세르케트는 고대 이집트 신화에 등장하는 치료의 여신이다. 전갈을 신격화한 존재로, 고대 이집트인은 전갈의 찌르고 무는 행위를 통하여 치료가 된다고 믿었다.[81] 전갈과 파충류는 사막에서는 가장 위협적인 존재였다. 인간의 생사에 관여하는 전갈은 당시 이집트인들에게는 위협적인 존재였고 오히려 이러한 위협적인 존재들이 신화에서 민족의 주요 성원으로 설명되는 경우들이 종종 있다. 또한, 치료 성분은 때때로 환자의 증상과 일치하는 특성을 가진 물질, 식물 또는 동물에서 유래되었기 때문에 겉으로 보기에 찌르고 무는 특성을 가진 전갈이나 파충류의 독이 동종치료요법의 일환으로 선택되었다.[82]

---

80) 이해경, 채철균. (2012). 고대 의료시설의 유형 및 특성에 관한 연구. 의료·복지건축: 한국의료복지건축학회 논문집. 18(2), 80.

81) James P. Allen. (2000). Middle Egyptian: An Introduction to the Language and Culture of Hieroglyphs. Cambridge University Press. ISBN 0-521-77483-7. Assmann, Jan (2005). Death and Salvation in Ancient Egypt. Cornell University Press.

82) 이것은 simila similibus의 원리(similar with similar)로 알려져 있으며 의학의 역사에서 현대 동종 요법까지 발

네페르템
치료, 아름다움의 신
머리 위의 수련꽃

세르케트
치료의 신
전갈을 신격화한 존재

B.C. 5000년경 고대 이집트 지역과 메소포타미아 등지에서 발견된 관련 파피루스들에는 방향성 식물들이 종교적 성물과 약, 두 가지로 사용되었다는 기록이 보존되어 있다. 당시에는 종교와 의료가 분리되지 않은 상태였기 때문에 신체적인 질병은 '죄로 인한 신의 형벌'이라는 믿음이 지배적이었다. 모든 고통에서 벗어나기 위해서는 신을 향한 기도가 필요했고 중개자인 사제는 신에 대한 제사와 행위를 통해 치료를 진행하였다. 여기서도 치료는 병들어 있는 자를 정화하는 의미와 더불어 있는 그대로의 모습으로 돌아가게 하는 것이었다. 신은 눈에 보이지 않는 존재였기에 당시 이집트에서는 신이 공기 중에 존재한다고 생각했다. 그리하여 '향'은 신의 현존이며 특별한 '향'을 호흡하는 것은 신의 호흡과 같은 것이라 간주되었다. 가령 몰약은 달의 신을 의미했고, 유향은 태양의 신을 의미했다. 이러한 특정한 향기는 신성함이 스며들어 있는 신의 현존이었다. 그리스도교 안에서도 예수의 성탄 축제의 하나인 공현축일에 찾아온 동방의 박사들이 들고 온 선물 가운데 향유와 몰약이 포함되어 있다.[83]

견된다. 따라서 타조 알은 부러진 두개골의 치료에 포함되며, 고슴도치를 묘사하는 부적은 대머리에 사용될 수 있다. 일반적으로 부적은 매우 인기가 있었다. 그들은 많은 마법의 목적으로 만들어졌다.

83) 고혜정. (2006). 아로마테라피의 심리적 효과에 대한 고찰 - 긴장이완과 스트레스에 미치는 효과. 대한피부미

1822년 로제타스톤(Rosetta stone)[84]의 번역으로 마침내 이집트의 상형 문자 비문과 파피루스가 번역되었다. 19세기에 이집트에 대한 관심이 높아지면서 Ebers 파피루스, Edwin Smith Papyrus, Hearst Papyrus, London Medical Papyrus 및 기원전 2900년까지 거슬러 올라가는 여러 고대 이집트의 의료 문서가 발견되었다. 에드윈 스미스 파피루스(Edwin Smith Papyrus)는 수술에 관한 교과서로 해부학적 관찰과 수많은 질병의 '시험, 진단, 치료 및 예후'에 대해 자세히 설명한다.[85] 치료 마법과 종교는 고대 이집트에서 일상생활의 필수적인 부분이었다. 사악한 신들과 악마들은 많은 질병에 책임이 있다고 생각되었으므로 치료법은 신(神)에 호소하여 치료를 시작하는 것과 같은 초자연적 요소를 수시로 포함했다. 위에서 살펴보았듯이 근래 성직자와 의사의 별개의 역할을 고려할 때 당시에는 의료와 종교의 관계에 있어 명확한 구별이 존재하지 않았던 것으로 보인다. 치료자는 세크메트의 성직자 중 대다수가 치료의 일환으로 종종 마법을 사용했다. 기원전 1550년에 쓰인 Ebers 파피루스 c.에는 질병을 일으키는 귀신을 없애기 위한 주문과 877건의 처방도 포함되어 있다. 의사들은 신전학교(사제학교)에서 교육을 받았으며 서양에서 중세 후기 사제의사들의 방식과 같이 거의 일생을 사제로 보냈다. 이집트에서도 영혼이나 악마가 질병을 야기한다고 믿었으며 주문과 부적으로 질병에 대항하는 것이 관례였다. 그러면서 주문은 점점 기도로 변해 갔고 악마는 신들에 의해 배제되었다.[86]

용학회지. 4(2), 129-141.

84) 로제타석(Rosetta Stone) 또는 로제타 돌은 기원전 196년에 고대 이집트에서 제작되어 멤피스에 세워진 화강섬록암 석비이다. 고대 이집트어로 된 법령이 위에서부터 신성문자, 민중문자, 고대 그리스어의 세 가지 문자로 번역되어 쓰여 있는 화강암이다. 로제타석은 프톨레마이오스 5세 에피파네스 때에 만들어진 검은색 비석이다.

85) 파피루스는 기원전 1500년경에 작성되었지만 이전 문헌에서 복사한 것으로 믿어진다. 에버스 파피루스는 길이가 약 20미터인 110쪽짜리 두루마리다. Kahun 부인의 파피루스(도 페트리 의료 파피루스, Kahun 의료 파피루스, Lahun 의료 파피루스, 또는 UC32057가 이집트에서 가장 오래된 의료 텍스트이다. Brugsch와 London Medical 파피루스는 Ebers Papyrus와 동일한 정보를 일부 공유한다.

86) Guerini, Vincenzo. (1909). A History of Dentistry from the Most Ancient Times Until the End of the Eighteenth Century. Lea & Febiger. 19.

메소포타미아 지역의 의학은 종교가 중심이 되었고, 다수의 남신들과 여신들이 건강과 질병을 지배하고 있었다. 병이 든다는 것은 죄를 범했기 때문이라는 생각이 지배했고 여러 가지 금기사항 가운데 하나를 범한다면 신들이 인간을 보호해 주는 일을 멈춘다는 의식이 전반적인 인식의 흐름이었다. 병의 진단과 치유에 있어서 질병은 어느 특정한 악령의 영향으로 이해되었고 진단이나 치료는 병자의 죄를 읽어 주며 병자가 자신의 질병을 발생하게 했던 죄를 고백함으로써 치료를 시작했다. 이것은 마야 문명 안에서 드러나는데 여기서도 왕은 사제인 동시에 정치적인 주권자였으며 질병의 신과 치료의 신이었다. 질병의 원인으로서 죄의 관념과 치료로서 고해의 관념이 존재했다. 고대 잉카인들도 종교적인 병인론을 가지고 있었는데 고백과 주문으로 환자를 치유했으며 특히 악령을 다른 동물에 옮겨 구축하는 주술적 의식들이 성행했다. 안데스 부족의 전승기록에 의하면 잉카의 뛰어난 주술사(또는 사제)는 사람의 혼(혼령)을 조정할 수 있을 뿐만 아니라 사람에 깃든 병(disease)이나 악령을 퇴치했다고 한다. 그런데 그 퇴치 방법이 기이하다. 주술사가 인간에 깃든 '병이나 악령'을 뽑아내 조그마한 점토 인형(또는 자기 상)에 흘러들게 해 가두었다. 그리고 그 자기 상(또는 진흙 인형)을 부수어(파손해) 완전히 그 악령이나 병(病)을 소멸시켰다고 한다. 이로 인해 일부 자기 상들은 파손된 기괴한 모습을 한 것이라고 주장되고 있다.[87]

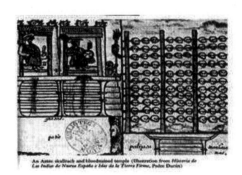

그림 2: 주술사가 인간에게 깃든 '병'이나 '악령'을 뽑아 내 가둔 점토 인형

---

87) 엄찬호, 최병욱. (2013). 인문학의 치유 역사. 강원대학교 출판부. 67.

이집트 지역이나 동방의 질병에 대한 기본적인 인식은 질병은 죄의 결과이며 악령의 침입이고, 사제를 통해 죄를 고백하거나 특별한 예식을 통해 신의 마음을 돌이켜 본래의 모습으로 돌아갈 수 있도록 기도나 예식을 통해 치유를 염원했던 문화들을 살펴볼 수 있었다. 이러한 일련의 과정에서 보이는 인문학적 요소는 먼저 자신의 죄를 고백하는 이야기(narration)가 있다는 것이다. 자신의 내면에 억압되어 있는 무의식의 트라우마 혹은 해결되지 못한 감정(unresolved emotion)을 신뢰하는 신의 중재자(사제, 종교적 의례를 담당하는 부족이나 씨족의 우두머리)에게 고백(confession)하고 이러한 고백을 들은 사제는 일정한 죄에 대한 보속을 통해 병든 자의 회복을 기원하고 생명에의 의지를 주며 신의 뜻을 알려 주는 제사나 예식을 통해 신의 뜻을 전달해 주며 병든 자에게 힘과 용기를 주었다. 이것은 일종의 가약효과(placebo effect)를 발생하게 하여 치료를 이끌어 내기도 했지만 단순히 가약효과만으로는 설명할 수 없는 수많은 문화적 요소들의 개입이 있었다고 보인다. 인간에게는 생체항상성이 있어 신체에서 생겨난 여러 가지 질병을 스스로 치유하는 능력과 자체 노력을 진행한다. 여기에 치료에의 의지와 의미를 불러일으킬 때 더욱 효과적인 회복을 유도할 수 있었던 것으로 보인다. 이렇게 모든 문화의 한복판에는 인간 질병을 신의 뜻을 통해 치료해 내는 스토리텔링이 존재했고 그러한 이야기 소통을 통해 본래의 모습을 회복해 나가는 '인간의 자가 치료' 과정을 살펴볼 수 있다.

4

동양의 불교와 도교에서의 치유

1) 불교의 마음치유의 길

불교의 세계관은 사성제(四聖諦, 산스크리트어: catvāri āryasatyāni)로 압축된다. 사제(四諦)는《아함경(阿含經)》에 나오는 원시 불교 가르침으로 불교 기본 교의 가운데 하나다. '제(諦, Satya)'는 진리 또는 깨우침을 뜻한다. 사성제는 '네 가지 높은 깨우침(Ārya: 높은, Satya: 깨우침)' 또는 '4가지 고귀한 진리(Four Noble Truths)'라는 뜻인데, 고제(苦諦), 집제(集諦), 멸제(滅諦), 도제(道諦)의 4가지 진리 또는 깨우침을 의미한다. 이 세상은 괴로움으로 가득 차 있다는 고제(苦諦), 이 고의 원인은 욕망과 집착이라는 집제(集諦), 고를 소멸함으로써 해탈의 경지에 이른다는 멸제(滅諦), 해탈된 상태를 얻기 위해서는 팔정도를 행해야 한다는 도제(道諦) 등 네 가지의 신성한 진리를 말한다.

고고(苦苦)는 누구나 고통으로 느낄 수 있는 고통인 생로병사의 고통을 말한다. 생로병사 중 특히 생과 사는 아직 깨달음을 성취하지 못한 상태에서는 윤회를 벗어나지 못하며, 깨달음을 성취할 때까지는 배움을 위해 다시 세상에 태어나는 일이 반복된다는 것을 뜻한다. 생고(生苦)는 태어나는 고통, 노고(老苦)는 늙는 고통, 병고(病苦)는 병드는 고통, 사고(死苦)는 죽는 고통, 생로병사의 고통이 그것이다. 괴고(壞苦)는 문자 그대로 '무너지는 고통'인데, 모든 것이 인과 연에 의해 발생한다는 연기의 법칙 즉 인과의 법칙과 모든 존재가 고정됨이 없이 항상 변화한다는 무상(無常)의 법칙에 바탕하여 일어나는 '변화하고 무너지는 고통'이다. 애별리고 (愛別離苦)는 사랑하는 것과 헤어지는 고통, 원증회고(怨憎會苦)는 미워하는 사람과 만나야 하는 고통, 구부득고(求不得苦)는 원하는 것을 성취하지 못하는 고통을 말한다. 행고(行苦)는 오온(五蘊) 또는 오취온(五取蘊)으로 이루어진 존재인 인간 자신에 대하여 '나'라고 할 수 있는 실체가 있다고 집착함에 의해 비롯되는 고통으로 오취온고(五取蘊苦) 또는 오음성고(五陰盛苦)라고도 한다. 오취온고(五取蘊苦) 또는 오음성고(五陰盛苦) 오온(五蘊: Pañca Sakandha) 또는 오취온(五取蘊)은 다음과 같다. 색(色: Rūpa, 루빠), 수(受: Vedanā, 웨다나), 상(想: Saññā, 싼야), 행(行: Sankhāra, 쌍카라), 식(識: Viññāna, 윈냐나)이 그것이다.[88]

사실 이러한 마음의 분석과 구분으로 알아차림은 인지행동치료(認知行動治療, Cognitive Behavioral Therapy, CBT)의 효과와 같은 선상에 있다고 보인다.[89] 불교의 수행은 본래부터 마음치유의 역할을 했다. 그리고 불교의 유구한 역사 속에서 다양하고 훌륭한 수행법(마음치유의 방법)들이 개발되어 왔다. 특히 한국 불교에서는 간화선을 주된 수행법으로 여겨 왔다. 그러나 간화선은 출세간 위주의 수행으로 세간 생활을 하는 일반인들의 수행에 대한 갈증과 구체적인 삶의 문제 해결에 있어서는 직접적인 역할을 하지 못했다.

---

88) 참고: 고익진. (1989). 한국 고대 불교 사상사. 동국대학교 출판부; 곽철환. (2003). 시공 불교사전. 시공사; 권오민. (2000). 아비달마불교의 새로운 인식을 위한 시론. 《한국불교학》 제27집판; 황욱 (1999). 무착(Asaṅga)의 유식학설 연구. 동국대학원 불교학과 박사학위논문.

89) 인지행동치료(認知行動治療, Cognitive Behavioral Therapy, CBT)는 내담자의 행동 패턴과 신념에 이의를 제기하고, 인지왜곡(cognitive distortion)이라는 사고 오류들을, 보다 현실적이고 효과적인 사고로 대체하여, 정서적 고통(emotional distress)과 자멸적 행동(self-defeating behavior)을 감소시키는 것이다. 인지행동치료 기법은 인지왜곡에 대하여 열린 자세로 대할 줄 알고 마음에 두면서도 이해하려는 자세를 취하여 이들의 효과를 감소시키는 데에 도움이 된다. 박경애. (2007). 인지정서행동치료. 서울: 학지사. 2007: Gerald C. Davison. (2000). 이상심리학. 시그마프레스. 서울: 법문사.

1990년대 이후 남방 상좌부불교(Theravada Buddhism)의 위빠사나(vipassana)가 전래되면서 한국 불교계에 새로운 변화의 바람이 불었다. 특히 위빠사나는 마음챙김(sati)을 위주로 하는 사념처수행[90]을 통해 일상생활에서도 널리 활용될 수 있다는 장점과 함께 마음챙김의 심리치료적 효과까지 알려지면서 일반인들에게 급속히 퍼지고 있다. 이후 두 수행법은 더 이상 배척의 관계가 아닌 상호보완의 관계로 인식되었으며, 간화선만을 고집하던 한국 불교계의 수행풍토에도 전반적인 변화가 진행 중이다. 불교 마음치유의 방향도 이러한 맥락에서 고민될 필요가 있다. 위빠사나는 일상생활에서 마음을 챙기는 공부인 유념 공부가 위주가 된다면, 간화선은 화두를 통해 마음을 비우는 공부인 무념 공부가 위주가 된다. 원불교 마음공부는 이러한 유념과 무념의 두 측면의 공부를 조화시킴과 동시에 구체적인 실천을 통한 마음치유 방법을 강조하고 있다는 점이 특징이다. 불교의 마음치유가 불교 본래적인 지향과 시대적 요청에 맞도록 '자기치유'와 '관계치유'가 잘 조화된 방향에서 제시되고, 기존의 많은 공부법도 유념 공부와 무념 공부의 두 측면이 잘 종합된 마음치유의 방향에서 제시되어야 할 것이다.[91]

이렇게 불교는 현실적인 심리적 어려움과 함께 인간 근원의 실존적인 불안까지도 해결하고자 한다. 즉 생사고(生死苦)라는 자신의 근본문제가 어디서 출발하고, 어떻게 하면 괴로움에서 해방되어 자유를 누릴 수 있는지 깨닫게 된다. 불교 치유

---

90) 사념처(四念處)는 초기불교 수행법의 전형으로써 사념주(四念住), 사의지(四意止), 사지념(四止念), 사념(四念)이라 부르기도 하며 몸(身), 느낌(受), 마음(心), 법(法)에 대해 마음지킴을 확립하는 수행을 가리킨다. 사념처 수행은 깨달음을 얻기 위한 37가지 수행법(三十七助道品) 가운데 첫 번째 것으로 분류되며, 이것의 요체는 몸과 마음에서 발생하는 현상들에 대한 지속적인 관찰과 주의집중을 통해 탐욕과 근심으로부터 벗어나게 하는 데에 있다. 또한 이 과정에서 드러나는 사물의 실상을 꿰뚫어 네 가지 거룩한 진리(四聖諦)를 깨닫는 것을 목적으로 한다. 사념처의 네 가지는 몸(身), 느낌(受), 마음(心), 법(法)을 말한다. 사념처 수행은 이들에 대한 마음지킴과 지속적인 관찰을 구체적인 방법으로 실행한다. 불교신문(http://www.ibulgyo.com)(2010. 03.)

91) 장진영. (2012). 불교의 마음치유-위빠사나, 간화선 그리고 원불교 마음공부의 비교. 사회사상과 문화. 26, 117-168.

의 원리는 붓다가 의사가 되어 네 가지의 덕을 성취하고 중생의 병을 치유한다고 보는 것이다. 붓다는 의사 중 최고의 의사이며 자신의 가르침을 통해 중생들을 번 뇌에서 깨달음으로 인도하고 그들을 해방과 자유의 길, 해탈과 열반의 길로 인도 하는 최고의 인간완성모델인 것이다.

2) 도교의 인간완성과 치유의 과정

장생불사를 추구하는 도교사상은 사후세계의 영생을 추구하는 종교적 신앙에 바탕을 둔 것과도 다르며 삶과 죽음을 자연적 변화로 보고 달관하는 철학적 입장 과도 다르다. 도교사상이 생명의 영원함을 추구하는 바탕에는 자연의 풍요로움을 배경으로 한 삶을 즐기는 인생관이 자리 잡고 있다고 볼 수 있다. 도교사상에서는 인간 운명의 능동적인 면을 강조한다. 이는 인간의 삶과 죽음이 하늘의 뜻에 달려 있는 게 아니라 자신에게 있다는 능동적 운명관을 강조하는 것이다. 몸에 우주적 의미를 부여하고, 몸 자체를 구원하려 한 전형적인 종교 전통이 도교(道敎)다. 도 교는 정신과 육체를 하나의 氣로 보고, 이런 통일체로써 몸을 치유하고 구원하려 했다. 한의학은 이러한 도교적 세계관 안에서 탄생한 의학이다. 일찍이 중국의 역 사학자 진인각(陳寅恪)은 "의가와 도교는 둘이 아니다(醫道不二)."라고 했다. 이는 한의학과 도교(道敎)가 공통적으로 샤머니즘(巫敎)에 그 기원을 두고 있기 때문이 기도 하다.

불교로 마음을 다스리고 도교로 몸을 다스리며 유교로 세상을 다스린다. 진실 로 마음과 몸과 세상을 다 알아야 한다. 어느 하나도 다스리지 않으면 아니 되니, 三敎 가운데 어찌 하나라도 서지 못함을 허용하겠는가?[92]

---

92) 강신익. (2006). 질병, 건강, 치유의 역사와 철학. 의철학연구. 1, 17-39: 金義政. (2006). 고대 중국의 '치유' 관

샤머니즘과 비의적(秘義的, occult) 지식에 근거한 주술적 의학(magical medicine)
이 고대 중국에만 있었던 것은 아니다. 앞서 살펴보았듯이 그리스 로마 문명의 의
학도 이러한 경향이 강했다. 이러한 경향은 고대 의학만이 아니라 오늘날 남미와
아프리카 그리고 아시아에 이르기까지 여전히 강하게 남아 있다. 이러한 의료관념
이 보편적으로 등장한 것은 고대 이래 샤머니즘이 전 세계적으로 편재했고 강력하
게 지속했기 때문으로 보인다. 중요한 것은 현존하는 거대 의학적 체계와 지식은
어떤 형태로든 샤머니즘과 관련 있는 주술적 의학을 탈피하는 과정에서 그 형태를
잡아 갔다는 사실이다.[93] 도교의 질병과 치유의 성서와 같은 《황제내경》의 작자들
은 병(病)의 의미를 매우 포괄적으로 사용했다. 이는 16, 17세기 서양 의사들이 병
을 지칭한 개념인 라틴어 morbus,[94] 즉 '잠재적으로 치명적인 질환들' 혹은 '무질서'
와 달랐다. 그것은 대체로 중국의 문화가 부여해 준 것인데, 이는 의학적 관심을 요
구하는 문제의 영역이 매우 광범위했음을 뜻한다. 《황제내경》의 '병' 개념에는 피
로 같은 아주 미미하고 일시적인 고통에서부터 정신적 외상이나 사고로 인한 무능
력, 그리고 모든 문화권에서 가장 많이 관심을 가지는 질병 현상인 통증과 복부팽
창, 구토 등까지 포함하고 있어서 중국은 그 어떤 문화권보다 병의 개념이 포괄적
이다.[95] 이렇게 병의 개념이 넓은 이유는 질병이 실체적으로 인식되지 않고 정상적
인 생리의 부조화로 인한 현상으로 이해되었기 때문에 다양한 생리 현상만큼 병리
또한 광범위하게 인식될 수 있었다. 《황제내경》에서 "질병은 인체가 血氣의 패턴

　　　념에 대한 종교학적 고찰. 동북아 문화연구. 10, 29-50:《三教平心論》序 "以佛治心. 以道治身. 以儒治世. 誠知
　　　心也身也世也. 不容有一之不治. 則三教豈容有一之不立."

93)　J. Harper, Donald. (1998), Early Chinese Medical Literature, London & New York: Kegan Paul International,
　　　53-54.

94)　《살아 있는 라틴어 사전》에서 morbus는 1) 질병, 병, 이상, 질환 2) 잘못, 결점, 흠 3) 슬픔, 고통, 고난 등의 의미
　　　를 가진다. (링크참고: https://latina.bab2min.pe.kr/xe/lk/morbus?form=morbus)

95)　Martha Li Chiu. (1986). Mind, Body and Illness in a Chinese Medical Tradition, Ph. D. dissertation, History
　　　and East Asian Languages, Harvard University, 173-174.

을 잃고 정상적인 생명활동이 저해되는 心身의 상태."[96]라고 정의한다. 이를 달리 말하자면 '음양의 조화가 깨진 인체의 상태를 질병'이라고 하는 것이다. 그래서 질병은 인체의 정상적 생리의 관념을 벗어나서는 이해될 수 없고, 생리에 영향을 미치는 요인만큼 다양한 층위를 지닌다. 《황제내경》은 이렇게 말한다.

무릇 각종 질병의 발생은 대개 風雨와 寒暑, 陰陽과 기쁨과 노여움, 음식과 거처, 크게 놀라는 것과 갑작스런 공포 등으로 말미암아 혈과 기가 분리되고, 음양이 평형을 잃어서 경락이 막혀 끊어지고, 맥도가 통하지 않으면, 음양이 서로 거스르고 혼란해져 衛氣가 정상적으로 활동하지 못한다. 그래서 경맥이 공허해져 기혈의 질서가 문란해지고, 인체가 그 정상상태를 잃는다.[97]

《황제내경》은 질병의 원인을 대체로 두 가지로 나눈다. 하나는 인체의 외부요인인 자연계를 표현하는 風雨寒暑이고, 다른 하나는 섭생과 감정의 상태 등 내부요인이 그것이다. 이 외부와 내부는 양과 음으로 서로 매우 긴밀하게 상응하면서 인체에 영향을 미친다.[98]

황제께서 백고에게 묻기를, "듣자 하니 사람의 외부 육신과 내부 기운에 병이 발생할 때 그 선후에는 반드시 내외 상응하는 관계가 있다고 하는데, 이는 무엇을 말하는 것입니까?" 백고가 대답하여 말하기를, "風寒의 사기는 먼저 육신을 상하게 하며, 근심과 두려움, 분함과 성냄의 감정은 먼저 氣의 운행을 저해하는 것

---

96) 영어에서는 객관적 실체로서의 질병(disease)과 주관적 경험으로서의 병환(illness)을 뚜렷이 구분하지만 어원으로 따지면 둘 다 편치 않음의 뜻에서 유래한 것이며 그것을 실체(disease)와 현상(illness)으로 구분하게 된 것은 근대적 사유양식의 소산으로 보는 것이 옳다. (강신익, 22)

97) 《靈樞》〈口問〉 "夫百病之始生也, 皆生於風雨寒暑, 陰陽喜怒, 飮食居處, 大驚卒恐, 則血氣分離, 陰陽破敗, 經絡厥絶, 脈道不通, 陰陽相逆, 衛氣稽留, 經脈虛空, 血氣不次, 乃失其常"

98) 김희정. (2006). 중국 고대 감응관(感應觀)의 형성-주요 개념과의 관계를 중심으로. 동양철학. 26, 79-98.

입니다. 기의 운행이 침해받으면 오장에 영향을 미쳐서 오장이 손상됩니다. 찬 기운이 육신을 상하게 하면 체표에 병이 생기고, 풍사가 근맥을 상하면 근맥에 병이 생기게 됩니다. 이것이 외인(外因)과 내인(內因)이 각각 외부와 내부를 손상하여 병나게 하는 상응관계입니다."[99]

근심과 두려움 분함과 성냄의 감정이 오장육부의 신체를 손상하게 하는 이유가 된다는 도교의 설명은 스트레스로 인해 신체의 기능이 저하되고 면역력이 약화되어 발병하게 된다는 현대 서양의학의 관점과 다르지 않은 입장에 있다는 것을 알 수 있다.

질병의 외인(外因)으로서 가장 중요하게 생각한 풍(風)이 어떠한 의미를 지니고 있는지 살펴보아야 한다. 풍(風)은 바람이요 공기다. 이렇게 공기와 바람의 이미지로 인간 생명을 이해한 것은 근대 서구의 기계론에 근거를 둔 의학을 제외하곤 전 세계에 매우 보편적이었다. 숨이나 영(靈) 혹은 바람을 의미하는 'pneuma'는 히브리 문명은 물론 고대 그리스에서도 생명의 가장 중요한 개념이라 할 수 있다.[100] 이는 고대 인도인의 생명의 중심 개념인 prana(숨)와 매우 유사하다. 중국도 예외가 아니어서 생명의 숨결 혹은 미묘한 반향, 기체의 발산 등의 의미를 갖는 기(氣)에 기반을 둔 생명관이 근본적으로 이들 여러 고대 문명과 같다. 니담(Needham)은

---

99) 《靈樞》〈壽天剛柔〉"黃帝問於伯高曰, 余聞形氣, 病之先後外內之應, 奈何. 伯高答曰, 風寒傷形 憂恐忿怒傷氣, 氣傷臟, 乃病臟, 寒傷形, 乃應形, 風傷筋脈, 筋脈乃應, 此形氣外內之相應也"

100) 서동욱. (2013). 프네우마에 대한 현대적 해석. 철학연구. 128, 167-187: 프네우마(πνεύμα, Pneuma)는 '숨·호흡'을 의미하는 고대 그리스어 단어다. 종교적 문맥에서 프네우마는 에센스(essence·스피릿), 영(spirit·스피릿·정신) 또는 영혼(soul)을 뜻한다. 이러한 일반적인 종교적 문맥의 의미 외에도 프네우마는 고대 철학자들과 의학자들에 의해 여러 다른 전문적인 의미로도 사용되었다. 같은 맥락 안에서 프시케(그리스어: Ψυχή, 알파벳 표기: Psyche)라는 단어도 주목해 본다. 푸시케는 원래 프네우마와 같이 '숨'을 의미하고 있었는데, 이후 의미가 변해 가며 '사는 것', 또는 '마음이나 영혼'을 의미하게 되었다. 원래 그리스어 '푸시케(Ψυχή)'는 '숨'을 의미하고 있었다. 호흡은 생명의 표시로서 가장 현저한 것이었으므로, 이후 '푸시케'라는 말은 생명을 의미하게 되었고, 그것이 바뀌어 가며, 마침내는 '마음'이나 '영혼'도 의미하게 되었다.

이런 여러 고대 의학을 통칭해 영기(靈氣) 의학(pneumatic medicine)이라고 불렀는데, 이러한 공통적인 생명관과 의학을 형성한 것이 아마도 바빌로니아 문명에서 시작되어 전파되었을 것이라는 가설을 제시했다.[101]

이 가설의 진위와 관계없이 우리는 이러한 공통된 생명에 대한 의식이 중국의학의 인체관뿐만 아니라 질병에 대한 관념에도 뿌리 깊게 자리하고 있음을 보아야 한다. 그것은 氣보다 더 오랜 기원을 갖는 개념인 風의 의미에서 분명하게 찾아볼 수 있다. 풍(風)과 기(氣)는 기체 혹은 바람의 의미를 공유한다. 많은 학자들은 풍(風)이 기(氣)의 조어(祖語)라고 본다.《詩經》의 첫 번째 부류는 〈國風(나라의 노래)〉이다. 이는 바람의 이미지가 '노래'로 의미 변화한 것이고, 고대 중국인은 노래를 통해 그 나라의 분위기를 파악할 수 있다고 생각했다. 점차《左傳》이나《여씨춘추》에서는 그것이 나라의 '분위기'를 반영하는 의미로 분명하게 쓰였다. 후대로 갈수록 이 두 개념 중, 기(氣)가 우주론의 중심 개념으로 부상했고, 풍(風)은 그 하위 개념으로서 인체의 질병을 설명하는 가장 중요한 용어로 자리 잡았다. 풍(風)은《황제내경》에서 질병을 일으키는 기(氣)로 사용된다. 이것은 바람의 이미지에서 질병의 기운으로 부정적인 의미를 내포하게 된 것이다. 그 이유는 어디로 불지 모르는 바람의 잠재적인 자의성, 즉 비규칙적인 성격이 몸의 일정한 조화와 질서를 흔들어 혼란을 초래하는 것으로 여겨서 풍(風)을 모든 병의 근원으로 본 데 있다.[102]

---

101) Joseph Needham and Nathan Sivin. (1997). Science and Civilisation in China vol 6, Cambridge University Press. 43-45. 여러 문화권에서 매우 유사하게 신령스러운 기체에 근거해서 의학을 성립시킨 것은 그 공통의 기원으로서 바빌로니아 문명의 영향을 들 수도 있지만, 더 근본적으로는 인간의 생물학적 특성에 기인한 것으로 보인다. 그것은 다름 아니라 인간이 생명을 유지하는 데 가장 일차적이고 결정적인 요인이 숨을 쉬어야만 살 수 있다는 매우 단순하지만, 너무도 명백한 경험을 공유하기 때문일 것이다.

102) Shigehisa Kuriyama. (1994). "The Imagination of Winds and the Development of the Chinese Conception of the Body". Anzela Zito and Tani E. Barlow, Body, Subject & Power in China. The University of Chicago Press. 32-37

도교에서의 치유(治癒)란 병을 '다스려 낫게 함'이다. 하지만 그 다스림의 대상과 방식은 건강과 질병을 어떻게 개념화하는지에 따라 달라진다.《황제내경》은 외인(外因)이든 내인(內因)이든 병리적 상태는 근본적으로 인체의 생리(生理), 즉 음양의 조화가 깨질 때 나타난다고 보았다. 그래서 치유의 주안점은 질병 자체에 대한 관심보다는 생리를 어떻게 유지하고 회복하느냐 하는 양생(養生)의 문제로 귀결된다. 양생은 오늘날의 언어로 표현하자면 예방의학이다.《황제내경》은 "성인은 이미 발생한 병을 치료하지 않고 아직 발생하지 않은 병을 치유한다."고 했다. 이런 점에서 예방의학을 중요시한 것은 자연스럽다.[103]

도교에서의 건강은 질병에 의해 파악되고 드러나는 생명의 조화인 것이다. 그런 의미에서 질병을 단순히 제거해야 할 대상으로만 간주하는 것은 잘못이다. 건강은 질병이라는 고통을 통해서 해탈의 길을 찾아가는 여정과도 같다. 캉 길렘이 정상과 병리 및 건강의 의미에 대해 다음과 같이 말한 것은 시사해 주는 바가 크다.

정상이라는 개념은 그것 자체가 객관적으로 측정될 수 있는 존재의 개념이 아니며, 병리적인 것은 일종의 정상적인 것으로서 이해되지 않으면 안 된다. 이상이라는 것은 정상적이지 않은 것이 아니다. 다른 종류의 정상적인 것이다. 건강은 시작되는 파괴 선상에서 회복하고자 하는 균형이다. 질병의 위협은 건강의 구성

---

103) 강신익. (2006). 질병 · 건강 · 치유의 역사와 철학. 의철학연구. 1, 17-39. 무위, 고요함, 비움은 도가사상의 가장 기본적인 양생의 방법이다. 이러한 방법은 자연의 질서를 따르는 '法天地'의 사유를 토대로 하는데,《황제내경》도 그 연장선상에 있다. 그중 가장 핵심은 음양을 따르는 것이다.《황제내경》은 "음양은 천지의 도이고, 만물의 기틀이며, 변화의 모태이고, 살림과 죽임의 뿌리가 되는 시원이자 신비한 밝음(神明)의 보고이기에, 병을 치료할 때는 반드시 근본에서 구한다."고 했다. 이렇게 음양을 지극히 따라야만 건강한 사람이 된다.《황제내경》이 분류한 다섯 종류의 인간 중 가장 이상적 인간인 '陰陽和平之人'이다. 그는 자연계의 변화를 따르면서 중용을 지키는 사람이다. 이러한 사유가 치료의 가장 근본적인 방법을 이룬다. 과한 상태나 부족한 상태를 헤아려 그것을 다시 中의 상태로 되돌리는 것이 치료의 핵심이다.

요소 가운데 하나이다.[104]

　몸을 치유하고 양생한다는 것은 곧 인간 자신을 신성하게 우주화하는 것이다. 이것이 유교든 도교든 막론하고 중국 종교 전통이 추구하는 최고의 경지인 천인합일(天人合一)의 길이다. 종교와 의학이 분리될 수 없는 공통의 뿌리를 지닌 것이다. 이것은 세계 종교 전통에서도 매우 유사하게 나타난다. 로이 포터는 의학과 종교의 이러한 근원적 동질성을 다음과 같이 말한다. 종교와 의학은 전체를 이루려는 동일한 목적을 지닌다. 성聖(holiness)과 치유(healing)가 전체성(wholeness)이라는 개념에 뿌리를 둔 같은 어원을 지닌 것은 우연이 아니다. 고도로 융합되거나 정교하게 통합된 신앙체계는 전체의 양태들 사이에 차별을 만들지 않는다.

104)　Georges Canguilhem, 이광래 역. (1996). 정상과 병리: Le normal et le pathologique. 한길사. 208-209, 303.

5

활투(活套): 동양의 성리학에서 다루는 인간 마음의 문제와 치료

성리학의 합리적인 정신은 우주론보다는 인간학적인 측면에서의 인생론과 결부된 수양론(修養論)에 초점을 맞추어 학문적 전개를 이어 갔다. 12세기에 남송의 주희(朱熹)가 집대성한 유교의 주류 학파 성리학의 어원은 주희가 주창한 성즉리(性卽理)를 축약한 명칭이다. 성리학은 집대성한 주자(주희)의 이름을 따서 주자학(朱子學)이라고도 하고, 송나라 시대의 유학이란 뜻에서 송학(宋學), 송나라와 명나라에 걸친 학문이라고 해서 송명이학(宋明理學)이라고도 하며, 송나라 시대 이전 유학의 가르침을 집대성한 새로운 기풍의 유학이라는 뜻에서 신유학(新儒學), 정호(程顥)와 정이(程頤)에서 주희로 이어지는 학통이라는 뜻에서 정주학(程朱學), 정주 성리학(程朱性理學), 정주 이학(程朱理學)으로도 불리고, 이학(理學) 또는 도학(道學)이라고도 한다. 중국권과 서구에서는 주로 송명리학(宋明理學)이라고 칭해졌으며 학문의 목적은 위기지학[爲己之學, 자기(수양, 수기)를 위한 학문]이었다. 수양론은 우선 격물치지(格物致知)이며 궁리진성(窮理盡性)인 것이다. 주자에 의하면 사사물물의 이를 궁구한다고 하는 것은 결과적으로는 나를 궁구하는 것이며 나를 다하는 것이지만, 그러나 '물(物)의 이(理)'와 '심(心)의 이(理)'와의 통일적인 파악에는 아직 불충분한 점이 있었다. 육상산이나 명나라 왕양명이 그 정곡을 찔러 비판했다. 조선에서는 기존의 고려 말, 정몽주의 〈의리론〉을 그의 제자 하연은 더욱 심화하여 조선 절의파 사대부의 사상을 〈수양론〉으로 발전시켜 계승

한 대표적인 성리학자가 되었다.[105]

유학(특히 신유학)은 인간의 몸과 마음의 관계, 마음의 작용과 기능, 마음의 수양법 등에 대해 매우 적극적 관심을 가진 동아시아의 가장 주요한 전통 인문학이었다. 더불어 유학의 성격 그 자체는 치료적(therapeutic)이며 '치유적'이라고 할 수 있다. 그리고 그 치유법으로서 정좌라고 하면 중국 송대의 신유학자들이 제시한 심신 수양방법의 하나로 마음을 고요히 가라앉히고 적연부동(寂然不動)의 태도를 가짐으로써 자신의 본성을 깨닫는 것을 가리킨다. 즉 신유학(Neo-Confucianism, 도학을 포함한 송대 이후의 유학)의 심신수렴(心身收斂) 혹은 심신 수양법으로 널리 알려진 것이 정좌(靜坐)였다. 신유학의 탄생에 기여한 북송오자(北宋五子) 가운데 이정(二程) 형제가 정좌의 중요성을 설파하였고, 신유학의 집대성자 주희(朱熹)도 정좌의 유교 수양법에 대해서는 매우 긍정적이었다. 이 정좌의 수양방법은 비단 신유학(성리학과 양명학 등)에서뿐만 아니라, 불교나 도교에서도 좌선(坐禪)이나 양생(養生)의 방법으로 제시되고 있다. 그 때문에 이 수양방법은 지나치게 불교의 선학적(禪學的) 성격이 강하다는 유교계 안팎에서의 비판도 끊이지 않았다. 신유학의 정좌법과 마음 그리고 몸 등에 관한 다양한 논의, 신유학의 주요한 심신 수양법인 정좌의 양상, 신유학자들의 심신수련과 치유적 의미 등에 관한 논의는 인문융합치료의 한국적 전개 상황에서 주의 깊게 연구해야 할 중요한 지점이다.[106]

성리학은 마음 심(心)의 극단으로 치닫는 불교와 기(氣)의 극단으로 치닫는 도교를 비판하면서 마음과 기, 그리고 이(理)의 통합적 구도를 제시하였다. 마음은 성(性)과 정(情) 전체를 아우르고 인(仁), 의(義), 예(禮), 지(智)로 구성되어 있는 마

---

105) https://ko.wikipedia.org/wiki/성리학
106) 신현승. (2016). 신유학의 정좌법과 심신수렴의 유교치료. 동서철학연구 80. 한국동서철학회. 51-75.

음의 본체가 성(性)이고, 성(性)이 밖으로 표현되면 정(情)이 된다고 하였다. 맹자는 인간의 본성을 인의(人義)라고 규정한다. 맹자는 인(仁)은 내가 남과 하나 되는 마음이라고 설명한다. 인(仁)은 마음의 본질이자 삶을 영위하는 근본 바탕이 된다. 의(義)는 인을 실천해 내는 구체적인 '행동원리'이다. 의(義)는 불인한 상황을 해소하는 행동이다. 측은지심(惻隱之心)이 인의 단서이다. 수오(羞惡)지심은 의(義), 사양지심(辭讓之心)은 예(禮), 시비(是非)지심은 지(知)의 단서이다. 바로 사단(四端)이다. 이 사단을 실천하는 것이 아름다운 삶, 조화로운 삶, 건강한 삶이라고 규정한다.[107]

주희에게 성(性)은 사람이 받은 천리(天理)이고 천도(天道)는 천리(天理) 자연(自然)의 본체인데, 그 내용은 실제로 하나의 이(理)라고 하였다. 사람의 본성은 기(氣)와 리(理)로 이루어져 있는데 기(氣)를 떠나 이(理)가 존재하지 않기 때문에 성을 본연지성(本然之性)과 기질지성(氣質之性)으로 나눈다. 따라서 본연지성(본성)에 의하여 사람이라고 하는 보편성이 입증되고 기질에 의한 여러 가지 한정에 의하여 천차만별의 개별성이 주어진다. 주희는 본연지성의 내용을 인의예지(仁義禮智)의 사덕(四德)으로 표현했다. 사덕이 인간에게 심(心), 성(性), 정(情)의 문제로 발현한다. 마음은 원리이고, 정(情)은 심(心)의 동(動)이고 심(心)은 성(性), 정(情)의 주(主)라고 규정한다.[108]

한국의 유학에 있어서도 마음의 문제는 커다란 관심의 대상이었다. 특히 영남학파와 기호학파의 마음의 문제인 심성론은 지금까지도 논란이 끊이지 않는 지점이다. 이러한 논란의 종합에 정약용은 경학, 도학 그리고 서학에 연관된 독특한 심

---

107) 참고: 이기동. (2012). 맹자강설. 서울: 성균관대학교출판부.
108) 장립문. (2001). 주희(朱熹)의 '심성론(心性論)'과 현대적 가치(價值). 퇴계학논총 7. 246; 이행훈. (2015). 다산 정약용의 심성론. 동양철학연구 84. 41-69.

(心)과 설(說)을 전개하여 동서사상의 관계와 실학사상을 연결하려 하였다.[109] 강화 양명학의 태두인 정제두의 양명학적 심성설은 실학, 서학과 관련한 한국근대사상의 전개에 크게 영향을 주었다.[110]

성리학은 16세기 퇴계 이황과 율곡 이이 등에 의한 이론적 정립과정을 거친 후에 조선사회를 주도하는 이념이 되었다. 조선의 성리학은 이기(理氣)의 문제나 우주 근원에 대한 관심보다는 사단칠정(四端七情)의 문제 등 인간 심성과 수양에 대해 더욱 관심을 기울였다. 이황은 이(理)를 이성의 작용, 기(氣)를 감성의 작용으로 보아 사단(四端)과 칠정(七情)을 각각 이(理), 기(氣)에 넣어 설명하였다. 이황은 이를 이성으로 봄으로써 능동적 성격의 것으로 파악하여 이것을 사단과 직결하고, 이를 칠정과 엄밀히 분리하지 않으면 도덕적 실천의 근거가 애매하게 된다고 보았다. 이황은 심성의 전제로 '수양'을 필요로 했고 특히 '거경(居敬)'을 중시했다. 즉 '마음을 경건하고 정숙한 상태로 바로잡는' '거경'이 일단 선행되어야 함을 강조하고 이후 '궁리'를 통해 사물이 이치를 생각하여 밝게 터득하는 것을 심성 정돈의 과정으로 이해하였다.[111]

---

109) 한국인의 의사소통과 자기표현에서 한국인의 정서를 고찰하여, 그에 따른 감정을 이해하는 것은 중요하다. 우리가 통상적으로 사용하고 있는 정(情)의 개념과 상담 및 심리학에서 사용하고 있는 감정(感情) 개념에 대한 차이점을 규명하는 작업은 중요하다. 아울러 한국인의 정(情) 문화가 의사소통에서 온전한 감정 이해와 자기표현을 어렵게 한다고 보고, 어떻게 감정이해를 하고 자기표현을 할 것인지를 고찰하는 것도 중요한 연구의 지점이 될 수 있다. 유권종. (2008). "퇴계와 다산의 심성론 비교." 퇴계학과 유교 문화 33: 김장이. (2014). "한국인의 의사소통과 자기표현에 대한 연구 -칼 융의 심리학과 퇴계의 심성론을 중심으로." 한국콘텐츠학회 논문지 14(8). 137-149.

110) 참고: 선병삼. (2013). 양명학자 정제두의 '심경' 이해: '심경집의'의 구성 분석과 공부론 고찰을 중심으로. 한국사상사학회. 43, 263-290.

111) 이황이 정지운(鄭之雲)의 《천명도(天命圖)》에 나와 있는 "사단은 이에서 발하고 칠정은 기에서 발한다(四端發於理, 七情發於氣)."라는 내용을 '사단은 이가 발한 것이고 칠정은 기가 발한 것(四端理之發, 七情氣之發)'이라고 고친 것을 계기로 사단칠정론에 대한 논쟁이 시작된다. 이황은 사단(四端: 惻隱·羞惡·辭讓·是非의 情)을 이(理)에 칠정(七情: 喜·怒·哀·懼·愛·惡·欲)을 기(氣)에 대응시켜 사단(四端)과 칠정(七情)의 근거를 분립시켰다(七對四). 그러나 기대승은 사단은 이에 칠정은 기에 분립할 수 없고 사단 역시 칠정에 포함되어 있다(七包四)는 통일된 해석을 제시하였다. 기대승은 이와 기의 합(合)이라는 하나의 관점으로 모든 인간의 감정을 설명하고 있다. 한국민족문화대백과사전, 성리학(性理學) http://encykorea.aks.ac.kr/Contents/

반면 율곡은 심을 이(理)와 기(氣)의 합으로 이해하였다. 심(心)을 알아채고 깨달을 수 있는 것은 기(氣)를 통해서이고, 알게 되는 근거와 깨달을 수 있게 된 것은 이(理)를 통해서이다. 율곡은 마음을 이(理)와 기(氣)의 합으로 보았지만, 마음이 성(性)과 대립되어 기술되면 성(性)은 이(理), 마음은 기(氣)라고 파악하면 된다. 이것은 마음의 능동성 내지 주체성을 강조하기 위한 율곡의 이해였다. 현실에 대한 문제의식을 가지는 학자들에게는 무엇이 선이고 무엇인 악인가, 인간이 선을 구현할 수 있는 근거는 무엇인가, 악을 행하는 이유는 무엇인가에 대한 설명이 근본적인 연구의 주제가 된다. 율곡은 그러한 점에서 외물을 다스리는 것은 주권이 타인에게 있고, 내심으로 다스리는 것은 주권이 나에게 있는 것으로 이해하여 마음을 다스리고 수양하였다.[112] 율곡은 "게으른 것이 병이 됨을 알면 부지런하고 독실함으로써 치료하며, 욕망이 병이 됨을 알면 이치를 따름으로써 치료하고, 몸을 엄격하게 검속하지 못함이 병이 됨을 알면 엄숙하고 장중함으로써 치료하며, 생각이 어지럽게 흩어짐이 병이 됨을 알면 한결같이 집중함으로써 치료하는 것이다."라고 하였다. 율곡은 마음은 욕망의 물질적 집착이나 사사로움의 개인적 폐쇄성에서 벗어나 본래의 마음을 확충해 가서 넓고 멀리 이르게 되어 온전하게 큰 인격을 이루고 건강한 몸과 마음을 가질 수 있는 것이라 가르친다. 한의학에서는 유학의 이론을 받아들여 심(心)을 오장의 하나로 보면서 치료적 접근을 한다. 심(心)이 이(理)와 기(氣)로 이루어졌다고 보는 유학자들은 도덕법칙과 원리로 인의예지신(仁義禮智信)이라고 하는 본성이 우리 마음에 갖추어져 있다고 본다. 성리학자들은 심(心)을 물질적인 것과 정신적인 것으로 나누어 물질적인 심(心)은 한의학에서 다루고 정신적인 심(心)은 성리학의 영역으로 삼는다. 심을 상징하는 화(火)를 성리학에서는 '지혜의 불길'로 해석하고 한의학에서는 '생명의 불길'로 해석한다. 환자에

　　Item/E0029308.

112)　유승무. (2014). 율곡의 마음공부와 합심주의 문화: "격몽요결"의 마음 용례 분석을 중심으로. 사회사상과 문화 29. 107.

게 분노라는 감정의 움직임을 일으켜 생리적 변화를 유도하는 치료법이 원나라의 주진형에 의해 고찰된 바 있다. 이를 **활투(活套)**[113] 곧 '덮어져 있던 마음을 펼쳐 낫게 하는 것' '사로잡은 정신을 자유롭게 한다'는 의미를 가진다. 분노가 병을 발생시키기도 하지만 병을 치유하기도 한다는 양면을 볼 수 있다.[114]

---

113) 최근조. (2007). '증맥방약합편(證脈方藥合編), 활투침선(活套針線), 허로문(虛勞門)'에 나타난 심허(心虛) 처방에 대한 연구. 論文集: 大田大學校 韓醫學硏究所. 韓醫學編 16. 2, 109-119.

114) 서명석. (2017). 율곡 몸 공부법의 수양치료적 이해. 교육사상연구 31. 4. 109-126: 이정환. (2018), 유학 심성론의 심리치료와 한의학적 활용에 대한 소고-율곡의 인심도심도론을 중심으로. 동의신경정신과학회지 29. 3. 165-181.

6

그리스도교 안에서의 구원과 치유

세계종교사에 종교적 구원과 의학적 치유가 전체성 안에서 일치하는 사례는 보편적으로 나타난다. 샤머니즘에 기원을 둔 중국의학 뿐 아니라 불교와 힌두교, 그리스도교 등 여러 종교 전통에서도 찾아볼 수 있다. 불교의 사성제(四聖諦)인 고집멸도(苦集滅道)는 병의 발생과 원인, 건강의 회복과 치유라는 인식과 깊이 유비(라틴, analogia)되어 있고, 부처가 중생을 구제하는 위대한 의사로 칭송되어 왔다. 인도의 아유르베다(ayurveda) 의학은 힌두교의 우주론에 근거한 인간구제의 길이다. 이는 그리스도교와 유사하다. 신학자 폴 틸리히(Paul Tillich)는 이렇게 말한다.

"만약 구원(salvation)이 치유(healing)의 뜻으로 이해된다면 거기에는 종교적인 것과 의학적인 것 사이의 갈등이 없을 뿐 아니라 오히려 가장 긴밀한 관계만 있을 것이다. 이 관계를 모르고 구원이 개인을 하늘나라로 들어 올리는 것이라고 보는 신학만이 의학과 갈등을 일으키게 될 것이다. 그리고 오직 삶의 비생물학적인 측면들이 생물학적 차원의 삶을 위해서 중요하다는 것을 부인하는 의학만이 갈등을 일으킬 것이다. …… 구원은 우주적 질병, 즉 우주적 죄의 극복이며, 화해와 전체(whole)의 재현이다."[115]

---

115) 이상현. (2019). 현대인의 불안에 대한 실존적 탐색과 치유: 폴 틸리히의 불안이해를 중심으로. (66). 299.

인간은 소외, 상실, 무의미, 공허가 있는 실존의 삶을 살기 때문에 자기 자신의 존재에 대한 확신보다는 비존재에 대한 자각으로부터 불안을 느낀다. 그러나 인간은 비존재에 대한 실존적 불안이 있음에도 불구하고 자기의 존재를 자각할 수 있고 자신에 대한 책임을 질 수 있는 존재이다. 틸리히는 인간을 불안과 소외 속에 실존하는 인간으로 보았다. 인간은 피할 수 없는 불안으로 고통당하는 자이며, 그 고통의 증상은 대안을 요구하는 질문이 된다. 여기서 틸리히의 신학적 대답은 새로운 존재로 집약된다. 새로운 존재는 인간이 제기하는 모든 질문에 대한 대답으로서 곧 그리스도교의 신, '예수 그리스도'를 말한다. 인간의 실존과 불안을 틸리히의 상관관계 방법론에 근거하여 탐색한 결과 불안의 극복과 치유를 위해 '실존적 질문하기' '감정과 경험 수용하기' '비존재의 위협 직면하기' '존재의 힘 확인하기' '새로운 존재와 만나기'를 틸리히의 중요한 방법론으로 정돈할 수 있다. 그리고 언급한 이 요소들은 각각 '체험의 진실성' '통찰과 인식' '인간의 유한성' '존재의 용기' '불안 극복과 치유'와 상관성이 있다.[116] 이러한 몸의 치유에 대한 전체성의 추구는 소수이기는 하지만 오늘날에도 여전히 중요한 가치로 살아 있다. 철학자 가다머(H. G. Gadamer)는 의학적인 치료를 전체적으로 접근해야 함을 강조하고, 건강의 수수께끼를 자연과 어떻게 조화를 유지할 것이냐 하는 문제로 바라본다. 그는 말한다.

"내가 여기에서 의학적인 '치료'와 '전체'나 '총체성'이라는 말의 관련성을 분명하게 드러냈다고 하면 더 바랄 것이 없겠다. 이것은 단순히 원인과 결과 또는 개입과 성공의 상관관계의 문제가 아니다. 오히려 내가 관심을 가진 것은 우리가 재발견해야 하는 감추어진 조화였다. 거기서 우리는 회복의 기적과 건강의 비밀을 발견한다. …… 우리 자신이 자연의 일부이며, 우리 신체가 유기체적인 자체방어시

---

116) 이상현. (2019). 현대인의 불안에 대한 실존적 탐색과 치유-폴틸리히의 불안이해를 중심으로. (66), 295-321: Roy Porter. (1993). "Religion and Medicine". W. F. Bynum and Roy Porter ed. Companion Encyclopedia of the History of Medicine Vol 2. London and New York: Routledge, 1449.

스템으로 우리의 내적 평형을 유지할 수 있게 하는 것도 바로 우리 안에 있는 자연이다."[117]

해석학자인 가다머는 '고통을 극복하다'라는 의미를 가진 'verwinden'을 강조한다. 그것은 고통을 대면하여 그 아픔을 이겨 내는 과정을 뜻한다. 니체는 "짜라투스트라는 이렇게 말했다."의 시작을 〈세 번의 탈바꿈〉으로 열고 있다. 여기서 '탈바꿈(Verwandlung)'이란 정신의 고양을 의미하는 변화로, 그 이전 단계를 넘어서는 질적(質的) 변화를 뜻한다. 그것은 'überwinden'의 차원이라 할 수 있다. 정신분석학에서 프로이트가 사용하는 '변하게 하다(verwandeln)'라는 동사는 결코 바꿀 수 없는 과거의 사건을 새롭게 '해석'함으로써 '히스테리적 비참을 평범한 불운으로 바꾸는 치유 과정'을 뜻한다. 그런 의미에서, 넘어설 수 없는 고통을 전제로 그 고통의 극복을 강조한 가다머의 고통에 대한 이론이 정신분석학의 변화 개념에 더욱 가깝다고도 할 수 있다. 그러나 프로이트는 해석이라는 정신분석의 무기에 의해 과거 자체가 재배열되며 새로운 현재와 미래가 가능해지는 과정을 보임으로써, 그 변화의 과정을 니체의 '탈바꿈의 차원'으로 이론화했다. '해석'에 의해 과거가 달라지기 때문이다. 정신분석적 해석은 과거의 의미를 찾아내는 발굴의 과정이라기보다는 바꿀 수 없는 과거를 이전과는 다르게 해석하여 현실의 당면한 고통으로부터 벗어나는 치유의 과정, 치유적 해석이라 이해할 수 있겠다.[118]

117) H. G. Gadamer. 이유선 역. (2002). 철학자 가다머 현대의학을 말하다. 몸과 마음. 184-185.
118) 김서영. (2018). 정신분석학적 해석에 대한 철학적 고찰. 현대정신분석. 20(1). 10-41.

7

무속(巫俗)에서의 '치료'와 '치유'

한국인들에게 있어 무속의 신(神)은 종파(종교)를 초월하여, 초월적인 분이고 한(恨)이 맺혔을 때 빌면 그 한(恨)을 풀어 주고, 인간의 소원을 들어주며, 재앙(災殃)을 피하게 하며, 생사(生死) 화복(禍福)을 결정하고, 온갖 질병을 치료하고, 자신과 가족들의 안녕과 행복을 지켜 주고, 선한 사람에게는 상(賞)과 복(福)을 내리고 악한 이에게는 벌을 주는 그런 신이다.[119] 한국의 무속신앙은 부지불식간에 일상적인 삶의 많은 부분(종교, 사상, 역사, 문학, 음악 등의 여러 분야)에 영향을 미쳐 왔다. 무속신앙은 그 오랜 역사를 통하여 우리 민중들의 기층종교로서 온갖 시련과 억압에도 불구하고 마치 잡초와 같은 생명력과 근성으로 면면히 이어져 왔다. 무속은 현실(선천 세계)에 대한 불만과 부정, 새로운 세계(후천 세계)에 대한 기대, 현재의 실패나 좌절에 대한 극복과 새로운 세상에서 충족되는 행복 등을 내포(內包)하고 있다. 지극히 존귀한 존재가 가장 비천한 존재가 되어 이 세상의 온갖 고난과 부조리, 고통, 모순, 한(恨) 등을 몸소 겪고 나서 존귀한 본래의 자리로 되돌아와 이전의 자신의 능력보다는 어떤 구원의 능력을 갖춘 존재로서 '재수 사망을 섬겨 주는 이'가 되는 것이다.[120] 여기에서 '재수'는 '금전에 대한 운수' '부와 행복'의 제한된 영역이기보다, '조화를 통하여 회복된 인간의 총괄적 완성'의 능력을 의미한다고 본다. 신령들은 한(恨)에 대한 인식으로 '살이 끼었다' '탈이 났다' '억울하다'

---

119) 이제민. (1992). 한국 천주교의 수용 과정에 나타난 한국 천주교인의 신관과 오늘날의 과제. 《사목》 156, 65.
120) 박일영. (1991). 한국 무속의 신관. 《사목》 149호, 83-95. 내림굿의 치병 기능에 대해서는 다음을 참고: 우성일(1989), 내림굿 과정의 심리역동과 그 정신치료적 의미에 관한 분석고찰, 서울대학교 대학원 의학과 정신과학전공 석사논문.

등의 질병적 상황을 인식하고 이러한 비구원적이고, 질병 같은 한의 해결 방안을 모색하며 체감된 비인간적 상황에 대한 '한풀이' 과정으로써 흔히 덕담이나 희극적 분위기로 한을 극복하는 암시 '공수'로 표현된다.

　무당의 '공수' 과정은 심리치료의 과정과 매우 유사하다. 공수는 신이 무당의 입을 빌려 인간에게 의사를 전하는 일, 주로 강신무들이 점괘를 풀어 보는 과정 또는 굿 도중에 인간에게 내리는 신탁 가운데 주어지는 말로 된 부분을 지칭한다.[121] 강신무에서는 무녀가 강신이라는 과정을 필수적으로 거치고 신격화되어 신의 자격으로 신어를 전하는 '공수'가 가장 핵심적으로 이루어져 있다. 강신무가 신과 인간의 중간적인 존재라고 했을 때 인간의 기원 내용을 신에게 전달하고, 그에 대한 신의 답을 다시 인간에게 전달하는 것이 무속의례로서, 무당의 입을 통해 전달되는 모든 신의 말씀이 공수가 된다. 따라서 공수의 내용은 인간사 전체를 포함하며, 한국 무속에서 받들어지는 신령이라면 무당에게 강신하여 공수를 줄 수 있다. 이런 점에서 한국 무속의례의 핵심적인 내용이 공수에 들어 있으며, 공수를 통해 무속의례의 목적이 달성된다. 입무한 지 오래되지 않은 무당들은 신의 부림을 강하게 받아 입에서 나오는 대로 공수를 주게 되고, 그러한 과정에서 뜻하지 않은 분란이 벌어지기도 한다. 하지만 무업에 종사하는 연륜이 오래된 무당의 경우 인간이 신을 부려서 필요한 것만 골라 '빼낸다'고 하여 공수의 내용은 무당의 경력에 따라 조금씩 달라진다. 신도가 원하는 내용을 직설적으로 전달하는 것이 어린 무당의 공수라면, 부드럽고 완곡한 표현으로 바꾸어 전달하는 것은 경력 많은 무당의 공수이다. 따라서 무당들은 공수 표현 방식을 매우 중요하게 여겨 신도들의 특성, 굿판의 분위기, 굿의 목적에 따라 적절하게 조절한 공수를 내린다. 공수는 신령의 뜻을

---

121)　오태환. (2008). 혼과의 소통, 또는 무속적 요소의 문학적 층위 - 김소월·이상·백석 시의 무속적 상상력. 국제어문. 42, 203-242: 백선희. (2010). 한국 샤머니즘과 민속춤의 치유성에 관한 연구. 한국언어문학 제74집. 233-234.

무당이 전달하지만, 신령의 의지보다 무당의 의지에 좌우된다. "영검은 신령이 주지만 재주는 인간이 배운다."라는 서울 무당들의 말에 공수를 조절하여 전달하는 무당의 능력이 중요함이 드러난다.[122]

이것은 마치 상담심리의 과정이나 연륜에 따르는 상담의 능력과 다르지 않다. 신에게서 오는 영험함, 영감(inspiration)은 무당의 '영성지능'에 해당하지만, 그것을 내담자의 상황이나 조건에 맞게 풀어 주며 마음속에 눌려 있는 억압과 울분을 풀어주는 카타르시스와 통합의 조정은 무속인의 능력에 따라 상담의 서로 다른 결과물을 가져올 수 있다. 반면 세습무는 지성과 예능을 다해 신을 경배하고 의식을 담당하여 사제의 기능을 하기에 가무 자체가 중시되는 의례 중심으로 되어 있다.[123] 무인은 카타르시스 이후 정화의 최종 목표인 조화 또는 평화, 구원, 자유와 해방을 얻음으로써 잃었던 내담자의 '재수'[124]를 다시 회복하게 되는 과정을 진행한다. 여기에서 언급되는 '재수'는 현세적 부, 행복 등의 현세적으로 국한된 의미가 아닌 인간과 신령, 신령과 신령 사이의 알력이 해소되고 인간의 내적 문제와 타인과의 문제를 해소함으로써 원만한 조화가 이루어지는 총체적 구원의 완성으로서의 통합적 기능을 행한다고 본다. 치료를 목적으로 벌이는 굿의 명칭은 지역적으로 조금씩 다르다. 중부 지방에서는 우환굿 혹은 병굿, 영동 지방에서는 환자굿, 호남 지방에서는 병굿이라 부른다. 우리가 샤먼의 질병 치료법에 관심을 두는 이유 역시 치병 메커니즘을 이해하는 것이 무속이라는 종교, 문화 현상에 이르는 첩경이다.[125]

---

122) 참고: 김태곤. (1981). 한국무속연구. 집문당: 양종승. (1999). 한국의 무속: 서울황해도편. 국립민속박물관: 홍태한. (2004). 한국의 무가 1. 민속원.

123) 최길성. (1994). 한국무속의 이해. 예전사. 36.

124) 가정의 안녕과 재복(財福), 자손의 창성(昌盛), 가족의 수복(壽福)을 의미한다.

125) "무의(medicine man)의 병인론(etiology)의 이해는 그것 자체로 치료의 원리와 방법을 이해하는 출발인 동시에 치병 전체의 메커니즘을 이해하는 핵심이다. 무의의 병인론에는 무속의 세계관이 농축되어 있어, 병인론 자체에 대한 이해가 무속의 이해와 직결된다." 최종성. (2002). 조선조 무속 國行儀禮 연구. 일지사. 285.

병굿은 단순히 신령들을 불러 놀리는 데 그치지 않고 질병의 발생으로 인해 무질서한 일상을 회복하기 위해 필요한 구체적인 실천 방안을 강구하는 데 그 목적이 있다. 이를 위해 무당은 굿판에서 신화, 춤, 무신도, 무구 등을 이용해서 질병의 원인을 찾아내고 그 진행 상태를 설명하며 이에 대한 대처법을 알려 준다.[126] 제의(rituals)란 인간의 실존적 문제들을 상징적으로 표출하는 표상활동인 동시에 그가 처한 상황이 변형되도록 유도하는 주술이다.[127] 그리고 주술치료가 가능한 것은 무엇보다 표상을 실제로 변환하는 제의의 기호적 장치들 덕분인데, 특히 신화는 주어진 상황을 제의적으로 재구성함에 있어 가장 중요한 표상도구이다.

이부영은 무속의 치유과정에 대해 다음과 같이 말한다. "혼과의 대화가 이루어지는 또 하나의 중요한 장이 종교적 수도의 장이다. 대승불교의 정신 속에서 오랜 역사를 가지고 키워 온 자기성찰의 작업이나 '내 마음속의 그리스도'와의 일치를 지향하는 기도가 이루어지는 곳, 그 작업은 우리 내면의 혼, 아니마(Anima)를 매개로 한 C. G. 융의 자기(Self)와의 만남과 같다. 무의식을 탐구하고 스스로 마음속을 깊이 살펴보며 응어리진 것들, 콤플렉스를 하나씩 받아들이고 소화해 나가는 자기인식의 과정을 샤먼들은 명칭을 달리한 혼과의 대화, 혹은 혼이 되어 대화하는 작업으로 진행하고 있다."[128]

---

126) 서경란. (1994). '병굿'의 정신치료학적 고찰: 사례 추적 연구를 중심으로. 서울대학교 대학원 의학과 정신과학 전공 석사논문. 11.

127) Tom F. Driver. (1991). The Magic of Ritual. New York. Haper San Francisco. 93.

128) 이부영. (2012). 한국의 샤머니즘과 분석심리학: 고통과 치유의 상징을 찾아서. 한길사. 29. 무속에 관련한 참고자료들과 의미 있는 저서들은 아래에 기록한다: 《한국무교의 역사와 구조》(유동식, 연세대학교 출판부, 1975), 한국의 무당》(최길성, 열화당, 1981), 《한국무속론》(최길성, 형설출판사, 1981), 《한국민속대관 3-민간신앙·종교》(고려대학교민족문화연구소 편, 고대민족문화연구소 출판부, 1982), 《한국의 무》(조흥윤, 정음사, 1983), 《한국민속종합조사보고서-무의식》(국립문화재연구소, 1983), 《무속신앙》(민속학회 편, 교문사, 1989), 《한국민족문화대백과사전 19》(한국정신문화연구원, 1991), 《한국의 무속》(김태곤, 대원사, 1991), 《팔도굿》(황루시, 대원사, 1992), 《무속과 영의 세계》(김태곤, 한울, 1993), 《한국의 샤머니즘》(조흥윤, 서울대학교출판부, 1999), 《한국의 굿》(하효길 외, 도서출판 民俗苑, 2002), 《한국민속문화대사전 상권》(김용덕, 도서출판 창솔, 2004), 《전북 지역 무당굿 연구》(이영금, 전북대학교 박사학위논문, 2007).

Ch. 04

마음 원리에서
영성 원리까지의
융합과 통섭

심리학은 '마음[心]에 원리(原理)가 있다'는 논리적 체계를 이성적으로 정돈한 학문이다. 인간 마음의 움직임을 어떻게 원리로 설명할 수 있을까? 내 마음을 내가 알 수 있을까? 진정으로 나는 내 마음을 안다고 말할 수 있을까? 최근 AI의 등장으로 역설적이게도 인간이 어떤 존재이며, 인간의 마음은 어떻게 만들어졌는지에 대한 관심이 더욱 증가하고 있다. 뿐만 아니라 마음에는 문제가 생겨나고 그러한 마음을 치유하기 위한 다양한 시도와 의학적인 그리고 과학적인 노력이 있다. 인간을 다른 동물과 구별해 주는 인간의 본질적 특성인 인간의 마음과 지식, 지능이 어떻게 생성되었는지, 어디서 유래하는가에 대한 의문은 고대 그리스 철학자로부터 현재 인지과학자에 이르기까지 오랜 시간에 걸쳐 답을 추구해 왔음에도 불구하고 여전히 미궁으로 남아 있다. 옥스퍼드사전에 따르면, 마음은 사람이 다른 사람이나 사물에 대하여 생각, 인지, 기억, 감정, 의지, 그리고 상상력의 복합체로 드러나는 지능과 의식의 단면을 가리킨다. 이것은 모든 뇌의 인지 과정을 포함한다. '마음'은 가끔 이유를 생각하는 과정을 일컫기도 한다. 보통은 어떠한 실체의 생각과 의식의 능력으로 정의된다.[129]

데카르트는 마음을 물질로 이루어진 육체에 대립되는 비물질적인 것으로 간주

---

129) Merriam-Webster. (n.d.). Mind. In Merriam-Webster.com dictionary. Retrieved January 8, 2022, from https://www.merriam-webster.com/dictionary/mind

하는 이원론을 체계화한 대표적인 학자다. 이런 데카르트의 이원론은 생명체의 본질을 영혼으로 간주한 고대 그리스 철학자인 소크라테스와 플라톤으로부터 기원한다. 따라서 비물질적인 마음이 어떻게 물질인 육체에 영향을 미쳐 행동을 유발하는가? 즉 '마음과 육체가 어떻게 상호 작용하는가?' 하는 '마음과 육체의 문제'는 심리학이 해결해야 할 가장 큰 문제로 대두되었다.

마음의 변화를 유도할 수 있는 여러 가지 치료들 가운데 우리가 주목하는 '인지행동치료(認知行動治療, Cognitive Behavioral Therapy, CBT)'는 우리가 접근하는 인문융합적 치료에 있어 매우 유의미한 접근이고 논리이다. 인지행동치료 또는 인지행동주의적 접근은 '지금 여기(here and now)'를 강조하고 다양한 방법을 통해 인지의 변화를 촉진하는, 목표 지향적이고 해결 중심적인 치료다. 정신건강을 향상하는 데 가장 널리 사용되는 증거 기반 학습인 심리사회적 개입이다. 경험적 연구에 따라 CBT는 현재의 문제를 해결하고 인지(예: 사고, 신념 및 태도), 행동 및 정서적 규칙에 도움이 되지 않는 패턴을 변경하는 것을 목표로 하는 개인 대처 전략의 개발에 중점을 둔다. 원래 우울증을 치료하기 위해 고안되었으며 지금은 보다 광범위한 정신건강 상태의 호전을 위해 사용된다.[130]

인지행동치료 기법은 내담자의 행동 패턴과 신념에 이의를 제기하고, 과잉일반화(overgeneralizing), 부정적인 면에 대한 과장(magnifying negatives), 긍정적인 면에 대한 축소(minimizing positives), 파국화(catastrophizing)와 같은 인지왜곡(cognitive distortion)이라는 사고 오류들을 보다 현실적이고 효과적인 사고로 대체하여, 정서적 고통(emotional distress)과 자멸적 행동(self-defeating behavior)을 감

---

130) 문현미. (2005). 인지행동치료의 제3동향. 한국심리학회지: 상담 및 심리치료. 17(1), 15-33: 방수영. (2017). 성인 ADHD의 인지행동치료. 대한소아청소년정신의학회 학술대회논문집. 104-129.

소시키는 것이다. '인지왜곡'에는 자신에게 어떠한 차별이 가해지고 있다고 잘못 생각하는 것(pseudo-discrimination belief)이나 '과잉일반화'가 있다. 인지행동치료 기법은 인지왜곡에 대하여 열린 자세로 대할 줄 알고 마음에 두면서도 이해하려는 자세를 취하여 이들의 효과를 감소시키는 데에도 도움이 된다. 인지행동치료는 노출 치료(exposure therapy), 스트레스 면역(stress inoculation), 인지처리치료(cognitive processing therapy), 인지치료(cognitive therapy), 이완 훈련(relaxation training), 변증법적 행동치료(dialectical behavior therapy), 수용-전념치료(acceptance and commitment therapy)와 같은 다양하지만 서로 관련되어 있는 기법들을 결합하여 시행한다. 일부 관련 종사자들은 치료 과정의 일부로서 자기인식(self-awareness)에 중점을 두는 마음챙김 인지치료(mindful cognitive therapy)를 개발하기도 했다.[131]

우리는 이제 심리학의 흐름 가운데서 인간의 마음을 연구하고 치유하려 노력했던 심리학자들의 연구 개요를 살펴보려 한다. 사실 심리학자들의 저서나 세미나, 논문이나 사유의 근간들을 단시간에 꿰뚫어 볼 수는 없고, 공부를 한다는 것도 쉽지만은 않은 작업이다. 그러나 그들 사유의 근간과 인문융합치료 연구 영역에서의 선택과 집중을 통해 심리학사에 등장하는 주요한 심리학자들과 심리학적 연구의 동향들을 재인식함으로써 인문융합치료 연구의 맥과 흐름을 잡아 가는 근간을 이루고자 한다. 인간 마음의 연구에 대한 업적과 성과물들 가운데 그간 많은 관심을 두지는 않았지만, 꽤 중요한 부분들이 있다. 특히 인간의 '영성'에 대한 연구는 과학과 기술의 눈부신 발전의 그림자였다. 프로이트와 융이 갈라선 계기도 따지고 보면 인간 '영성'의 문제에 대한 탐구 여부였다. 우리는 주요한 심리학자들이 인간의 마음에 대해 어떻게 말하고 설명하는가에 대한 핵심적 물음들로 접근할 것이다.

---

131) 박경애. (2007). 인지정서행동치료. 서울: 학지사.; Gerald C. Davison. (2000). 이상심리학. 시그마프레스. 서울: 법문사.

1

윌리엄 제임스와 자아초월심리학

심리학의 역사에서 가장 위대한 업적 중 하나로 손꼽히는 '심리학의 원리'에서 윌리엄 제임스(William James)는 분트의 방법이 피상적 수준에 머물러 있다고 통렬히 비판한다.[132] 심리학의 탐구 대상은 다른 과학들과 마찬가지로 '세계 속에 있는 대상들'이다. 다시 말해 "심리학자들이 연구하는 정신은 실제 공간과 실제 시간의 일정 부분을 점유하는 개별적인 개인 정신."[133]에 국한된다. 그래서 일반 심리학자들은 철학자들과는 달리 신체와 무관한 초월적인 정신에는 관심이 없다. 심리학과 자연과학의 차이점이 있다면, 전자가 정신이라는 주관적 사실을 객관적으로 보고하는 것이라면, 후자는 객관적 사실을 객관적으로 보고한다는 점이다.[134] 이때 주관적 사실과 객관적 사실은 모두 제임스가 말하는 '세계 속의 대상'에 해당된다.

심리학의 특이한 점은 이렇게 주관적 사실을 탐구 대상으로 간주한다는 것이며, 이 대상 속에는 모든 정신 상태들이 포함되어 있다. 제임스는 모든 정신 상태들을 포괄하는 정신 상태를 '사고(thought)' 혹은 '느낌(feeling)'이라고 부른다. 제임스는 심리학이 마음의 상태에 대한 과학적 연구이며, 사고는 감정에 의해 채색되어 큰 강과 같이 움직인다고 주장했다. 그는 자기에 대한 복수(複數)의 개념을 고민했다.

---

132) William James. (1950). The Principles of Psychology. vol. I (New York: Dover): 정양은. (2005). 심리학의 원리 1, (서울: 아카넷): 민병교, Min Byoung-kyo. (2017). 고립된 윌리엄 제임스와 철학에서 분리된 심리학: 심리학사의 사회학적 재구성. 사회와 역사(구한국사회사학회논문집). 114, 285-338.
133) 정양은, 위의 책, 337.
134) 정양은, 같은 책, 338.

신체적인 지각과 관련된 생물학적 자기와 개인이 가지고 있는 모든 소유물을 포함한 물질적 자기, 인간관계와 관련된 사회적 자기, 그리고 그 자신만 알고 있는 영적인 자기로 자기를 구분했다.[135]

영성의 심리학에 관해 제임스가 제시한 가장 중요한 내용은 "종교적 경험의 다양성(The Varieties of Religious Experience), 1902"에서 신비적 의식에 대해 분석한 것이다. 그의 생각과 주장은 다음과 같이 정리될 수 있겠다.

1) 종교가 개인 안에 존재한다고 주장한다. 이것은 종교의 근원이 경험에서 온다는 의미로 이해된다. 제임스는 인간이 '살아 있는 인간문서(Living human Document)' 즉 종교적 각성에 대한 개인으로부터의 사적인 증언에 초점을 맞추었다. 종교와 신앙은 인간 내면의 법정에서 이루어진다. 즉, 누구도 인간 내면에서 일어나는 생각이나 상상, 그리고 추상들을 엿볼 수 있거나 알아낼 수 없다. 종교는 철저하게 한 개인의 내면 안에서 일어나는 사건이고 기록이다. 동일한 경험이라 하더라도 그것을 기억하고 보존하고 가공하고 정돈하는 일련의 과정을 누구도 선불리 단정하거나 판단할 수는 없다. 그러기에 '영성'이라는 부분이나 인간의 '마음'의 영역을 학문적으로 탐구하고 연구하는 것이 어려울 수도 있다. 그러나 그러한 개인의 경험이나 체험도 여러 사람들의 경험들과 의식이 총합되어 갈 때는 나름의 규칙과 패턴을 가지게 된다는 것을 연구자들은 알아차리게 된 것이다. 비록 모두 일반화할 수는 없지만 그것들 안에 있는 공통점과 특성들에 대한 연구와 다양한 가정과 학설들은 인간 고유의 학습능력과 더불어 인간 마음의 원리로 심리학적 가능성을 가지게 된 것이다.

---

135) 스코튼브루스, 치년앨런, 배티스타존, 김명권. (2008). 자아초월심리학과 정신의학. 학지사. 50.

2) 제임스는 "잠재의식의 탐색이 경험을 변화시키는 문."이라고 주장했다. 그는 자신의 내면으로 들어가는 것이 자기 탐색의 첫 단계이며 그래야 일상적인 의식에서 경계를 넘어갈 수 있는 길이 열린다는 생각이었다. 윌리엄 제임스가 말한 잠재의식은 이후 프로이트가 말한 무의식의 영역이다. 곧 우리 내면 안에서 일어나는 무수한 역동들 가운데 우리가 알 수 있는 마음을 '의식'이라 규정한다면 알 수 없는 마음, 통제되지 않는 마음, 이해할 수 없는 마음은 '무의식'이다. 우리는 경험적으로 우리 안에서 알 수 없는 마음의 역동이 꽤 많다는 것을 알고 있다. 심리학은 바로 그러한 알 수 없는 마음 안의 규칙들을 찾아내는 것이다. 그러한 규칙들의 원리가 무엇인지를 찾아내고, 존재항상성을 위협하는 정서적 불균형의 원인을 찾아내고 치유하여 본래의 모습으로 돌아가게 하는 것이 심리학의 목표이고 방향이다.

3) 제임스는 이러한 신비체험의 진실성은 그것의 결과 즉 일상생활 속에서 도덕성과 삶의 질을 향상하는 능력, 사람들과의 의사소통 능력 향상 등으로 가늠해 볼 수 있다고 말한다. 곧 신비체험은 사라지지만 경험자는 편협하고 개인적인 자기를 완전히 포기하고 다른 차원의 삶으로 접어 들어간다.[136] 제임스는 1905년 하버드 대학 강의 요강에 '자아초월'이라는 용어를 처음으로 사용한 심리학자이다. 그는 두 사람이 같은 대상을 보았을 때 대상은 자아초월(trans-personal)이 된다고 말했다. 제임스는 인간 경험이 일어난(나타난) 모든 곳에서 그것을 있는 그대로 탐색해야 한다고 주장했다(급진적 경험주의). 제임스는 잠재의식의 과정, 심령현상, 사후세계와의 교류, 일반적이지 않은 종교적 경험에 대한 연구를 정당화할 수 있는 방법을 찾으려고 노력했다. 이것은 심리학에 영성을 추가하는 작은 노력만으로 이루어질 수 있는 작업이 아니었다. 자아초월은 종교 전통의 고압적 태도나 과학의 객관적 시각에 의해 제한되지 않는 방식으로 우주를 이해하기 위한 목적에서 출발한

---

136) 같은 책, 51-52.

프로젝트인 것이다. 과학과 영성 모두가 존중받을 수 있는 새로운 비전을 찾고 있다. '자아초월심리학'에 대한 정의는 160가지가 넘는다. 이 정의는 주로 인간이 가진 상위단계의 욕구, 가치, 상태, 잠재력에 초점을 맞추었다.

인간은 살아가면서 자기중심적인 삶을 넘어서는 초월적인 순간을 맞이하게 된다. 가령 사랑을 시작할 때, 자기중심적인 사람들이 자아의 벽을 뛰어넘어 타자를 걱정하고 기다리고 우주의 중심이 자기인 줄 알았던 착각에서 벗어난다. 또는 여성들이 아이를 출산할 때, 자신만을 위해 존재하던 인간이 어느 순간 내 배 속에서 아이를 키우고 걱정하고 출산하여 나를 벗어난 타자에게 하루 종일 절대적으로 집중하며 자기를 잊어버릴 때 자아는 사라지고 자아를 넘어서는 체험을 하게 된다. 약자들에 대한 연민, 고통받고 있는 자에 대한 관심, 불의한 사회, 구조적 문제에 대한 분노, 정의와 평화에 대한 갈망 혹은 신앙 안에서 기도와 명상 그리고 관상을 하면서 자아를 벗어나 온 존재가 신비하고 거룩함 가운데 휩싸여 모든 것이 하나라고 느끼는 순간, 산과 들, 강을 걸으며 눈앞에 있는 세상의 아름다움에 정신을 잃는 순간, 밤하늘에 쏟아지는 별을 보며 저 멀리 있는 별의 거리를 생각하고 어둠 속에 반짝이는 별이 나에게 말을 걸어오는 순간, 흐르는 물을 바라보며 지나간 소중한 인연들과 관계들이 함께 흐르게 되는 순간, 우리는 자기중심적인 삶의 틀을 잠시 해제하고 타자와의 교류를 시작으로 자아를 넘어서기 시작한다.

자아초월심리학(Trans-Personal Psychology)은 자아를 넘어서 의식의 더 높은 상태, 자아 너머의(beyond-ego), 통합적(grative)이고 전체론적(holistic)이며, 심리학을 넘어서서, 변용(transformation)의 심리학으로 이해된다. 여기에는 신비주의의 다양한 형태, 초심리학적 현상, 임사체험, 유체이탈과 같이 의도적인 수련이 요구되지 않는 경험에서 일어나는 것뿐만 아니라 샤머니즘이나 명상과 같이 의도적인 수련에서 기인하는 인간의 예외적인 경험 역시 포함된다. 자아초월심리학은 전체론적, 다문화적, 통합적, 총체적 접근을 통해서 더 넓은 맥락을 포괄하는 심리학의 새로운 차원이다. 정의하자면 자아초월심리학은 자아를 넘어서는 현상을 연구하는 심리학의 접근방법으로서 통합적 전체론적인 심리학의 맥락에서 인간의 변용을 이해하고 육성하기 위한 체계를 제공한다.

　전통적인 심리학만으로는 자신의 마음을 이해하고 들여다보는 틀이 대단히 좁을 수밖에 없다. 기존의 심리학은 학문의 영역에서, 위에서 언급된 영성의 문제들은 종교에서 따로 만나야 했지만, 자아초월심리학 영역으로 하나의 틀 안에서 충돌 없이 학문과 종교 간의 괴리 없이 통합적인 만남이 이루어진다. 동양의 정신적 전통과 서양의 심리학, 종교와 심리학, 그리고 명상과 심리치료 등의 접점과 통합에 대한 연구가 그 어느 때보다 활발하게 이루어지는 시점에 다시 윌리엄 제임스를 돌아보는 것은 유의미하다.[137]

　앞서 살펴본 바와 같이 자아초월에 대한 경험은 자연을 향한 인간의 동경이나 인간의 심오한 마음에 닿을 때 가지는 깨달음처럼 비종교적인 형태의 것과 더불어 영성이나 종교적 경험의 영역에서 벌어지는 자아의 체험까지를 포괄한다. 그래서 자아초월심리학을 연구하는 학자들은 때로 '영성'이라는 단어를 사용하고자 하는 논란도 있지만, 자칫 형이상학적이고 종교적인 논란에 빠지지 않기 위해 고민한다. 자아초월심리학은 종교적인 현상 그 이상을 포함하기 때문에 종교심리학의 범주 안으로 밀어 넣을 수도 없다. 이는 종교적인 경험과 행동에 대해 분석을 하는 경향이 있음에도 상당히 규범적인 학문이다. 자아초월현상은 언어적인 설명이 어려

137)　Harris L. Friedman, Glenn Hartelius, 김명권, 김혜옥, 박성현, 박태수, 신인수, 이선화, 이혜안, 정미숙, 주혜명, 황임란 역. (2020). 자아초월심리학 핸드북. 서울: 학지사. 53.

운 경우들이 많이 있다. 그래서 모든 것을 과학적인 도식 안으로 넣어서 이해하기도 힘든 영역이다. 물리학이나 양자역학적인 설명들이 이루어지기도 하지만 심리학적 개념과 도식이 더욱 효과적이며 이해와 설명을 주요하게 바라본다는 점에서는 오히려 해석학적이다.

2

프로이트가 이해하는 인간의 정신

프로이트는 영성연구의 선구자적 자리에 있었지만, 영성이 건강한 정신에 어떠한 의미를 가지는지에 대한 문제에서는 혼란에 직면해 있었다. 그의 저작들《인간 모세와 유일신교(Moses and Monoteism)》라든지《환상의 미래(in the future of an illusion)》와 같은 저작들은 프로이트의 영성적 체험에 대한 흥미를 엿볼 수 있는 작품들이다. 《인간 모세와 유일신교》는 프로이트의 마지막 저작이다. 왜 프로이트는 종교와 영성의 문제에서 벗어나서 모세, 그리고 유일신교에 대한 이야기를 적은 것일까?《인간 모세와 유일신교》는 당시 지식 대중에게는 충격이 될 주장을 담고 있었다. 프로이트는 모세가 유대인이 아니라 이집트 귀족 출신이라고 단정했다. 유대교도 이집트에서 유래한 종교였다고 주장했던 것은, 독일에서 나치가 권력을 잡은 뒤 프로이트의 연구가 물거품이 될 위기에 빠졌다. 나치는 '타락한 유대 학문'인 정신분석학 책들을 불사르고 정신분석학 연구를 봉쇄했다. 프로이트가 살던 오스트리아 빈도 1938년 나치의 손아귀에 들어가 프로이트는 어쩔 수 없이 영국으로 망명했다. 핵심적 내용인즉, 이집트 18왕조 마지막 왕 이크나톤(기원전 1375~1358)은 다신교 신앙을 버리고 진리와 정의의 태양신을 숭배하는 일신교를 받아들였는데, 그가 죽자마자 과거 다신교 사제들이 봉기해 나라가 혼란에 빠졌고 18왕조는 멸망하고 말았다. 이크나톤의 일신교를 깊이 신봉하던 이집트 귀족 모세는 이 혼란의 시기에 노예민족이던 셈족(유대족)을 선택해 이집트를 탈출했다. 이

탈출과 함께 유대인이 탄생했다는 논리였다.[138]

프로이트의 영성적 기여에 대해 Mark Epstein은 〈자아초월심리학에 대한 지그 문트 프로이트의 영향〉이라는 기사에서 다음의 세 가지를 이야기한다.

첫째, 종교적 체험의 극치로서의 대양적 느낌에 대한 그의 묘사들은 심리치료자들이 영성을 이해하는 방식에 영향을 미쳤다. 그는 대양적 느낌을 원초적 자기애의 희열-엄마의 가슴에 안긴 갓난아이와 엄마 사이의 갈등 없는 합일-과 같은 것으로 간주했다. 이러한 설명은 이후 명상의 경지나 신비적 성취에 관한 심리학적 설명에 절대적인 기준이 되었다.[139]

둘째, 주의(attention)의 의도적인 조작에 대한 탐구-처음에는 최면, 그다음은 자유연상, 마지막으로 고르게 퍼져 있는 주의까지[140]-명상과 감각적 자각에 관한 치

---

138) 요세프 하임 예루살미. 이종인 역. (2009). 프로이트와 모세. 서울: 즐거운상상.

139) 프로이트는 신비적인 경향성을 지닌 프랑스 시인 로랭롤랑과의 서신중 환상은 종교적인 특별한 감정인데, 그 자신은 늘 그것과 함께 하며, 다른 많은 이들에 의해서도 확인된 것이고, 수백만의 사람들 안에 나타나 현존한다고 여긴다고 했다. 그것은 그가 '영원성'의 느낌이라 부르고 싶어 하는 느낌이며, 속박되지 않고 한계가 없는 어떤 것에 대한 느낌으로 말하자면 '대양'과 같은 느낌이라고 했다. 프로이트는 사랑에 빠진 상태에서만 자아와 외부 세계 간의 경계가 용해될 수 있다고 결론을 내렸다. 이는 타자 속으로 용해될 수 있는 자아의 잠재력을 취함으로써 가슴에 안긴 갓난아기의 경험으로 돌아가서, 자의식의 자아가 나타나기 이전에 갓난아기가 본질적으로 사랑 속에서 용해된 융합의 상태가 일찌감치 있었다고 제시했다. 자아초월 이론가들은 신비체험 상태의 확장적이고 초월적인 본성에 초점을 둠으로써 하나 뒤의 신비체험을 원초적인 자기애적 갈망을 일깨우는 것으로 보는 입장을 거부했다. 그러나 그런 상태는 초기의 자기애 관련 문제를 새로운 방식으로 훈습하는 기회를 제공했으며 영적인 길은 결국 자신의 타고난 자기애와 직면하는 것이라 설명했다.

140) 프로이트의 저술 '고르게 퍼져 있는 주의'의 가장 본질적인 성질은 반복해서 정신분석가들에게 "판단을 중지하고 관찰되는 모든 것에 치우치지 않는 주의를 기울여라."라고 권고한다. 이 상태 속에서 최상의 방식으로 마음의 현상을 이해하는 것이 가능하다고 주장한다. 의사는 단순히 듣기만 하고 마음속에 어떤 것을 품고 있든 간에 이에 대해 신경 쓰지 말아야 한다. 심리치료자와 환자 사이에 어떤 무의식적이고, 심리적인 소통과 같은 것이 있음을 확신하게 되었으며, 그는 이것을 심리치료자가 제공할 수 있는 가장 중요한 치료 수단이라고 느꼈다. 심리치료자들의 지적인 활동은 환자의 존재를 경험하는 것에 대항하는 자기방어이며, 진정한 가능성의 발견을 가능하게 하는 미지를 함께 경험하기를 거부하는 것이다. 심리치료자의 기대와 욕구들은 그것이 아무리 미묘하더라도, 환자들로 하여금 그에 대해 반응하도록 강요하거나 동의하지 않을 수 없도록 압력을 만든다. 강요하거나 무시하는 부모와의 유사성을 강조해도 지나침이 없다.

료 공동체의 이후에 관심을 예견하게 하는 것이었다. 이러한 알아차림을 치료 도구로 인식하는 자아초월적 견지에 있어서 선구자 역할을 한 것이 프로이트다.

셋째, 프로이트의 몇 가지 중요한 개념적 기여(고통의 근원으로서 쾌락의 원리와 개념과 승화를 통한 초월 개념)는 붓다의 가르침에 대한 반향을 일으키고 자아초월적 주제들을 앞서 보여 주는 것이었다. 프로이트는 인간 정신의 진리를 찾아 신화, 꿈, 종교적 체험, 성, 정서로 옮겨 다니면서 인간 마음의 예측할 수 없는 힘에 놀라워했다. 불가사의한 심령이나 텔레파시 현상에 대해 이야기하는 것을 즐겼지만 본인의 연구 프레임 곧, '자아(ego), 초자아(super-ego), 원초아(id)'의 구성을 포착되지 않는 '영적 실체'로 깨트리고 싶지는 않았던 것으로 이해된다.[141]

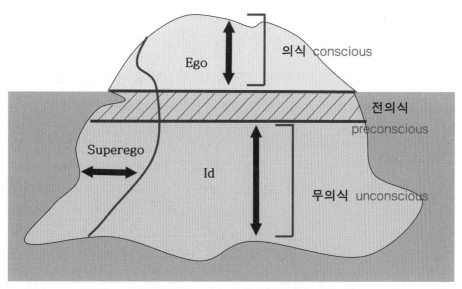

그림 3: 프로이트가 설명한 인간 마음의 구조

---

141)   에프스틴, 전현수, 김성철. (2006). 붓다의 심리학: 명상의 정신치료적 적용. 학지사.

프로이트는 유년기의 심리적 안정, 즉 만족감의 상태가 음식, 편안함, 따뜻함 등에 대한 내적 욕구에 의해 처음으로 교란된다고 말한다. 어머니에 의해 모든 것들이 마술처럼 충족된다. 여기에서 이후 인간은 원초적인 쾌락 느낌을 갈망하지만, 그것을 실현하지는 못한다. 쾌락원리가 인간 정신의 최초의 구성원리이긴 하지만 붓다와 프로이트에 따르면 그것을 지속하려는 성향이 정서적인 혼란의 원인이 될 수 있다. 프로이트는 더 높은 수준의 쾌락을 얻는 것은 오로지 쾌락의 원리에 대한 전적인 의존을 버려야만 가능하다고 가르친다. 자아초월심리학과 정신분석학 양쪽 모두는 종종 두려워하거나 거부해 온 불만과 욕망의 느낌 자체를 자각함으로써 '변형(transformation)'의 가능성을 감지하는 실재를 다루는 관점이 존재한다.

프로이트가 말하는 '승화' 과정은 정신분석학과 영성 간의 중요한 접점이다. 프로이트는 고대 철학자 플라톤에게서 가장 많은 영향을 받았다. 플라톤은 영혼이 물질과 육체적 차원을 갈구하는 검은 말과 신성한 세계로 지향하는 흰 말, 그리고 두 마리 말이 끄는 마차를 모는 기수로 구성된다고 했다. 또 욕망이라는 두 말을 어떻게 길들이느냐가 인간의 행불행을 결정짓는다고 보았다. 결국 프로이트는 인간은 욕망의 존재이기에, 우리 정신의 구조를 잘 알아야 욕망을 적절히 관리할 수 있다고 했다. 프로이트는 인간 욕망이 에로스(사랑)와 타나토스(죽음)로 나뉜다고 보았다. 그는 우리가 이 욕망을 그저 충족하는 게 아니라 승화할 수 있다는 점에 주목했다.

쾌락 원리가 작동하도록 만들려는 우리의 욕구가 좌절될 때, 우리는 비판적인 자각으로 바로 그 좌절감에 집중할 수 있고, 이에 따라 승화와 영적 성장 모두에 필수적인 변형과정이 시작될 수 있다. 프로이트는 승화를 "유아적인 소망의 충동에 너지가 제거되지 않고 활용될 수 있도록 준비된 상태로 남아 있으나, 다양한 충동의 충족될 수 없는 목표를 더 상위의, 더 이상 성적이지 않은 목표로 대체하는 방법."이라고 설명한다. 프로이트의 자아초월적 체험에 대한 대안적인 모델은 자아초월적 경험은 다빈치와 같이 지식과 자기 자각을 쉼 없이 추구하는 것을 통해 가능하며 쾌락을 좇아 붙잡거나 불쾌감을 거부하지 않고 사랑과 증오의 긍정적이거나 부정적인 표시들을 던져 버림으로써, 신비한 영역의 황홀경에 도달할 수 있을 것이라고 제안했다. 종교에 대한 혐오에도 불구하고 프로이트는 거대한 영적 공명(Resonance)의 지점에 이르렀다.

3

C.G. 융의 인간 마음에 대한 분석적 이해

종교는 인간 이성의 막다른 골목, 자아의 분열, 세계의 모순에 대한 중재의 지점에 서 있다. C.G. 융은 중년의 위기의 본질은 종교를 잃어버린 까닭이라고 말한다. 융은 중년의 위기를 병적인 증상으로 보지 않고 일종의 자기치유과정으로 보았다. 즉 중년의 위기는 마음이 병들었다는 증거가 아니라 마음이 건강하다는 증거다. 따라서 중년의 신경증 때문에 그 전의 인격이 무너지는 경험을 새로운 차원의 의식을 가져다주는 의미 있는 과정으로 본다.[142]

C.G. 융 사상의 핵심은 자기(Self)와 자아(Ego)의 개념이다.[143] '자기'는 의식의

---

142) 우리가 직접 알고 있는 정신의 부분이 의식이다. 의식은 자아에 의해 지배된다. 자아는 비록 정신 전체 속에서는 작은 부분을 차지하고 있지만, 의식에 이르는 문지기라는 대단히 중요한 역할을 하고 있다. 인간은 자아를 통해 자신을 외부에 표현하고 외부 현실을 인식한다. 의식과 관련하여 중요한 내용인 태도와 기능을 이해하는 것이 필요하다. 첫째, 태도는 의식의 주인인 자아가 갖는 정신적 에너지의 방향이다. 즉, 자아가 외부 대상에 지향하는 방향이 수동적인가 능동적인가에 따라 성격 태도가 결정된다. 능동적인 태도를 외향성(extraversion)이라고 한다. 외향성은 의식을 외적 세계 및 타인에게 향하게 하는 성격 태도이다. 내향성(introversion)은 의식을 자신의 내적 주관적 세계로 향하게 하는 성격 태도이다. 융은 모두가 이러한 두 가지 성격 태도를 가지고 있으며, 둘 중 어느 태도가 지배적이냐에 따라 태도가 결정된다고 보았다. 둘째, 의식의 기능은 주관적 세계와 외부세계를 지각 하고 이해하는 서로 다른 방식을 의미한다. 융이 제안한 정신적 기능의 구성요소는 사고, 감정, 감각, 직관이다. 이러한 구성요소는 그가 제안한 정신의 반대 원리에 따라 합리적 차원(사고-감정)과 비합리적 차원(감각-직관)으로 구분된다. 이러한 기능 중 어느 것을 우선적으로 사용하는가에 따라 기본적인 성격이 달라진다고 하였다. 융은 심리적 태도와 기능을 조합하여 여덟 가지 심리적 유형인 외향적 사고형, 외향적 감정형, 외향적 감각형, 외향적 직관형, 내향적 사고형, 내향적 감정형, 내향적 감각형, 내향적 직관형이 결정된다고 보았다. 인간의 타고난 성격 유형을 검사하는 데 현재 많이 쓰이는 MBTI는 이러한 융의 이론에 기초하고 있다: 노안영, 강영신. (2011). 성격심리학. 서울: 학지사. 117.

143) 융은 인간의 마음의 구성요인으로 자아(ego)라는 단어를 사용한다. 자아는 내가 의식하는 세계로 지각, 기억, 생각, 감정으로 구성되어 있다. 자아는 의식에 대한 수문장 역할로 생각, 감정, 기억, 지각 결과가 자아에 의하여 인정받지 못하면 그것들은 지각될 수 없다. 자아는 많은 정신자료를 취사·선택함으로써 인격의 동일성이

빛이 닿지 않는 무의식의 바닥이자 집단무의식의 원형이 포괄하는 곳이다. '자아'는 훨씬 작은 세계, 의식과 분별의 세계다. 자아는 자기를 발견하기 어렵다. 융에게 '자기실현'이란 바로 자아가 무의식의 깊은 심연에서 나오는 자기의 목소리를 감지하는 것, 자기를 발견하는 과정이다. 그것은 우리가 의식적으로 노력해야 하는 부분이기도 하지만, 우리는 의식하지 못할 뿐이지 인간은 자기실현을 향해 나가고 있다.

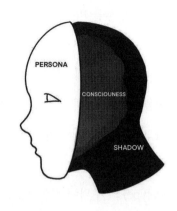

그림 4: C.G. 융이 설명한 인간의 가면과 그림자

중년의 위기는 바로 그 지점에서 불거진다. 융이 집단 심리의 한 측면으로 설명하는 개념이 '페르소나(가면)'[144]이다. 페르소나는 사회가 그 사람에게 기대하는 역할로, 우리는 그 가면을 쓰고 배우처럼 연기한다. 그것은 부정적인 것만이 아닌 게, 사회생활을 하는 데 어쩔 수 없는 요소이기 때문이다. 하지만 바깥세상은 멋진 페르소나-친절한, 유능한, 명랑한, 가정적인-를 가진 사람들을 특별히 우대하기 때문에 우리는 페르소나와 자신을 동일시하고 싶은 유혹에 빠진다. 가면을 벗어야 할 상황에서조차 페르소나를 벗을 줄 모른다. 하지만 중년에 이르면 우리는 그 '가짜'에 한계를 느끼고 부담스럽게 생각한다. 참된 자신의 모습, '자기'를 만나고자 한다. "나는 누구인가?"라는 질문을 던지게 된다.

___

나 지속성을 갖게 해 준다. 오늘의 자기와 내일의 자기가 동일하다고 느끼는 것은 자아 덕분이다: 강기정 외. (2015). 58.

144) 페르소나(persona)는 극 중에서 배우가 썼던 가면이라는 의미를 가진 말로 자신의 인격(personality), 인물(person)도 같은 어원에서 유래한 것이다. 페르소나는 개인이 대중에게 보여 주는 가면처럼 겉모습으로 잘 보이려고 하는 의도가 포함되어 있으며, 집단이 개인에게 준 역할, 의무, 약속 그 밖의 여러 활동 양식을 페르소나라고 한다. 즉, 페르소나란 한 개인이 세상에 적응하기 위해서 사용하는 체계 또는 그가 사용하고 있다고 생각되는 태도를 가리킨다.

중년의 균열을 비집고 파괴성을 띤 채 떠오르는 게, 페르소나에 가려져 있던 '그림자'다. 그림자는 자신이 살아오면서 돌보지 않았던, 부정했던 내 안의 '미지의 타자'다. 그 한 양상이 각종 콤플렉스다. 융은 그림자[145]를 '직면'할 수 있다면 그 파괴성을 긍정적인 에너지로 승화할 수 있다고 강조한다. 즉 그림자를 인생의 후반부에 자신을 성장시킬 수 있는 실마리로 이용할 수 있다고 바라본 것이다. 만일 어떤 이가 어머니와의 관계가 너무 어렵다면 모친과의 경험은 '모성원형(mother archetype)'의 주위에 콤플렉스를 형성할 것이다. 이 콤플렉스는 자아를 위해 고통이 빗겨 가도록 돕는 방어적 기능을 하지만 부적절한 상황에서조차 습관적인 행동을 하는 결과를 가져온다. 다시 말해 그 사람은 자신의 모친을 대하듯 다른 사람을 대하는 일이 벌어지는 것이다. 콤플렉스란 골치 아픈 중요한 인물이 골치 아픈 대인관계로 반복되는 것이라고 할 수 있다. 그는 '직면'을 통한 개인의 심리적 발달 과정을 '개성화(individuation)'라고 불렀다. 개성화 과정은 자아와 무의식 사이에 소통할 수 있는 축을 세우는 작업이다. 그것은 그림자를 솔직하게 직면하는 과정을 통해서만 가능한, 홀로서기의 과정이다. "진정한 치유는 자기 자신이 되는 것이다."라는 융의 말이 그것을 압축적으로 들려준다.[146]

그림자(shadow)의 원형은 성격의 어두운 면을 나타낸다. 사람들은 이 부분을 자신에게서 인식하는 것을 좋아하지 않는다. 인간은 기본적으로 동물적 본성을 가지고 있어서 가장 강력하고 잠재적으로 가장 위험하다. 인간은 사회생활을 무리 없이 하기 위해 그림자에 포함된 동물적 본성을 자제하느라 페르소나를 발달시킨다. 따라서 인간이 동물적 본성을 억제하면 문명인이 될 수 있지만, 자발성, 창조성, 통

---

145) C.G. Jung. (1966). Psychology of the transference. In Collected works of C.G. Jung (Vol. 16). Princeton, NJ : Princeton University Press.

146) 샤프대릴, 류가미. (2008). 융, 중년을 말하다: 중년, 자기 자신으로 돌아가는 시간: 소설로 읽는 융 심리학. 북북서.

찰력, 깊은 정서 등 인간성에 필수적인 원동력을 잃어버릴 수 있다. 반면, 자아와 그림자가 조화를 이루면 생기와 활력이 넘친다. 그림자에 대한 통찰은 자기 자각과 성격 통합의 첫걸음이 된다. 그러나 투사 때문에 그림자를 인식하기가 쉽지 않다. 융은 인간관계의 모든 갈등은 그림자 투사에 의해 발생한다고 보았다. 자신의 일부임에도 불구하고 외면했던 그림자가 상대방에게서 발견될 때 질투심이나 적개심을 느끼게 된다는 것이다. 그림자 이미지는 신화에서 악마와 괴물, 악 등으로 등장한다.

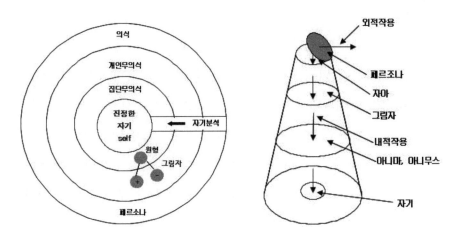

그림 5: C.G. 융의 분석심리학의 성격구조

콤플렉스는 핵심요소, **원형**이라고 부르는 것을 중심으로 배열되며, 원형은 세상을 경험하게 하는 선험적 틀로서 모든 사람에게 보편적으로 존재하는 심리적 형상, 심리적 복합체다. 곧 콤플렉스란 '골치 아픈 중요한 인물이, 골치 아픈 대인 관계로 반복되는 현상'을 통해 본래의 핵심 콤플렉스가 작동하는 것으로 이해될 수 있었다. 콤플렉스(마음속의 아픈 곳 또는 약점, 상처 등)는 사고의 흐름을 방해하고, 당황하거나 화나게 하거나, 또는 마음을 찔러 목메게 하는 정신 내면의 어떤 것들이다. 자신의 콤플렉스가 의식적이든, 무의식적이든 자극이 되면, 얼굴이 굳어진다든지, 창백해진다든지, 벌겋게 상기된다든지, 목소리가 떨린다든지, 말문이 막히거나 더듬거리거나 갑자기 횡설수설하는 등 감정적으로 동요되거나 흥분하는 여러 가지 현상을 보이게 된다.

콤플렉스는 자아초월 작업에 중요한 개념이다. 왜냐하면, 이 개념은 의식적 자아의 외부에 있는 자기(self)의 중요한 부분에 이르는 길을 보여 주기 때문이다. 콤플렉스와의 작업이 원형적 핵심에 이르게 되면, 흔히 초월적인 에너지와 공명하는 초자연적인 첫 번째 경험이 나타난다. 이것은 융이 기여한 다른 중요한 점을 반영하는 것이다. 즉 정신병리적인 증상은 치유적인 자아초월적 경험을 가져올 수 있다는 것이다. 융은 각각의 증상은 정신병리를 반영할 뿐만 아니라, 동시에 그 병리를 해결하는 길도 보여 준다고 보았다. 예를 들어 어렸을 때 심하게 학대를 받은 경험으로 분노가 폭발하는 경향을 보이는 환자가 있다고 하자. 그의 분노 행동은 스스로 안전을 보장하려는 욕구를 반영하는 것일 수 있다는 것이다. 무의식적 콤플렉스를 경험하게 되었을 때, 누구나 공포와 두려움을 경험하게 될 수 있다. 그러나 이런 경우 이를 억압하거나 숨기기보다는 의식화해서 수용함으로써 자신의 성숙과 발전을 위한 계기를 마련하는 것이 바람직하다.

C.G. 융은 임상 자아초월 정신과 의사이면서 심층심리학자였다. 〈무의식의 심리학(Psychology of the Unconscious)〉을 1912년 기술할 즈음 프로이트는 융에게 영적인 주제들에 관하여 언급하지 말도록 강권하였지만, 융의 그러한 생각은 프로이트와의 결별을 초래하였으며 결국 프로이트가 중심이 된 정신분석학파에서 추방되는 결과를 낳았다. 융은 상당히 독립적인 심적 요소가 마음에 존재하며, 마음의 어떤 요소는 자아와 독립적으로 존재하면서 일관된 사고 패턴과 정서적 색채를

갖는다고 확신했다. C.G. 융과 프로이트의 결별 원인은 융이 영적 경험의 중요성을 주장한 반면, 프로이트는 성욕을 가장 중요한 요인으로 간주했기 때문이다. 융은 부르크 휠츨리 병원에서 환자를 치료할 때와 같이 상징이 갖는 치유적 의미를 중시하며 자신의 경험을 해석하고 이해하려고 진지하게 노력했다. 그는 조각을 하고 그림을 그리고 시를 쓰고 직접 돌로 집을 지었으며 흙으로 작은 댐, 산마을을 만드는 등 다양한 방식으로 자기분석(self-analysis)을 시작하였다. 모래놀이치료, 적극적 명상(active meditation)[147]의 최초 형태를 발견하여 저술한다. 초월기능(The Transcendent Function), 사자에 관한 일곱 가지 설교(The seven sermons of the Dead) 등을 저술하며 자신의 학파를 분석심리학(Analytics Psychology)이라 명명하고 개성화(Individuation)와 영적인 문제를 포함하는 인생 후반부의 발달을 고려할 필요가 있다고 생각하였다.[148]

C.G. 융은 인간 정신은 선천적으로 일생에 걸쳐 성장하려는 선천적인 경향성이 존재한다고 보았다. 이러한 경향성을 개성화(individuation)라 명했다. 개성화 과정은 자아발달을 완성하기 때문에 중년이 되어서도 자신의 특별한 재능과 능력 개성이 발휘된다. 이는 개인적인 이득을 위해서가 아니라 공동체와 세계 그리고 영

---

147) 적극적 명상을 하는 동안에 나타난 내용이 너무나 압도적이어서 명상을 멈추지 못하는 경우가 생길 수 있다. 이런 때를 대비해서 전화를 걸거나 찾아가서 이야기할 수 있는 사람을 반드시 정해 놓고 시작해야 한다. 적극적 명상이란 본질적으로 무의식에 살고 있는 자신의 다른 부분들과 대화를 하는 것이다. 어떻게 보면 꿈을 꾸는 것과도 비슷한데 차이점을 들자면 꿈과는 달리 적극적 명상은 진행하는 동안에 의식이 완전히 깨어 있다는 점이다. 사실 적극적 명상의 특질이 바로 이 점인데, 꿈을 꾸는 것과 달리 깨어 있는 동안에 상상의 세계로 들어가는 것이다. 이러한 이미지들이 주는 답이 의식 상태에서 주고받는 것과는 완전히 달라서 놀라게 되는 경우들이 있다. 대개 적극적 명상은 말로 이루어진다. 내면의 인물들과 생각을 나누고 반대되는 의견들 사이에 중간지점을 찾거나, 심지어는 무의식에 살고 있는 현자들에게 조언을 구하기도 한다. 융은 적극적 명상을 시행해서 그 기록들을 남겨 두었다. 한나 바바라, 이창일, 차마리. (2020). 융의 적극적 명상: 당신의 영혼을 만나는 방법. 학지사. 69-85.

148) C.G. Jung. (1958). Foreword to the I. Ching, commentary on The Tibetan book of the dead and forward to Introduction to Zen Buddhism. In Collected works of C.G. Jung (Vol. 13). Princeton, NJ : Princeton University Press. Commentary on The secret of the golden flower. In Collection works of C.G. Jung (Vol. 13). Princeton, NJ : Princeton University Press.

적인 목적의 이익을 위해서 사용할 수 있을 것이라 바라보았다. 그는 자아를 초월하여 자기를 실현하는 영적인 작업을 수행하는 것에 많은 관심을 가지고 있었다. MBTI 선호도 조사는 이러한 '인간의 개성화 과정'을 근거로 인간의 성격을 16가지로 유형화한 모델이나. MBTI(Myers-Briggs Type Indicator)는 융의 심리유형이론을 근거로 하여 캐서린 브릭스와 이사벨 마이어스, 피터 마이어스까지 3대에 걸쳐 70여 년 동안 연구 개발된 비진단성 성격 유형검사다. 외향성-내향성(Extraversion-Introversion), 감각-직관(Sensing-iNtuition), 사고-감정(Thinking-Feeling), 판단-인식(Judgement-Perception)이라는 대극적 요소의 조합이 4*4 배열로 16가지 유형으로 구분된다.

E 외향형 (Extraversion)	**I** 내향형 (Introversion)
폭넓은 대인관계를 유지하고 사교적이며 정열적이고 활동적이다.	깊이있는 대인관계를 유지하며 조용하고 신중하며 이해한 다음에 행동한다.
• 자기외부에 주의 집중 • 실제의 경험 • 정열적, 활동적 • 말로 표현 • 경험한 다음에 이해 • 쉽게 알려짐	• 자기내부에 주의 집중 • 내부 활동과 집중력 • 조용한, 신중한 • 글로 표현 • 이해한 다음에 이해 • 서서히 알려짐
S 감각형 (Sensing)	**N** 직관형 (iNtuition)
오감에 의존하며 실제의 경험을 중시하고 지금, 현실에 초점을 맞추어 정확하고 철저하게 일처리한다.	육감 내지 영감에 의존하며 미래지향적이고 가능성과 의미를 추구하며 신속, 비약적으로 일처리한다.
• 지금, 현실에 초점 • 실제의 경험 • 정확하고 철저한 일처리 • 사실적 사건 묘사 • 나무를 보려는 경향 • 가꾸고 추수함	• 미래, 가능성에 초점 • 아이디어 • 신속하고 비약적인 일처리 • 비유적, 암시적 묘사 • 숲을 보려는 경향 • 씨 부림
T 사고형 (Thinking)	**F** 감정형 (Feeling)
진실과 사실에 주로 관심을 갖고 논리적이고 분석적이며 객관적으로 사실을 판단한다.	사람과의 관계에 주로 관심을 갖고 주변 상황을 고려하여 판단한다.
• 진실, 사실에 주된 관심 • 원리의 원칙 • 논리적, 분석적 • '맞다, 틀리다'의 분석 • 규범, 기준 중시 • 지적 논평	• 사람, 관계에 주된 관심 • 의미와 영향 • 상화아적, 포괄적 • '좋다, 나쁘다'의 판단 • 나에게 주는 의미를 중시 • 우호적 협조
J 판단형 (Judging)	**P** 인식형 (Perceiving)
분명한 목적과 방향이 있으며 기한을 엄수하고 철저히 사전에 계획하고 체계적이다.	목적과 방향은 변화 가능하고 상황에 따라 일정을 변경할 수 있으며 자율적이고 융통성이 있다.
• 정리 정돈과 계획 • 의지적 추진 • 신속한 결론 • 통제와 조정 • 분명한 목적의식과 방향 감각 • 뚜렷한 기준과 자기 의사	• 상황에 맞추는 개방성 • 이해로 수용 • 유유자적한 과정 • 융통과 적용 • 목적과 방향은 변경 가능하다는 개방성 • 재량에 따라 처리될 수 있는 포용성

표 5: MBTI 인간성격의 16가지 모델

"나는 나의 심리학적 탐구의 여정에서 이 나침반이 없이는 아무것도 해낼 수가 없었을 것이다."
- C.G. 융, 《Modern Man in search of a soul》

1) **외향성-내향성**(Extraversion-Introversion): E-I 지표는 외향지향적 사람인가 내향지향적 사람인가를 밝히기 위한 것이다. 융은 외향성과 내향성이 상호보완적인 태도로서 개인이 사회생활을 해 나갈 때 관심의 방향이 외부세계 또는 내부세계인가를 결정짓는다고 말한다. 외향적인 사람은 주로 외부세계로 나아가려고 하기 때문에 자신 밖의 사람이나 사물에 대해 자기인식과 판단을 사용하려는 경향을 가진다. 반면에 내향적인 사람은 주로 자기 내부세계로 향하려고 하기 때문에 자기 자신의 마음속 개념이나 아이디어에 인식과 판단을 사용하려는 경향을 지닌다.

2) **감각-직관**(Sensing-iNtuition): S-N 지표는 양극단의 2가지 인식 방법 중 어느 것을 선호하는가를 밝히기 위한 것이다. 어떤 사람은 주로 감각(S)을 통해 인식하려는 경향을 가지기 때문에 오감을 통한 관찰 가능한 사실이나 사건을 더 잘 인식한다. 그러나 어떤 사람은 감각보다는 덜 분명한 직관(N)을 통해 인식하려는 경향을 가지고 있으므로, 의식의 영역을 넘어서서 어떤 사실이나 사건의 이면에 감추어진 의미나 관계 또는 가능성을 더 잘 인식한다.

3) **사고-감정**(Thinking-Feeling): T-F 지표는 판단할 때 양 극단의 두 경향 중 어느 것을 더 선호하는가를 밝히기 위한 것이다. 어떤 사람은 인정에 이끌리지 않고 주로 사고(T)를 통한 논리적인 결과를 바탕으로 결정하려는 경향이 있다. 그러나 어떤 사람은 주로 개인적 또는 사회적 가치를 바탕으로 한 감정(F)에 따라 결정하려는 경향을 가지고 있다.

4) **판단-인식**(Judgement-Perception): J-P 지표는 외부 세계에 대처해 나갈 때, 즉 우리 삶에서 외향적 측면에 주로 사용하는 과정을 설명하기 위한 것이다. 판단(J)을 선호하는 사람은 외부 세계에 대처해 나갈 때 판단과정(사고나 감정)을 주로

사용한다. 인식(P)을 선호하는 사람은 외부세계로 나갈 때 인식과정(감각이나 직관)을 주로 사용한다.

1944년 융은 심근경색으로 임사체험을 하게 된다. 의식이 돌아온 후 병실에서 계속 영적인 환상을 보게 되었다. 그의 관심사 중 하나는 인간의 영적 삶에 대한 자신의 통찰력을 학계가 이해하여 받아들이도록 하는 것에 있었다. 《사자에 관한 일곱 가지 설교》, 《동시성: 비인과론적 관련원리: Sinchronicity》, 《욥에게로의 회신: Answer to Job》, 《융합의 비밀: Mysterium Conitiunius》, 《회상, 꿈 그리고 사상: Memories, Dreams, Reflections》 등을 저술하며 초월에 관한 본인의 입장을 정돈하였다. 융의 의식의 움직임은 방어적인 것이 아니며, 그보다는 당면한 문제를 확장하는 것이라고 보았다. 융은 무의식을 통제하려고 한 것이 아니라, 무의식을 알고자 하였으며 끊임없이 무의식과 대화하고자 하였다.[149] 인간 자신의 정신적 산물과 타 문화의 정신적 산물에 대한 이와 같은 신뢰의 원칙은, 마음과 심혼의 연구에 대한 융의 가장 커다란 공헌일 것이다.

---

149) 융은 무의식이 두 개의 층으로 이루어져 있다고 하였다. 하나는 개인무의식(personal unconsciousness)으로 여기에는 상실된 기억이나 억압된 불쾌한 여러 표상 등 의식 위에 오르지 않은 내용들이 포함된다. 개인무의식의 자료들은 자아와 지속적으로 상호작용하여 꿈 따위로 지각되는데, 이는 프로이트의 전의식과 유사하다. 개인무의식 속에 하나의 공통된 주제에 관한 감정, 사고, 지각, 기억 등의 조직된 무리를 융은 복합(Complex)이라고 하였다. 예를 들어, 모성복합(mother complex)은 어머니에 관한 생각, 감정, 기억 등이 핵심으로 모여 복합을 형성한 것이다. 부정적인 모성 콤플렉스를 가진 남자는 모든 여성을 과도하게 부정적으로 보는 경향을 가지게 된다. 복합은 전적으로 무의식이므로 자아는 복합의 지배를 받는다는 사실을 깨닫지 못한다. 또 다른 층의 무의식이 집단무의식(collective unconsciousness)이다. 이는 모든 인류에게 유전되어 오는 잠재된 기억의 저장소이다. 집단무의식이 존재한다는 증거는 멀리 떨어진 지역에서의 상징 신화들이 서로 비슷하다는 것이다. 집단무의식이 조직적으로 구성되어 있는 형태를 원형(archetypes)이라고 하는데, 이는 세계 여러 민족의 신화, 예술, 종교 따위에서 발견되는 공통된 이미지에서 그 존재를 알 수 있다. 예를 들어, 어느 민족이나 태양에 관한 신화가 있고 뱀이나 어둠에 대한 두려움이 있는데, 이는 경험 이전의 것으로 융은 이것을 원시시대로부터 전승된 기억의 산물이라고 하였다. 이처럼 집단무의식에서 나온 심상은 모든 사람들에게 공유되지만 개인적 경험에 따라 그 내용이 변형된다. 따라서 집단무의식의 심상이 개인에게 나타나는 양상은 다를 수 있다. 최옥채 외. (2015). 인간행동과 사회환경. 파주. 경기: 양서원. 49.

Ch. 05

영성심리의
분석(analysis)과 통합(sintesi)
그리고 융합

오늘날 현대인에게 있어서 정신건강에 대한 관심은 매우 높다. 보다 높은 삶의 질을 영위하고, 인생을 보람되고 즐겁게 살고자 하는 많은 시도가 있으며, 이를 위해 심리, 상담, 치료 분야가 빠르게 발전하고 있는 것이 요즈음의 현실이다. 2018년 통계청 자살 사망 자료에 의하면 2018년 OECD 국가 평균자살률은 표준인구 10만 명당 11.2명이고 우리나라는 26.6명으로 거의 3배에 달하는 수준으로 OECD 국가 중 1위이고, 우리나라의 2018년 자살 사망자 수는 2만 2,940명이다. 비율로 따지면 인구 10만 명당 44.7명으로 상당히 가파르게 증가한 추세이다. 이러한 통계 자료는 국민들의 정신건강에 대한 대책이 국가 차원에서 절실하게 필요한 때임을 말해 주고 있는 것이다. 그러나 아직도 정신건강에 대한 인식 및 전문 시설과 기관의 필요성과 활동은 절대적으로 부족한 현실이다. 또한, 대학이나 대학원에서 관련 학과를 개설하거나 전문가를 양성하려는 노력이 여러 부분에서 아직까지 전면적으로 협력되지 못하고 있는 것도 엄연한 현실이다. 인간의 생명과 존엄, 가치와 의미를 의학만이 독점할 수는 없다. 의학도 다른 여타의 학문과 함께 인간 문제를 연구해 나가는 것이지 인간 생명의 전 과정을 독점하거나 제반 여타의 학문적 연구들을 배제할 수는 없는 것이다. 동시에 의학은 인간의 물리적 생명 유지에 지대한 기여를 하는 것은 사실이지만 예방의학적인 측면에서의 접근과 질병에 의해 인간 생명과 존엄, 가치가 현저하게 침해받는 상황에서 개입할 수 있는 것이지 인간의 삶 전반에 개입하여 인간 주권과 삶의 권리를 위협할 수 있는 것은 아니다. 의학적인 선택과 결정은 한 개인의 존엄만큼이나 중요하며 존중받아야 할 부분이다. 이러한 정신의학적 측면에서의 접근과 약물적 치료에 대해서는 일정부분 성과나 효과를 인정할 수 있지만, 정신의학이 마치 인간 정신 전체를 조종하거나 통제할 수 있는 것처럼 말하거나 처신하는 것은 조심해야 할 부분임에 틀림없다.

1

'영성'에 대한 학자들의 다양한 의견들

종교와 영성의 의미는 진화하고 있는 것으로 보인다. 종교는 광대역 구성(제도와 개인 그리고 좋은 것과 나쁜 것 양쪽을 포함하는 일체)으로부터 인간의 잠재력을 제한하고 억제하는 협대역(제도적 구성)으로 이동하고 있다. 반면 영성은 인간 가능성의 최대화를 호소하는 독자적 표현을 하면서 종교로부터 분화하기 시작했다. 영성은 신성과의 연결로 인해 모든 다른 것(인본주의, 가치, 도덕, 그리고 정신건강)과 구별되는 것이다. 초월자는 자기 밖에 있는 것 그리고 또한 이미 자기 안에 있는 것으로 서양적 전통에서는 신, 알라, 하셈 또는 상위의 힘이라 불리고 동양적 전통에서는 궁극적 진리, 또는 실재, 비누슈, 크리슈나, 아트만 또는 부처라 부른다. 영성은 비록 종교를 넘어서 확장된다 할지라도 초자연이나 종교와 밀접하게 연결되어 있다. 영성은 초월자를 향한 추구를 포함하기 때문이다.[150]

2차 세계대전 이후 정신분석은 무의식적 충동을 다루는 이드(id) 심리학에서 자아(ego) 심리학으로 방향을 전환한다. 무의식의 존재나 그 기능과 상징성에 관한 관심이 약해지고 자아의식과 대인관계에 더 무게를 싣는 경향이 있다. 하지만, 심층심리의 귀중한 발견은 오늘날 종교공동체에서 영성 훈련과 자기발견을 위한 내면의 치유에 소중한 도구로 자리매김하고 있다. 20세기 과학의 가장 심오한 통찰 가운데 하나는 전체는 부분의 합 이상이라는 '홀리즘(holism)'적 사고일 것이다. 전

---

150)   H. G. Koenig. (2010). 영성과 정신건강. 국제 J. Appl. 정신병자. 연구, 7, 116-122.

체는 부분이 갖지 못하는 풍요성, 전망, 차원성을 포함한다. 따라서 전체는 단순히 양적으로 커지는 것이 아니라 질적 차원이 더해진 것이다. 바로 이곳에 융합학문 방법론의 의미 있는 자리가 있다. 첨단 스마트폰은 융합의 결정체이며 아주 좋은 예시이다. 스마트폰은 인터넷, 전화기, 음악, 디자인의 영역이 융합되어 각각 하나를 결합한 것 이상의 기능과 차원이 더해진다. 스마트폰이라고 하는 전체는 인터넷과 전화기, 음악, 디자인의 개별적이고 부분적인 요소들이 가지지 못하는 부분의 합 이상의 풍요함과 전망을 가지게 되었다.

이러한 융합학문의 방법론과 영향에 힘입어 20여 년 전까지만 하더라도 계량적 과학화에 경도된 교육에서 금기시되었던 영혼(soul)이라든가 '영성(spirituality)'에 대한 관심이 전 세계적으로 부각되고 있다. 혹자가 말했듯이, 우리 시대의 가장 큰 비극은 상상력과 신화의 상실이라고 말할 수 있다. '영적인 것'을 경험한다는 것은 현재의 제한적인 상황에 대한 새로운 전망을 바라볼 수 있게 하는 더 크고 깊고 풍부한 전체와 접촉해 있다는 것을 뜻한다. 우리의 현재 상태에 부가적인 의미와 가치를 부여해 주는 '넘어서 있는 것' '그 이상의 것' '더 나아간 어떤 것'에 대한 의식을 갖는 것이다. 영적인 것을 우리가 구체적으로 어떻게 의식하든, 그것이 없으면 우리의 시각은 부분적으로 편협하게 치우치고, 흐려지고, 삶이 무미건조하게 느껴지며, 목적이 극히 제한된다. 그리고 통합적인 안목을 잃어버리게 된다.

빅터 프랭클(Viktor Frankle)이 말한 것처럼, '의미를 향한 추구'는 우리 삶의 제일 동기이며 상당히 영성적인 안목에서 인간과 세계를 바라보고 있다. 인간을 그 본연의 영적인 피조물로 만드는 것은 이러한 의미와 가치를 향한 추구다. 우리 삶이 가볍거나 공허하게 느껴지는 것은 바로 이러한 의미를 향한 깊은 욕구가 충족되지 않고 존재하는 것의 바른 가치를 찾지 못할 때이다. 오늘날 너무나 많은 사람들이 이러한 욕구를 충족하지 못하고 있으며, 우리 시대의 근본적인 위기는 바로 이 영적인 위기이다. 의미 추구는 우리 삶의 너무나 많은 측면에서 역력하다. 내가 하는 말과 생각과 행동은 어떠한 의미인가? 내 삶은 도대체 무엇을 위한 것이며 어디로 가고 있는가? 내 직업은 생계를 위한 것이 아니라면 무슨 의미가 있나? 내가 세웠거나 내가 일하고 있는 이 자리는 나에게 어떤 의미인가? 나는 진정 행복한가? 너와 나를 둘러싸고 있는 인간관계는 어떤 의미인가? 나는 왜 이토록 고생하며 석사, 박사 학위를 받으려 하는가? 이것이 나에게 무슨 의미가 있나? 마침내 내가, 네가 죽는다는 것은 무엇을 의미하는가? 그리고 우리는 어디로 가는가? 왜 내 자신을 이것 아니면 저것에, 이 사람 아니면 저 사람에게 아니 그 어떤 것에든 바쳐야 하는가? 서방 선진국 세계뿐만 아니라 대한민국 사회의 10대 사망 원인 가운데 두 가지인 자살과 알코올 중독은 이러한 의미의 위기와 상당히 관련된다. 경제적인 풍요로 생겨난 그늘은 의미의 상실이다. 물질적인 풍요로움이 정신적인 빈곤과 의미의 상실을 만들어 낸 것이다. 서구의 학자들은 먼저 왔던 경제적인 풍요와 정신적인 빈곤이라는 시대적 상황에 직면해서 인간의 존엄과 가치가 생산력에 얽매어 왜곡되고 무너지는 시대의 변화를 보았다. 이제 한 인간의 의미 있고 온전하며 가치 있는 실존을 위해 필요한 것은 단순히 빵만이 아니라는 것을 인류의 지성은 목소리를 높이며 말하기 시작한 것이다. 양차 대전을 겪으면서, 이념의 대립과 갈등을 겪으면서, 경제적인 풍요와 인플레이션을 경험하면서, 전례 없던 코로나 바이러스 전염병을 치르면서 인류는 '영성'의 문제를 다시 화두로, 담론으로 끌어올려야 한다고 생각하고 있는 시대가 열린 것이다.

2

영성지능의 융합: IQ, EQ, SQ의 융합

20세기 초반에 IQ는 중요한 쟁점이 되었다. 지적·이성적 지능은 우리가 논리적인 문제나 전략적인 문제를 해결할 때 사용했다. 심리학자들은 지적 능력을 측정할 수 있는 여러 검사를 개발했고, 이러한 검사들은 사람들을 지능지수, 즉 IQ라고 알려진 지능의 수준에 따라 분류하는 수단이 되었다. 1912년 독일 심리학자 슈테른(Wilhelm Stern)이 지적 연령을 실제 연령으로 나누는 방식으로 지능을 측정하여, 지능지수(IQ: Intelligence Quotient)라는 용어를 처음 제안하여 이를 측정하기 시작하였다. 그러나 이렇게 측정된 지적 지능은 한계성을 드러냈다. 지능이 무엇이며 어떻게 측정되어야 하는가에 대한 심리학자들의 주된 관심이 두뇌과학과 신경과학, 생물학 등의 관심거리가 되었기 때문이다. 그 결과 뇌의 각기 다른 신경망들이 인간의 지능을 포함한 여러 능력들과 연관되어 있으며, 뇌는 그동안 생각해 왔던 것보다 더 많은 신비를 포함하고 있으며, 지능이 인간의 잠재능력을 가늠하는 지표가 되기에는 턱없이 부족하고 부정확하다는 사실, 그때부터 지능은 심리학자들에 의하여 측정될 수 있는 명백한 개념으로 받아들여져 왔다.[151]

1990년대 중반 다니엘 골만(Daniel Goleman)은 '감성지능(흔히 EQ)'이 지능지수만큼 중요하다는 것을 보여 주는 신경학자와 심리학자들의 많은 연구를 제기했다. EQ 때문에 우리는 자신과 다른 사람의 감정을 의식할 수 있다. EQ를 통해서

---

151) 김난예. (2012). 영성지능 측정 가능성 탐색. 한국기독교신학논총. 80(1). 335-360.

공감, 측은지심, 동기를 경험하고, 고통이나 즐거움에 적절하게 반응하는 능력을 가지게 된다.[152] 하버드대학의 프로젝트 제로(Project Zero)에 참여했던 가드너(H. Gardner)는 인간은 다양한 지적 능력을 가지고 있고 개별 지능들은 상호 독립적이라는 다중지능에 대한 연구 결과를 내놓았다. 현대인들은 자신이 영적이지만 종교적이지는 않다고 생각한다.[153]

1990년대 초 샐로비(P. Salovey)와 메이어(J. Mayer)가 정서지능(Emotional Intelligence: EQ) 이론을 발표하면서 그동안 지능연구에서 무시되었던 인간의 감성을 지능으로 인정하기에 이르렀다. 정서지능은 자신의 감정에 대한 이해능력, 다른 사람에 대한 감정 이입능력, 스스로의 감정을 조절할 수 있는 능력으로 인생의 성공을 결정하는 데 IQ보다 더 결정적인 역할을 한다는 것이다. 골만이 지적한 대로 EQ는 IQ를 효과적으로 활용하기 위한 기본적인 필요조건이다. 다시 말하면, '느낌'을 관장하는 뇌 부위에 손상을 입으면 효과적인 '사고'가 그만큼 어려워진다. 현재까지도 충분히 이해되지 않은 상태이기는 하지만 최근 일련의 과학적 자료들은 제3의 'Q'가 있다는 것을 말하고 있다. 지능이란 문화적으로 가치 있는 물건을 창조하거나 문제를 해결할 때, 그 문화에서 유용하게 쓰일 수 있는 정보를 처리하는 생

---

152) Daniel Goleman에 의해 발전된 정서지능(EQ)은 지금까지 지식만을 강조하던 사회적 흐름을 바꾸어 다른 사람과 자신의 마음을 읽고 느끼고 다스릴 줄 아는 것을 인식하는 능력을 져야 행복하게 살 수 있다는 것을 말한다. 즉 지능(IQ)에서 용납되지 않는 모호성과 현장성을 다룰 수 있는 종류의 사고로서 분석과 판단의 과정에서 IQ와 EQ는 상호협력한다. 정서지능과는 차원을 달리하는 실존지능은 우리는 누구인가, 우리는 어디에서 왔는가, 미래에 우리는 어떻게 될 것인가, 우리는 왜 존재하는가, 삶과 죽음 그리고 사랑의 의미는 무엇인가, 더 넓은 세계나 우리의 이해 능력 밖에 존재하는 신과 우리와의 관계의 본질은 무엇인가 등과 같은 우주적인 또는 본질적인 문제에 대한 관심이다. 이처럼 실존지능은 존재의 본질을 탐색하는 지능으로써 무한대와 무한소를 의미하는 우주에서 자기 자신의 위치를 알아내는 능력과 삶의 의미, 죽음의 의미, 신체적·심리적 세계의 궁극적인 운명, 다른 사람을 사랑하거나 예술작품에 몰두하는 것과 같은 심오한 경험들의 실존적 양태에서 자기 자신의 위치를 파악하는 능력의 지능이라는 점을 전제해 둔다.

153) Shane J. Lopez & C. R. Snyder. (2008). 이희경 외 공역, 긍정심리평가: 모델과 측정. 서울: 학지사. 455: 문용린. (2004). 지력혁명. 서울: 비즈니스북스. 53. 다중지능 이론의 산실이 된 'Project Zero'는 우리가 아직도 인간의 뇌와 지능의 세계에 대해 아무것도 모르기 때문에 '0'에서 다시 시작한다는 취지를 담고 있다.

물학적이고 심리학적인 잠재력이다. 인간의 지능에 대한 완전한 서술은 영성지능 (spiritual intelligence), 약칭 SQ라는 것을 논의함으로써 완전해질 수 있다는 것이다. 영성지능은 통합적이고 융합적이다. SQ란 우리가 의미와 가치의 문제를 다루고 해결할 때 사용하는 지능, 우리의 행동과 삶을 광범위하고 풍부한 의미의 맥락에 자리매김할 수 있게 하는 지능, 어떤 일련의 행동이나 삶의 경로가 다른 것보다 의미 있다고 평가할 수 있게 하는 지능을 말한다. SQ는 IQ와 EQ가 효과적으로 기능을 하는 데 필수적인 기초가 된다. 다시 말하면, SQ는 인간의 궁극적인 지능인 것이다. 영성지능은 영혼의 지능이다. 우리 자신을 치유하고 우리를 완전하게 하는 지능이다. 오늘날 너무나 많은 사람들이 삶의 의미를 상실하고 상처 입은 단편적인 삶을 살고 있다. 영성지능이 무력화되기 때문이다. 지적 능력이나 효율성을 추구하는 후기 자본주의 신자유주의 사회는 생산성 향상을 위해 영성지능을 무력화하고 자본의 이익을 증대하기 위한 고효율의 생산성 향상 지능체계를 요구하고 대학이나 취업을 준비하는 주체들은 생산력을 증대하기 위한 방향의 비용이 아니면 어떤 식으로든지 비용 절감을 외치며 구조조정을 강행하고 있는 현실이다.[154]

영성지능(SQ)은 영국의 옥스퍼드 브룩스대학교 교수인 도너 조하와 정신과 의사 이언 마셜이 처음 사용한 용어로 의미와 가치의 문제를 다루고 해결하는 창조적 지능을 측정하는 지수로써 IQ와 EQ에 대응하는 개념이다.[155] 캘리포니아대학의 사회심리학자 이먼스(R. A. Emmons)는 영성에 대한 실용적이고 기능적인 정의를 바탕으로 영적 지능을 말했다.[156] 일반적으로 종교와 지능은 별개의 개념이었으나 이먼스는 종교적이고 영적인 세계를 비이성적이고 지나치게 감성적인 미

---

154) H. Gardner, 문용린 역. (2001). 다중지능, 인간지능의 새로운 이해. 서울: 김영사, 46.

155) Donah Zohar & Ian Marshall, 조혜정. (2001). SQ 영성지능. 서울: 룩스. 16-18.

156) Robert A. Emmons. (1999). The Psychology of Ultimate Concerns: Motivation and Spirituality in Personality. New York: The Guilford Press. 230.

신적 사고에서 벗어나 고통의 문제를 기도나 말씀이라는 종교적 자원을 사용하여 해결하는 것을 신과의 교통과 더불어 현실적인 문제의 해결을 위한 기능적인 역할을 감당한다는 측면에서 해석하였다. 그는 영성이 지능으로만 환원되지 않으며 동시에 기능적인 역할만 하는 것이 아니라고 보았다. 엘리슨과 파울로지안(Ellison & Paloutzian, 1983)은 영성 측정도구에서 영적 안녕은 종교적 영적 안녕과 실존적 영적 안녕으로 구분하였다.[157] 썸머(Summer, 1898)는 종교 측정에 대한 시도를 최초의 기록으로 남긴 학자이다.[158]

종교적 신념과 실천에 대해서 도우레스(Thouless, 1935)가 '종교적 신념에 대한 확신검사(Certainty in Religious Belief Scale)'를 개발한 후 지금까지 50여 종이 발표되었다.[159] 오스벨과 쉬푼트(Ausubel & Schpoont, 1957)가 '종교적 태도검사(Religious Attitude Inventory)'를 발표한 후 30여 가지가 개발되었으며, 종교적 성향검사는 20여 가지 가운데 고사치(Gorsuch, 1980)의 '종교성향검사(Religious Orientation Scale)'가 간편성 때문에, 가장 빈번히 쓰이고 있다. 질적 접근방법을 대표한다고 할 수 있는 종교발달 검사는 종교적인 발달의 진행 특성에 대해 광범위하게 언급하며 파울러(Flower, 1981)의 '신앙발달 인터뷰 안내서(Faith Development Interview Guide)'와 '신앙발달검사(Faith Development Scale)'를 중심으로 개발되었다. 이 외에도 종교적 헌신과 참여(Pfeifer & Waelty, 1995, Religious Commitment Scale. Roof & Perkins, 1975, Salience in Religious Commitment Scale)에 대한 검사 7~8개, 에드워즈(Edwards, 1976, Religious Experience Questionnaire)를 비롯한 종

---

157) R. F. Paloutzian & C. W. Ellison. (1982). "Loneliness, spiritual well-being and the quality of life," in Loneliness: a source-book of current theory. Research and therapy ed. L. A. Peplau, D. Permand. New York: John Wiley & Sones. 224-236.

158) Danah Zohar & Ian Marshal, 조혜정 역. SQ 영성지능. 32.

159) Peter C Hill & Ralph W. Hood Jr. (1999). Measures of Religiosity(Birmingham, Alabama: Religious education Press, 10-74.

교적 경험에 대한 검사 5개, 종교적 가치 혹은 개인적 특성에 대한 검사(Schmidt, 1987. Francis & Greer, 1990, 1992. Sharp, 1988, 1990. Rokeach, 1973. Wichern, 1980. Bales & Couch, 1969)가 있다. 더 나아가 종교적 극복과 문제 해결(Pargament et al., 1988, 1990. King, Speck, & Thomas, 1995), 신(神) 개념 검사(Gorsuch, 1968, 1983. Vergote et al., 1969. Rizzuto, 1979. Lawrence, 1991. Gorsuch & Smith, 1983. Bassett et al., 1990, 1994), 죽음과 사후(Osarchuk & Tatz, 1973. Ray& Najman, 1974. Templer, 1970. Spilka et al., 1977. Good & Morris, 1983), 종교적 근본주의 (Gorsuch & Smith, 1983; Broen, 1957. Altemeyer & Hunsberger, 1992. Martin & Westie, 1959. Wiggins, 1966), 종교적 귀인/신의 중재(Gorsuch & Smith, 1983), 용서 (Subkoviak et al., 1995, Wade, 1989), 제도적 종교(Dynes, 1955, Thurstone & Chave, 1929; Chave, 1939. Hardy, 1949. Pargament et al., 1983. Silverman et al., 1983) 등이 개발되었다. 영성을 측정하려는 시도는 파울로지안과 엘리슨(Paloutzian & Ellison, 1982; 1983)이 '영적 안녕검사(Spiritual Well-Being Scale)'를 개발하였다. 그 후 카스 (Kass et al., 1991), 홀(Hall & Edwards, 1996), 하우덴(Howden, 1992) 등이 노력을 기울여 왔다.

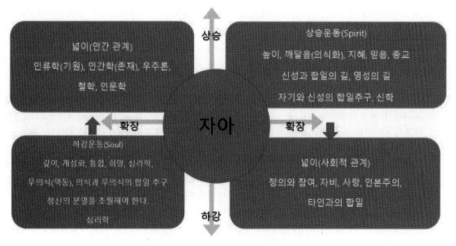

그림 6: 자아의 상승운동과 확장운동

SQ는 자아나 의식적인 생각을 초월하는 지혜와 연관된 자기의 깊은 부분에 존재하는 지능이며, 기존의 가치를 인식하는 데 그치지 않고 새로운 가치를 창조적으로 발견하게 하는 지능이다. 융합적이고 통섭적이며 통합적이기도 한 영성지능은 부분에 대한 인식의 한계를 뛰어넘어 전체에 대한 이해와 융합적 사고를 요구한다. SQ는 문화 의존적이거나 가치 의존적이지 않다. SQ는 기존의 가치에서 유래하지 않으며, 애초에 가치를 가질 수 있는, 가능성 자체를 창조한다. 인간의 역사를 통틀어 각 문화마다 특정한 가치에 차이가 있기는 해도 모든 문화는 어떤 가치체계를 가지고 있다. 따라서 SQ는 어떤 특정한 가치나 어떤 일정한 문화에 우선한다.

그러므로 SQ는 또한 취할 수 있는 어떤 종교적 표현의 형태에도 우선한다. SQ는 종교를 가능하게 하지만 종교에 의존하지는 않는다. 호킨스(D. Hawkins)는 정신과 의사와 과학자로서《의식혁명: Power Vs Force》을 통해 영적 진실의 탐구를 운동역학(kinesiology) 실험으로 지수화하였고 이를 통해 영성이 측정 가능하다고 말한다. 인간 잠재력의 숨겨진 의식의 에너지가 최고점에 이르는 것이 영성이며 이를 의식의 수치로 나타내어 영성지능 측정의 가능성을 밝혔다.[160] 호킨스는 아래와 같이 의식레벨 도표를 작성하였다.

---

160)　D. Hawkins는 영적으로 진화한 상태와 의식연구에 관심을 가지고 1952년부터 정신과 의사로 일해 왔다. 많은 과학적 · 영적 간행물, 책, 비디오, 강연 시리즈를 펴냈고, 노벨상 수상자 라이너스 폴링과 공동으로《분자교정 정신의학》(Orthomolecular Psychiatry)을 펴냈다. 마더 테레사가 칭찬했던《의식혁명》(1995),《나의 눈》(2001),《호모 스피리투스》(2003)는 마음의 정상적 에고 상태에서 현존에 의한 에고의 제거로의 이행 과정을 묘사하고 있는《진실 대 거짓》(Truth Vs Falsehood, 2005)과《의식 수준의 초월》(Transcending the levels of Consciousness,2006)에서는 에고의 표현들과 에고의 고유한 한계 및 그 한계를 초월하는 방법에 대한 탐구를 계속하고 있다. 영적 진실들을 설명하기 어려운 것에 안타까움을 느끼며 인간 경험을 의식 진화의 관점에서 재맥락화하고, 마음과 영 양자에 대한 이해를 생명과 존재의 지속적 근원인 내재적 신성의 표현들로 통합하였다. 호킨스는 가톨릭 신자로서 그의 저서 서두와 말미를 장식하는 표현은 "지극히 높은 곳에서는 하느님께 영광."이라고 적고 있다.

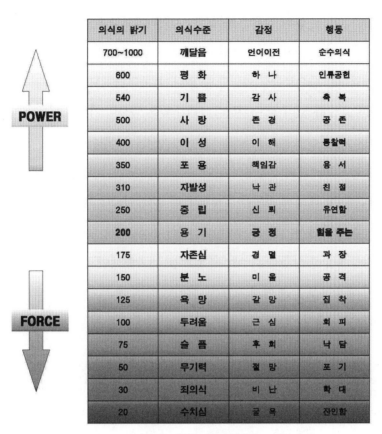

의식의 밝기	의식수준	감정	행동
700~1000	깨달음	언어이전	순수의식
600	평화	하나	인류공헌
540	기쁨	감사	축복
500	사랑	존경	공존
400	이성	이해	통찰력
350	포용	책임감	용서
310	자발성	낙관	친절
250	중립	신뢰	유연함
200	용기	긍정	힘을 주는
175	자존심	경멸	과장
150	분노	미움	공격
125	욕망	갈망	집착
100	두려움	근심	회피
75	슬픔	후회	낙담
50	무기력	절망	포기
30	죄의식	비난	학대
20	수치심	굴욕	잔인함

표 6: D. 호킨스의 의식레벨

호킨스는 에너지 수준에 따라 수치심과 굴욕, 잔인함을 가지는 최하의 존재 상태를 20으로 상정하고 깨달음의 상태에 이른 영적 의식레벨을 700 이상에서 1000까지로 상정한다. 에너지 레벨 200 수준에서 내면의 참된 잠재력이 처음으로 나타나기 시작한다. 죄의식(30), 무기력(50), 슬픔(75), 두려움(100), 욕망(125), 분노(150), 자존심(175), 용기(200), 중용(250), 자발성(310), 포용(350), 이성(400), 사랑(500), 기쁨(540), 평화(600), 깨달음에 이른 사람들은 700 이상으로 레벨을 표시했다.[161]

---

161) 백영미, D. 호킨스. (2012). 호모 스피리투스: 존재의 근원을 찾는 영적 신인류의 탄생. 믿음인. 551.

IQ, EQ 각각 또는, 둘의 단순한 통합이나 결합만으로는 인간 지능의 복잡다단함을 온전하게 그리고 완전하게 설명할 수 없다. 인간 영혼의 능력과 영성의 상상력이 지니는 막대한 풍요로움도 설명할 수 없다. 컴퓨터는 IQ가 뛰어나기 때문에 규칙을 이해하고 오류 없이 잘 수행한다. EQ가 높은 동물이 가끔 있다. 그러한 동물들은 자기가 처한 상황을 인식하고 적절히 반응하는 것뿐이다. 그러나 컴퓨터나 동물은 왜 이러한 규칙이나 상황이 있어야 하는지 아니면 그것들이 달라지거나 나아질 수 있는지에 대해서 의문을 갖지 않는다. 컴퓨터나 동물은 그러한 인지능력의 제한과 한계 내에서 '제한적 게임'을 진행한다. SQ는 인간이 창조적일 수 있게 하며, 규칙을 바꾸고 상황을 개조할 수 있게 하는 총체적이고 융합적인 능력이다. SQ가 있기 때문에 인간은 한계 자체를 다룰 수 있고, '무제한의 게임'을 하며 논리 이상의 것들을 사유할 수 있는 자유와 무한과 영원에 대한 동경을 가지게 된다.

신의 관점	세속의 관점	수준	대수의 수치	감정	과정
자아	존재	깨달음	700~1000	언어 이전	순수의식
항상 존재하는	완전한	평화	600	축복	자각
하나	전부 갖춘	기쁨	540	고요함	거룩함
사랑	자비로운	사랑	500	존경	계시
현명한	의미있는	이성	400	이해	추상
인정 많은	화목한	포용	350	용서	초월
감화 주는	희망에 찬	자발성	310	낙관	의향
능력있는	만족한	중용	250	신뢰	해방
용납하는	가능한	용기	200	긍정	힘을 주는
무관심한	요구가 많은	자존심	175	경멸	과장
복수에 찬	적대의	분노	150	미움	공격
부정하는	실망하는	욕망	125	갈망	구속
징벌의	무서운	두려움	100	근심	물러남
경멸의	비극의	슬픔	75	후회	낙담
비난하는	절망의	무기력	50	절망	포기
원한을 품음	사악한	죄의식	30	비난	파괴
멸시하는	비참함	수치심	20	굴욕	제거

표 7: D. 호킨스의 영성레벨

호킨스의 영성레벨에서 기점이 되는 지점이 앞서 언급한 200레벨 수준이다. 세속에서는 이 지점을 '용기'라고 이름 붙였지만, 대수의 수치에서는 긍정적인 의식의 출발점, 생명력이 뻗어 나가기 시작하는 지점이다. 이 단계에서 탐구, 성취, 인내, 결단의 영역으로 들어가며 자기가 흡수하여 소모하는 에너지만큼 세상에 에너지를 되돌려 보낸다. 중용(250)의 수준에 도달한 사람들은 사물에 대한 이원적인 입장을 배제하고 유연성과 포용력, 문제에 대한 현실적인 파악능력을 발휘하게 된다. 무엇인가를 증명하려 하지 않고, 인생의 오르막이 있으면 내리막이 있다고 생각한다. 수용의 자세를 보여 주는 레벨이다. 사랑(500)과 기쁨(540) 그리고 평화(600)에 이르는 사람은 극히 수가 드물고 어려운 일이다. 이러한 수준에 이른 이들은 시간을 뛰어넘어 우리에게 여전히 영감(inspiration)을 불어넣어 주는 미술, 음악, 문학, 건축 작가들이다. 그들은 우리들의 의식을 이전보다 높은 차원으로 고양하는 역할을 수행했다. 예수를 통한 가르침을 가장 높은 차원인 1000으로 불교의 가르침 1000, 힌두교 1000, 유대교 985, 이슬람 540레벨로 이해했다.[162]

영성지능, SQ는 종합하고 융합하고 변별할 수 있는 능력을 갖게 해 준다. SQ는 인간이 도덕적 감각과 초월에 대한 지향을 갖게 해 준다. 즉 인간에게는 이해심과 동정심을 가지고 엄정한 규칙을 완화할 수 있는 능력과 그에 비견하여 동정심과 이해심이 그 한계에 달했을 때를 아는 능력이 있다. 우리는 선과 악의 문제로 씨름할 때, 실현되지 않은 가능성을 마음에 그릴 때, 즉 꿈꾸고 열망하고 진흙탕에서 자신을 일으켜 세울 때에 SQ를 활용한다.

영성적인 사람들은 세계와 인간에 대한 진보적인 입장을 취한다. 그리고 우리 사회가 이전보다 정의롭고, 공정한 세상으로 이행할 것을 현실에서 추구한다. 가

---

162) 백영미, D. 호킨스. (2012). 호모 스피리투스: 존재의 근원을 찾는 영적 신인류의 탄생. 믿음인. 370.

장 영성적인 사람들은 가장 진보적인 사람이기도 하다. 그들은 초월한다. 초월은 문제의 핵심과 본질로 나아간다는 것이다. 그래서 그들은 개혁 지향적이다. 그들이 말하는 개혁이란 허시먼이 말하듯 "변화를 강제하고 추동해 낼 수 있는 긴장을 창출하는 것.", 특히 부조리한 현실과 상황에 저항하는 사람들과 같은 맥락에 놓여 있다. 허시먼은 기업, 조직, 국가에 불만을 가진 사람들이 당면한 부조리와 불의를 만나게 되었을 때 이탈, 저항, 충성이라는 세 가지 유형의 반응을 보인다고 분석했다.[163] 이 가운데 허시먼은 저항에 가장 큰 관심을 가진다. 저항은 계속 새로운 방향으로 발전하는 창조이며 예술이라고 생각한 것이다. 그러나 이탈의 가능성이 크거나 저항의 장애물이 너무 강할 경우 사람들의 저항은 위축된다.

화제가 된 넷플릭스 드라마 〈오징어 게임〉은 사람들이 현실에서 이탈하면서도 결국 현실과 유사한 게임 속에서 충성하는 역설을 말하려고 한다. 결국 스스로 게임을 시작하기로 결정하지만, 실제로는 게임 내내 아무런 저항도 존재하지 않는다. 그저 을(乙)들의 무시무시한 '경쟁'이 아닌 '전쟁'만이 지속될 뿐이다. 시작하는 부분과 끝나는 부분에서 일시적인 저항이 있기는 하지만 금세 저항은 멈추고 만다. 그것은 게임의 운영자가 아니라 이러한 비극적 게임에 참여한 사람들 스스로 결정한 것이다.[164] SQ와 EQ의 주된 차이는 SQ가 갖는 변화를 향한 힘에 있다. 골

163) 애덜민, 김승진, 허시먼. (2020). 앨버트 허시먼: 반동에 저항하되 혁명을 의심한 경제사상가. 부키.

164) 글로벌 온라인동영상서비스(OTT) 플랫폼 콘텐츠 순위 사이트 '플릭스 패트롤'에서 드라마 〈오징어게임〉이 1위를 차지하며 세계를 흔들었다. 〈오징어게임〉은 빚에 쫓기는 자들이 목숨을 건 의문의 서바이벌 게임에 초대돼 456억 원의 상금을 두고 최후의 승자가 되기 위해 목숨을 거는 이야기다. 극한 경쟁에 몰린 현대인들의 상황을 어린 시절 추억의 놀이와 결부시켜 잔혹하고 충격적인 죽음의 게임으로 탄생시켰다. 아이들의 게임으로 목숨을 거는 싸움을 하는 설정이 시청자들에게 아이러니와 충격이었다. 게임에서 진 사람이 죽음을 맞는 규칙은 현실에서 다르다고 할 수 없었다. 유치원에서부터 시작하는 사교육과 입시경쟁, 취업경쟁, 조직에서의 성과전쟁, 주식시장과 부동산 시장 등에서 실패한 이들이 스스로 목숨을 끊거나 신체적, 정신적, 사회적 영성적으로 온전한 건강에 심각한 파괴를 겪는 일이 다반사다. 〈오징어게임〉은 상징적이며 사실적이다. 사람들은 돈에 광적으로 집착하며 돈벌이를 위해 생명조차 도구가 된다. 모두 돈의 노예가 된다. 그리고 사람들은 서로 죽여야 내가 살 수 있다고 믿는다. 무한경쟁과 능력주의가 생존의 방법이다. 사람들은 불의하고 부조리한 현실을 바꿀 수 있지만 바꾸려고 하지 않는다. 모두 합의하면 게임을 중단할 수 있다는 전제, 게임 룰이 있

만의 정의에 따르면 EQ는 내가 어떤 상황에 놓여 있는지 판단해서 그 안에서 적절하게 행동할 수 있게 해 준다. 이때 나는 상황의 한계 내에서 작동하면서 상황이 나를 이끌도록 한다. 그러나 영성지능은 내가 애초에 이런 특정한 상황에 놓이기를 원하느냐에 의문을 갖게 한다. 이 상황을 바꿔서 좀 더 나은 환경을 만들 수는 없을까를 묻는다. 이때는 주어진 상황의 한계 자체를 다루면서 내가 상황을 이끄는 것이다. 또한 SQ는 사실상 뇌의 중심으로부터(즉 뇌의 신경학적 통합 기능에서) 융합적으로 작동하기 때문에, 인간의 모든 지능을 융합하고 통합하며 통섭한다.

우리는 SQ를 통해서 지적이고 감성적이고 영적인 원래의 완전한 피조물이 된다. 이상적으로는 인간의 기본적인 세 가지 지능은 서로 협력해서 함께 작동한다. 우리의 뇌는 그것을 할 수 있도록 설계되어 있다. 그러나 각 지능, 즉. IQ, EQ, SQ는 각각의 강점이 따로 있으며 서로 독립적으로 기능을 할 수 있다. 다시 말해서 세 가지 지능 모두가 반드시 동시에 높거나 동시에 낮은 것은 아니다. EQ가 높은 사람이라고 해서 반드시 IQ나 SQ가 높지 않다. IQ는 높지만, EQ와 SQ 모두 낮은 사람도 있을 수 있다. Howard Gardner는 그의 저서《다중지능: Multiple Intelligences》에서 지능에는 이성적인 지능과 감성적인 지능은 물론 음악적, 공간적 지능과 운동 지능을 포함해서 최소한 일곱 가지가 있다고 주장했다. 그러나 인간의 지능은 뇌의 기본적인 세 가지 신경 체계 중 한 가지와 연계되어 있으며, Gardner가 기술한 모든 지능은 사실은 기본적인 IQ, EQ, SQ, 그리고 이 세 가지가 연합된 신경 배열의 변형들이라는 것이다.[165]

었지만, 사람들은 절망 속에서 다시 게임에 참가한다. 부동산과 주식투자 비트코인의 광풍처럼 이렇게 죽으나 저렇게 죽으나 마찬가지라고 생각하며 게임에 몰입한다. 드라마가 진행되는 내내 '왜 사람들은 자신이 처한 현실을 바꾸려 하지 않는 것일까?'라는 의문이 멈추지 않았다.

165) Howard Gardner, 문용린 역. (2001). 다중지능, 인간지능의 새로운 이해. 서울: 김영사. Frames of Mind: The Theory of Multiple Intelligences. NY: Basic Books. 1983.

가드너의 7가지 차원의 다중지능은 언어(linguistic) 지능, 논리수학(logics mathematical) 지능, 공간(spatial) 지능, 음악(musical) 지능, 신체운동(bodily-kinesthetic) 지능, 대인(interpersonal) 지능과 자성(intrapersonal) 지능에 훗날 동식물 연구자들에 필요한 능력인 자연(naturalist) 지능이라는 측면을 보강한다. 가드너는 인간의 지능(intelligence)이란 단일 지수가 아니고, 다양한 측면에서 평가되어야 한다는 것이 일반화되어 간다고 생각했으며 이제는 영적인 능력도 심리학으로 평가할 수 있어서 소위 영적 지능(spiritual intelligence)을 논할 수 있다는 것이다.

영성지능 SQ에 대한 문제는 앞서 언급한 것처럼, 감성지능과 마찬가지로 측정하기가 곤란하다는 문제를 안고 있다. 지금까지 과학과 과학적 심리학에서는 의미와 그것의 역할에 대해 논의하는 것을 당혹스럽게 여겨 왔다. 영성지능은 학문의 대상으로는 불편한 것인데, 이것은 기존의 과학이 객관적으로 측정할 수 없는 것을 연구할 준비를 갖추지 못했기 때문이다. 하지만 SQ에 대한 상당량의 과학적 증거들이 인간의 지능에 대한 최근의 신경학·심리학·인류학 연구와 인간의 사고와 언어 과정에 대한 연구에 실제로 존재한다. 과학자들은 뇌에서 SQ의 신경구조를 밝혀내는 기초 연구를 이미 마친 상태이지만, IQ가 지배하는 패러다임에 가려서 그들이 얻어 낸 자료에 대한 깊은 탐구가 빛을 보지 못하는 상황이다. 한 걸음 더 나아가 에머슨(Robert Emmons)은 "영성이 하나의 지능인가"라는 논문에서 영적 지능의 5가지 주요 기능을 다음과 같이 정리한다.[166]

(1) 육체적이고 물질적인 것을 초월할 수 있는 능력.

---

166)   Robert A. Emmons. (2000). "Is Spirituality an Intelligence? - Motivation, Cognition, and the Psychology of Ultimate Concern". H The International Journal for the Psychology of Religion 10.

(2) 의식의 고양된 상태를 경험할 수 있는 능력.

(3) 일상생활의 경험을 거룩하게 여길 수 있는 능력.

(4) 문제를 해결하기 위해 영적인 자원들을 이용할 수 있는 능력.

(5) 덕망스러운 행위를 할 수 있는 능력.

(예를 들면 용서나 감사 또는 겸손과 자애로운 행위 등)을 의미한다는 것이다.

지능(intelligence)을 보다 심리학적으로 정의할 때에 배경이 되는 중심주제는 '문제 해결(problem solving)' 능력이다. 곧 '지적 능력'이라는 것은, 당면한 문제를 푸는 능력이다. 영적인 능력 또한, 궁극적인 문제를 푸는 능력이고 영성은 바로 이러한 문제 해결을 가능하게 한다. 에머슨에게 영적 지능으로서의 "영성은 그 무엇일 뿐만 아니라, 무엇인가를 하는 것이다(Spirituality not only is something, it does something)". 예를 들면, 일상생활에 나타나는 문제를 영적인 자원들을 사용하여 해석하고 해결하는 능력 전체를 의미한다. 우리는 때때로 주위에서 인지적인 사고 구조로 이해할 수 없고 극복할 수 없는 고통의 문제를 종교적 자원(성경이나 전례 혹은 예식 등)을 사용하여 해결하는 능력을 소유한 이들을 발견할 때가 있다. 존재의 의미를 묻는 이들에게 의학은 아무런 역할을 할 수 없다. 이때 영성이란 그들 삶의 상태를 의미하는 것뿐만 아니라, 그 기능적인 역할을 포함한 개념이다. 그들은 당면한 문제를 영적 자원을 통해서 해결하는 능력을 가지고 있는 것이다. 미국의 저명한 사회학교수인 필립 리이프(Philip Rieff)는 이미 1960년대에 종교 특히 그리스도교가 자가 치료적 체계(self-help therapy)로 변해 갈 것이라고 예견한 바 있다.[167]

최근에 밝혀진 영성에 관련한 네 가지 관련된 연구 흐름을 살펴보면 다음과 같다.

---

167)   Philip Rieff, (1966), The Triumph of the Therapeutic : Uses of Faith After Freud, Chicago University of Chicago Press, 1987.

첫째, 1990년대 초반에는 신경심리학자 퍼싱어(Michael Persinger)가 그리고 좀 더 최근인 1997년에는 캘리포니아 대학의 라마찬드란(V. S. Ramachandran)과 그의 연구팀이 인간의 뇌에 존재하는 '영적(종교적, 초월적) 영역'에 대한 연구를 수행했다. 이 예비된 영 중추는 뇌의 측두엽에 있는 신경 연결 가운데 자리 잡고 있다고 설명한다. 피험자가 영적·종교적 화제를 다루는 토론에 노출될 때마다 양성자 방사 단층촬영기로 촬영한 사진상의 이 신경 영역이 점화된다. 이것은 문화에 따라 변화되는데, 서구에서는 '신'에 대한 언급이 있을 때 반응하고, 불교신자나 그밖의 사람들은 그들에게 상징적 의미를 갖는 것에 반응한다. 이러한 측두엽 활동은 수년간 간질환자와 화학적 환각제 LSD를 투약한 사람에게 나타나는 신비스러운 환시와 연관되는 것으로 간주되어 왔다. 라마찬드란의 연구는 이 영역이 정상인에서도 활동한다는 것을 처음으로 보여 주고 있다. '영적(종교적, 초월적) 영역'이 신의 존재를 입증해 주는 것은 아니지만, 뇌가 '궁극적인 질문'을 할 수 있도록, 또 광범위한 의미와 가치에 대한 감수성을 갖고 그것을 활용할 수 있도록 진화했다는 것만은 분명히 보여 준다.[168]

둘째로, 1990년대 오스트리아의 신경학자 싱어(Wolf Singer)의 '결합의 문제'에 대한 연구에서 뇌에는 우리의 경험을 통합하고 의미를 갖게 하는 일을 전담하는 신경과정, 즉 경험을 글자 그대로 하나로 '결합하는' 신경 과정이 있다는 것을 보여 준다. 뇌 전체에 걸친 결합적이고 동시적인 신경 진동에 대한, 싱어의 연구 이전에 신경학자와 인지과학자들은 오직 두 가지 뇌신경 조직만을 인정했었다. 뇌신경 조직의 두 가지 형태 중 하나는 순차적 신경 연결로 IQ의 기초이다. 순차적으로 연결된 신경 경로는 뇌가 규칙을 따르고 한 단계 한 단계 논리적이고 합리적으로 사고

---

168) V. S. Ramachandran, & E. L. Altschuler. (2009). The use of visual feedback, in particular mirror visual feedback, in restoring brain function. Brain (London, England: 1878), 132(7), 1693-1710.

할 수 있게 한다. 두 번째 형태는 신경망 조직으로, 수만 개에 이르는 뉴런의 다발이 다른 대단위 신경 다발에 복잡하게 연결된다. 이 신경망은 감정 주도적이고 형태 인식적이며 습관형성에 관여하는 EQ의 기초이다. 순차적 컴퓨터와 병렬적 컴퓨터 모두가 존재하며 각각은 서로 다른 능력을 갖지만 어떤 것도 의미에 따라 작동하지는 못한다. 지금까지 나온 어떤 컴퓨터도 '왜'라고 묻지 못한다. 결합적인 신경 진동에 대한 싱어의 연구는 제3의 사고 형태인 결합적 사고, 그리고 그것에 수반되는 '왜'라는 질문을 다룰 수 있는 제3형식의 지능인 SQ에 대한 첫 번째 단서를 제공하고 있는 것이다. [169]

셋째로, 1990년대 중반 리나(Rodolfo Llinas)는 수면 상태와 잠 깬 상태의 의식과 뇌에서 일어나는 인지적 사상(事象)의 결합에 대해 연구했다. 이 연구는 뇌의 진동하는 전기장과 그것들의 연합자기장을 뇌 전체에 걸쳐 연구할 수 있게 하는 새로운 MEG(자기-뇌촬영)기술로 더욱 확장되었다. [170]

넷째로, 하버드 대학의 신경학자이자 생물 인류학자인 디컨(Terrance Deacon)은 1997년에 인간 언어의 기원에 관한 새로운 저서 《상징적인 種: The Symbolic Species》을 출판했다. 디컨은 언어는 뇌 전두엽의 급격한 발달과 함께 진화할 기본적으로 상징을 사용하는 의미 중심의 활동으로서 오직 인간에게만 가능하다는 것을 보여 준다. 기존의 어떤 컴퓨터나 인간 이외의 고등한 영장류도(드물게 제한적인 예외가 있기는 해도) 언어를 사용하지 못하는데, 이것은 의미를 다룰 수 있는 전두엽 기능이 결핍되어 있기 때문이라는 것이다. 진화적인 용어로 말하자면, 언어와 상징적 표상에 대한 디컨의 신경생물학적 연구는 인간이 자신의 두뇌를 성장시

---

169)   W. Singer, (1999). Striving for coherence. Nature (London), 397(6718), 391-393.

170)   R. R. Llinas, P. S. Churchland. (1996). The mind-brain continuum: sensory processes.

키는 데 실제로 SQ를 사용해 왔다는 것을 보여 준다. SQ는 오늘의 우리가 되도록 인간 신경계를 '회로화'해 놓아서, 인간이 그 이상의 '회로화', 즉 성장과 변형, 인간 가능성의 계속적 진화에 대한 가능성을 갖게 한다. 우리는 당면한 실존적인 문제들, 의학적으로 해결할 수 없는 문제들, 자신의 과거 습관, 신경증이나 질병과 슬픔의 문제들로 옴짝달싹하지 못하며 개인적인 한계라고 느끼는 문제들을 다룰 때 내면 깊은 곳에서 솟아오르는 SQ를 사용한다. SQ는 우리가 실존적인 문제를 안고 있다는 것을 인식하게 해주고, 우리가 그것들을 해결할 수 있게 한다. 해결하지 못하더라도 최소한 그러한 문제들과 화해할 수 있게 한다. SQ는 삶의 투쟁이 무엇을 위한 것인지에 대한 깊은 이해를 갖게 해준다. SQ를 사용해서 창의적이게 된다. 유연성과 상상력, 창조적인 자발성이 요구될 때 SQ가 필요하다. SQ는 우리가 감성과 이성의 '경계'에 있을 때 우리의 나침반이 된다. 그것은 감성과 이성의 총합과 융합을 이루어 내며, 인생에서 가장 큰 도전을 주는 실존의 문제들을 헤쳐나갈 힘을 준다. 우리는 과거 경험 그리고 우리가 그것을 어떻게 처리해야 하는지 알고 있는 것을 넘어서서 존재한다. '카오스이론'에서 '경계'란 질서와 혼돈 사이의 경계, 우리가 어디를 향하고 있는지 충분히 이해하는 상태와 완전히 혼란에 빠진 상태 사이를 말한다. 이 지점이 우리가 가장 창조적으로 될 수 있는 지점이다. 의미와 가치에 대한 우리의 깊고 직관적인 의식인 SQ는 경계에 있는 우리의 안내자이다. SQ는 우리의 양심이다.[171] SQ를 활용해서 우리는 종교와 영성에 관련하여 보다 초월적인 이해를 할 수 있게 되었다. SQ는 우리를 사물의 핵심으로, 차이 이면의 통합으로, 그 어떤 실제적 표현 이상의 잠재성으로 이끈다. SQ는 우리가 모든 위대한 종교의 이면에 있는 의미와 본질적 영혼에 접할 수 있게 한다. SQ가 높은 사람이 어떤 종교 생활을 하는 경우가 있지만, 그에게는 편협함, 배타성, 아집이나 편견 따위는 없다. 다른 한편으로 SQ가 높은 사람이 전혀 종교적이지 않으면서 매우 영적인 속성

---

171) 히브리어 מצפון는 '양심' '나침반מצפן' '감추어진' '영혼의 내적 진리תמה' 모두 같은 어근이다.

을 가질 수도 있다.[172]

영성지능에 대해 언급하자면 SQ는 우리가 개인 내적인 것과 개인 간의 것들을 통합하도록, 자기와 타인 사이의 간격을 초월하도록 해준다. 골만은 개인 내적이거나 자기 내부적인 정서와 개인 간의 정서, 즉 다른 사람과 공유하고 다른 사람과 관계를 맺을 때 사용하는 정서지능 EQ에 대해 언급했다. 그러나 단순한 EQ만으로는 이 간격을 메울 수 없다. 내가 누구인지, 이 모든 것들이 나에게 무엇을 의미하는지, 이것들은 다른 사람과 그들의 의미를 우리 자신의 세계에 어떻게 자리매김해 주는지를 이해하기 위해서는 SQ가 필요하다. SQ를 이용해서 우리는 인간 내면의 초월적인 영역으로 나아간다. 우리들 각자는 경험(일상)과 이상의 조합, 우리가 실제로 살아가는 모습과 우리가 살 수 있을지 모르는 좀 더 크고 나은 삶(이상) 사이의 긴장을 통해서 인격을 형성한다. 순전한 자아 수준에서 우리는 자기중심적이고, 이기적이며, 물질에 욕심을 내는 모습이다. 그러나 우리에게는 선, 아름다움, 완전, 자비, 희생 등등의 초월적인 비전이 분명히 있다. 이러한 영역을 우리는 관상의 영역(Area of contemplation)이라 말할 수 있다. 우리들은 일상을 초월하여 관상의 영역으로 나아간다. 그리하여 SQ는 우리가 직접적이고 소아(小我)적인 자기를 극복하고 우리 안에 감춰져 있는 깊은 가능성의 차원 이상에 도달할 수 있도록 도와준다. 더 깊은 의미 수준에서 삶을 살 수 있게 도와준다.

우리는 선과 악의 문제, 삶과 죽음의 문제, 인간의 고통과 수많은 실패의 가장 근본적인 근원의 문제로 씨름할 때 SQ를 사용한다. 우리는 너무나 자주 그러한 문제를 합리화해서 넘겨 버리거나 그 문제로 감정의 늪에 빠지거나 피폐화된다. 우리

---

172) S. Bowsfield. (2004). The Symbolic Species: The Co-Evolution of Language and the Brain. Complicity. 1(1), 105 이하 참고.

는 때로 지옥을 직면하고 실패, 고통, 고난과 상실의 가능성을 알게 되고, 그리고 그것들과 화해한 다음에야 영성지능을 활용하는 단계로 나아간다. 고대 중국 노자는 《도덕경》에서 "당신이 상실과 하나가 될 때 당신은 그 상실을 기꺼이 경험하게 된다."라고 말했다. 우리는 우리에게 와닿는 의미를 향할 어떤 신선하고 순수하며 생명을 주는 것을 향한 깊은 갈망을 마음 깊은 곳으로부터 느꼈음이 틀림없다. 그러한 갈망 속에서 우리가 바라는 것을 찾을 수 있고, 그 창조적인 발견의 열매를 다른 사람과 나눌 수 있을 것이다.

20세기의 유대교 신비주의자 랍비인 헤셸(Abraham Heschel)은 "우리가 답을 알고 있다고 생각할 때보다는 물음을 가질 때 신(神)과 더 가까이 있다."라고 말했다. 같은 맥락에서 17세기 프랑스 철학자인 신비주의자 파스칼(Blaise Pascal)은 신의 이름으로 "네가 이미 나를 알고 있지 않다면 나를 찾지 않으리라."라고 썼다. 파스칼에 의하면 이 세상에는 여러 종류의 위대함이 존재하는데 그것은 크게 셋으로 고찰된다. '육체의 질서, 정신의 질서, 사랑의 질서'가 그것이다. 이러한 세 가지 질서에 세 가지 인식 방법, 즉, '감각, 이성 그리고 신앙'이 조화를 이루며 일치하고 있다.[173] 파스칼은 말한다. "신의 인식 없이 행복할 수 없고, 신에 가까이 가면 갈수록 사람은, 보다 더 행복해지며, 행복의 궁극적 목적은 신을 확실히 아는 데 있다는 것이다. 신을 멀리하면 할수록 인간은 더 불행해지고, 가장 큰 불행은 신을 전혀 모르는 데 있음은 의심할 여지가 없다. 그러므로 의심한다는 것은 불행한 일이지만, 의심하면서도 찾아야 함은 우리의 절대적인 의무이다. 따라서 의심하면서도 찾지 않는 사람은 불행과 부정을 함께 가지고 있다."[174]

---

173)   김광식. (1990). 팡세(Pensees) 안에 나타난 B. Pascal의 그리스도 중심사상. 신학과 사상, 174-177 참고.
174)   장 메나르, 변규용 역. (1997). 파스칼-인간과 사상. 서강대학교출판부. 88.

3

심신상관(Body & Mind concerning)의 원리

고대로부터 정신과 육체의 관계에 대한 물음에 많은 철학자들이 고민하였고, 다양한 이론들이 제시되었다. 플라톤은 마음이란 두 마리의 말이 끄는 마차이고 합리적인 이성은 마부와 같으며, 인간의 영혼은 원래 신적인 본성을 가졌는데 육체의 감옥에 갇히게 되었다는 이원론(二元論)을 주장하였다. 17세기 근대철학의 아버지라 불리는 데카르트는 이성적인 사고는 마음의 영역이고, 배가 아픈 것은 육체적인 현상으로, 인간의 물질 성분인 육체는 오로지 감각기관의 지각을 통해서 그 존재를 인식하고, 정신은 사고하는 것만으로 그 존재를 인식한다고 하였다. 이렇게 분리된 마음과 몸의 관계에서 인체의 생리적인 현상이 혈액에 있는 동물 영혼을 통해서 영혼에 영향을 미치면, 영혼은 다시 육체에 영향을 미친다고 주장하였다. 정신과 육체의 관계에 대한 이론들은 대개 육체는 그릇일 뿐 정신이 중요하다는 유심론(idealism), 정신은 육체(뇌)의 한 기능일 뿐이라는 유물론(materialism), 정신과 육체는 상관이 없다는 평행이론(parallelism), 정신과 육체는 상호작용을 한다는 상호작용이론(interactionism), 정신과 육체는 한 현상의 양면으로 보는 양면이론(double aspect theory) 등으로 정리될 수 있는데, 현재는 정신과 육체를 하나의 유기체로 보는 견해가 지배적이다.

동양적 사고에서 특히 한의학에서는 심신의 구분이 불분명하고 심신일원론적인 경향을 강하게 나타내고 있다. 이 점은 우리말 표현에 있어서도 많은 정신적 현상들이 장부와 관련되어 표현되고 있다. 애를 태울 때 '애간장이 녹는다'고 하고 허장 성세하는 자는 '간뎅이 부었다' '사촌이 논을 사면 배가 아프다'. 못마땅하거나 아니 꼬울 때 '비위가 상한다'. 겁에 질릴 경우 '간이 콩알만 해진다'. 허영에 들뜰 때 '허파에 바람 들다' 등등으로 표현된다. 이점은 우리의 옛글자에 대한 해석과 관련해서도 매우 시사적인 함축을 지니고 있다. 우리는 'ᄆᆞᆷ'이라는 글자를 통해 몸과 맘 두 가지 모두를 나타내고자 했다. 몸이 곧 맘이고 맘이 곧 몸이라는 논리이며 몸과 맘은 둘이면서 하나요, 하나이면서 둘이라는 뜻에서 바로 심신일체론 혹은 심신의 긴밀한 상호작용론을 함축한다고 할 수 있다.[175]

정신건강의학과 외래 환자들 가운데는 특별한 신체적인 이상 없이 신체 증상을 호소하는 '신체증상장애(somatic symptom disorder)' 환자들이 있는데 이들은 선뜻 신체 증상은 단지 신체의 이상 때문에 오는 것이지, 정신적인 것과는 관계없다고 생각하는 경우가 많다. 그러나 많은 경우 정신적인 문제, 즉 우울, 불안 및 왜곡된 사고에 의해 신체 증상들이 발현된다. 또한 '정신신체장애(psychosomatic disorder)'로 불리는 여러 신체적 질환들, 즉 과민성대장증후군, 위궤양, 천식, 고혈압, 편두통, 아토피, 소양증 같은 많은 질환들이 정신적인 요인과 관계있다고 보고 있다. 이러한 정신과 육체의 관계에 의해, 모든 병은 마음에서 비롯된다는 데에 기본 원리를 두며 인체가 지닌 자연치유력을 증진시켜 치료 효과를 얻고자 하는 '심신상관의학(mind-body concerning medicine)'이 대두되었다. 마음(정신적, 정서적 과정)이 신체(생리적 기능)에 영향을 미칠 수 있다는 전제에 기초하며, 심리상태와 정신의학적 치료 사이, 생리학과 병태생리 과정 사이의 관계를 규명하는 '통합의학'의 분야라고 본다. 의학의 근본은 환자를 위한 것이다. 통합의학은 정통의

---

175)   황경식. (2009). 심신의학(Mind-Body Medicine)의 선구로서의 東醫寶鑑 - 東醫寶鑑의 의료철학이 지닌 미래적 가치. KOREAN JOURNAL OF ORIENTAL MEDICINE Vol. 15, 25.

학을 기초로 안전성과 유효성을 바탕으로 하는 보완 또는, 대체의학적 방법을 포함하는 것으로, 다양한 범위의 치료에 대한 철학, 접근방법, 치료법을 포괄하는 병원의 표준화된 치료 이외에 환자들이 이용하는 치료법을 말한다. 몸과 마음 간의 깊은 상호작용(profound interconnection), 몸의 태생적 치유능력(innate healing capabilities), 치유과정에 있어 주체적 자기 책임의 역할(role of self-responsibility) 등을 인정함으로써 심신의학은 생체피드백(bio feedback), 심상법(imagery), 최면요법(hypnotherapy), 명상(meditation), 요가(yoga) 등 광범위한 치유방식들을 활용한다. [176]

심신의학의 개념은 1918년 독일의 하인로트에 의하여 처음으로 제창되었고 초기에는 주로 신경증이나 히스테리와 같은 질병을 주요 대상으로 하였으나 점차 정신적 원인이 신체적 질환도 일으킬 수 있다는 개념으로 확대되었다. 19세기부터 데카르트의 심신이원론에 반기를 들고 마음과 몸의 상호작용을 제기하는 의사들이 등장했다. 1818년 독일의 의사 요한 크리스티안 아우구스트 하인로트(Johann Christian August Heinroth, 1773~1843)는 인간은 정신과 신체라는 두 요소로 구성되는데, 신체는 외부에 존재하고 정신은 내부에 존재한다는 이원론적 개념을 바탕으로 둘 사이에 상호작용이 있다고 생각했다. 이를 '정신신체(psycho-somatic)'라는 용어로 처음 사용하여 설명했다. [177]

19세기 중반, 프랑스의 장 마르탱 샤르코(Jean-Martin Charcot, 1825~1893) 등이 적극적으로 시도한 최면술도 정신과 신체의 상호작용을 반영하는 것이었다. 그는 히스테리를 주요 연구주제로 설정했다. 희랍어 '히스테리아(hysteria)'는 여성의 '자

---

176) 황경식. (2009). 위의 책, 24.

177) 하지현. (2016). 정신의학의 탄생: 광기를 합리로 바꾼 정신의학사의 결정적 순간. 해냄. 41-45.

궁'을 의미한다. 곧 모든 신경증은 이미 자궁에서 시작되었다는 생각을 하고 샤르 코는 지나친 웃음이나 발작, 결렬한 몸짓이나 뒤틀림, 기절, 마비, 경련 등을 '히스 테리'라고 명명한 것이다.[178] 이를 프로이트가 정신분석으로 발전시켰다면 아돌프 마이어(Adolf Meyer, 1866~1950)는 본격적으로 의학 영역에 '정신-신체'라는 개념 을 도입했다. 그는 스위스에서 미국으로 건너가 뉴욕 병원 정신질환연구소 소장을 거친 후 존스 홉킨스 병원의 헨리 핍스 클리닉에서도 원장으로 일했다. 마이어는 내적 병리와 함께 환경에 제대로 적응하지 못하는 심리적 이유로 병이 생기는데, 신체와 심리를 하나의 유닛으로 봐야 한다고 생각했다. 그리고 마음이라는 개념적 실체와 뇌라는 현실적 실체가 따로 움직인다는 관점을 극복하고 정신생물학적 통 합을 지향해야만 인간을 총체적으로 이해할 수 있다고 했다.

그런 점에서 마이어는 명확한 진단 분류를 최우선으로 하는 에밀 크레펠린(Emil Kraepelin, 1856~1926)의 접근법에 반대하는 입장이었다.[179] 마이어는 진단도 중 요하지만 사람을 파악하고 이해하는 것이 우선이라고 여겼다. 진단명을 가진 환 자로만 보면 '한 명의 아픈 사람'으로 이해하는 것을 놓칠 수 있기 때문이다. 그래 서 환자를 병원에서 데리고 나와 거주지에서 치료했다. 그는 환자의 삶이 상식적 인 수준으로 개선되어야 질병에서 벗어날 수 있다면서 증상 자체만 인위적으로 좋 아지는 것의 한계를 지적했고, 이를 상식 정신의학(commonsense psychiatry)이라 고 했다. 지금 증상이 있는 시기뿐 아니라 일생 동안 벌어진 일을 차트로 적는 기법 (autobiographical life chart)을 치료에 적극적으로 이용하는 등 사람 전체를 보려 는 노력을 지속했다. 이런 접근은 현대의학이 세분화되고 진단 장비가 발달하면서

---

178) 박상우. (2011). 사진과 19세기 신경정신의학. 미술사학보, 37, 79-116.

179) 하지현. (2016). 정신의학의 탄생: 광기를 합리로 바꾼 정신의학사의 결정적 순간. 해냄, 42-43. 황혜진, Hwang Hye Jean. (2018). 갱년기 울병(Involutional Melancholia)의 혼란스러운 역사: -20세기 전반 전문가 집단과 비 전문가 집단의 개념 이해 및 활용. 영국 연구. 40(40), 263-294.

의학 전반에서 더욱 가치를 인정받게 되었다.

프란츠 알렉산더(Franz Alexander, 1891~1964)는 헝가리 부다페스트에서 태어나 독일에서 공부했고, 미국으로 건너가 시카고 정신분석연구소(Chicago Institute for Psychoanalysis)를 설립한 초기 정신분석가 중 한 명이다. 1948년 펴낸 《정신신체의학 연구: Studies in psychosomatic medicine》에서 그는 각종 신체질환이 각각 특징적인 무의식적 갈등과 연관되어 있다고 주장하며 이를 '특이점 가설(specificity hypothesis)'이라 불렀다. 정신분석학에서 보았을 때 구강기에 고착된 성격은 공격성과 자기주장이 강하거나, 반대로 상당히 의존적이다. 그런데 해소되지 않은 의존 욕구가 무의식적으로 적절히 조절되지 않으면 결국 신체증상으로 변환되어 나타난다는 것이다. 알렉산더는 스트레스라는 개념을 적극적으로 사용하지는 않았으나, 그와 유사한 압력을 받으면 위산이 과다 분비되고 조직의 기능에 이상이 생겨 결국 궤양이 생기는 수준까지 발전한다고 보았다. 알렉산더는 위궤양 외에도 공격적 성격과 본태성 고혈압, 유년기 분리불안과 기관지 천식, 자기파괴에 대한 공포와 갑상선 항진증, 완벽주의적 성향이나 지나치게 양심적인 성격과 편두통이 서로 연관 있다고 생각했다. 신체의 기능 이상이 장기 조직의 오작동 때문이라는 기계적 관점이 아니라, 인간의 심리와 강한 연관이 있다고 여겼던 것이다. 이 가설은 이후 심리적 스트레스에 의해 교감신경계가 항진되어 위점막에서 위산 분비가 증가되고, 이로 인해 궤양이 발생할 수 있다는 것으로 증명되었다.

마이어의 개념적 접근들은 이후 많은 연구를 통해 객관적으로 입증되었다. 1950년대 중반 미국의 심장내과 의사 마이어 프리드먼(Meyer Friedman, 1910~2001)[180]

---

180) 심장전문의로 예일대학 졸업 후 존스홉킨스대학에서 의학박사 학위를 받았다. 행동 양식과 심장병 발병의 관계를 밝힌 'A형 행동(Type A)' 이론을 공동 창안했다. 화를 잘 내고 성미가 급한 사람들은 심장병 발병 위험이 높다는 사실을 밝힌 이 연구로 심장의학에서 정신 상태를 살펴야 할 필요성이 새롭게 제기되었으며, 현재까

과 레이 로젠먼(Ray Rosenman)은 산업화한 지역에서 급격히 증가한 관상동맥질환에 대해 고혈압, 흡연, 높은 콜레스테롤 수치만으로는 설명할 수 없자 성격 유형과 관련이 있는지 조사했다. 마이어 프리드먼과 레이 로젠먼의 실험에 의하면, 조바심, 공격성, 성취욕, 시간적 긴박감, 인정욕구가 강한 사람들에게 심혈관질환 발병 위험이 높다는 것이 밝혀졌고, 이들을 A형 성격이라 규정했다. 반면 그 반대 유형을 B형 성격이라 했다. 생활습관과 질병의 인과관계를 밝히기 위해 미국 매사추세츠주의 작은 마을, 프레이밍햄의 주민들을 대상으로 실시한 프레이밍햄 심장 연구(Framingham heart study)에서도 정신과 신체의 관련성이 반복해서 입증됐다. 4년 이상이 걸린 장기 추적 관찰에서 A형 성격으로 평가된 사람은 협심증이나 심근경색에 대한 다른 위험인자를 보정했음에도 여전히 심장질환이 많이 발병해, 독립적인 위험인자로 평가된 것이다. 정신신체의학은 전인적 치료 수단으로서 입지를 굳히고 있다. 현재 정신신체의학은 정신과 내에서도 미국 정신의학회가 인정하는 6번째 분과 전문의다. 이는 시대적 변화가 반영된 것으로, 지난 10년간 암과 같은 중증 신체질환의 치료 실적이 좋아지면서 특히 정신신체의학적 접근이 중요해지고 있다.[181]

1960년대만 해도 암을 진단받는다는 것은 대부분 죽음을 의미했기 때문에 정신과에서는 환자의 가족들이 진단 결과를 환자에게 숨길 것을 요청할 때 환자의 알 권리에 대한 문제나, 임종을 앞둔 환자의 심리를 어떻게 다룰지에 대한 고민이 중요한 이슈였다. 그러나 1990년대 이후 암의 치료 성과가 좋아지고, 암 진단 이후 생존한 사람이 늘어나면서 관심의 영역도 달라졌다. 2015년 현재, 한국에서는 약

지도 관련 연구가 이어지고 있다. 《A형 행동과 당신의 심장(Type A Behavior and Your Heart)》과 《A형 행동의 치료와 당신의 심장(Treating Type A Behavior and Your Heart)》이 대표작으로 꼽힌다. 90세로 생을 마감하기까지 캘리포니아대학 마이어프리드먼연구소 소장을 지내며 심장 연구에 평생을 바쳤다.

181) 이송미. (2020). 미라클: 당신이 기적의 존재인 과학적 이유. 비타북스. 참고.

100만 명이 암 진단을 받고 현재 생존해 있다. 이는 50명 중 한 명이 암 환자일 정도로 높은 수치다. 이제는 '암을 진단받고 치료하는 과정에서 경험하는 삶의 질'도 중요하다고 여긴다. 즉 암 진단을 받고 힘든 항암 치료 과정을 거치는 동안 인간적 존엄성과 삶의 질을 유지하고, 사회적 기능을 해낼 수 있도록 돕는 것이 치료 성과뿐 아니라 치료 기간 동안의 삶의 만족도를 올릴 수 있다. 실제로 약 10~15퍼센트 정도의 암 환자에게 삶의 의미와 가치에 대한 혼란, 불안장애, 우울장애와 같은 심리적 정신적 영성적 문제가 발생하는데 심한 정신질환이 아니더라도 치료 실패, 죽음, 재발에 대한 강한 불안이 다모클레스 증후군(damocles syndrome)으로 나타나기도 한다.[182] 체력적 약화와 재발에 대한 두려움으로 신체 능력치가 떨어져 쉽게 피곤해하고, 스트레스에 취약한 한편 수술이나 항암 치료와 관련한 외상후스트레스장애(post traumatic stress disorder)도 적지 않다.

이러한 측면에서 암 환자 대상의 심리적, 사회적, 정서적, 영성적 도움이 요구되며 효과 또한 상당하다. 암세포가 전이된 유방암 환자들을 모아 서로의 어려움을 공유하며 정서적으로 영성적으로 지지하는 집단치료를 시행했더니 치료를 시행하지 않은 집단에 비해서 일 년 반을 더 생존했다. 이런 연구 증거들이 쌓이면서 최근 많은 종합병원에서 만성 신체질환이나 암환자를 위한 클리닉을 개설하고 있다. 영국 옥스퍼드 대학교 출판부에서 2012년 발간한 《헬스케어 영성: Spirituality in

---

182) 다모클레스(Damokles)는 기원전 4세기 전반 시칠리아 시라쿠사의 참주(僭主) 디오니시오스 2세의 측근이었던 인물이다. 어느 날 디오니시오스는 다모클레스를 호화로운 연회에 초대하여 한 올의 말총에 매달린 칼 아래에 앉혔다. 참주의 권좌가 '언제 떨어져 내릴지 모르는 칼 밑에 있는 것처럼 항상 위기와 불안 속에 유지되고 있다'는 것을 가르쳐 주기 위해서였다. 이 일화는 로마의 명연설가 키케로에 의해 인용되어 유명해졌고, 위기일발의 상황을 강조할 때 '다모클레스의 칼(Sword of Damocles)'이라는 말을 속담처럼 사용하기 시작했다. 질병의 재발에 대한 과도한 두려움이 있을 때 '다모클레스 증후군'에 대해 말한다. 이 증후군은 주로 암 환자에서 관찰된다. 이러한 경우 재발에 대한 두려움이 있는 것이 정상적이며 심지어는 두려운 공포이기도 하다. 그러나 질병의 재발에 대한 이러한 불확실성이나 두려움이 강렬해져 사람들의 일상생활에 영향을 미칠 때, Damocles 증후군을 언급한다.

Healthcare》은 현재 '영적 돌봄' 분야의 세계적 표준 교재이자 유일무이한 입문서다. 지난 2013년 세계보건기구의 본부가 있는 스위스 제네바에서 열린 '의료에서의 영성 국제적 합의 회의'에 20여 개국에서 의사, 간호사, 원목자, 교육자, 철학자, 신학자, 사회복지사, 정책입안자 등 40여 명이 모여 '인간은 종교의 유무에 관계없이 누구나 영적인 존재다'라는 합의를 발표했다.[183] 영성은 질병에 있는 환자들에게 삶의 의미와 가치를 되돌아보게 하고 삶에 대한 의지를 갖게 하여, 보다 깊은 치료와 생존에의 의지를 갖게 한다.

과거 정신의학은 의학적 범주로 분류할 필요성은 있지만 다른 의학과 별개로 분류되는 애매한 위치에 있었다. 진단 기준과 치료법의 발전으로 의학의 영역에 들어간 20세기 중반 이후에도 정신의학을 향한 모호한 시선은 의료계나 환자 모두에게서 사라지지 않았다. 똑같이 뇌 연구를 기반으로 하는 의학인 신경학, 신경외과, 재활의학과와 달리 진단과 치료에 대한 불신이 여전히 남아있다. 그러나 노령화, 의학기술의 발달에 의한 치료 성공률 증가, 삶의 질에 대한 욕구 강화라는 사회적 변화는 '정신신체의학적' 개념을 가진 정신과 의사뿐만 아니라 한 걸음 더 나아가 인문융합적 인식을 가진 전문가를 요구하기 시작했다. 갈수록 세분화되면서 진단 위주로 환자를 대하는 현대의학의 한계를 보완할 수 있는 방법은 인류가 수많은 시간 축적해 온 인문융합적 치료의 경험자산들을 활용하고 적용할 수 있는 사회적 합의가 필요하다는 절실함이 대두되고 있는 것이다.

이제 단순한 의학적 '진단'만이 아닌 몸과 생각, 그를 둘러싸고 있는 사회와 영적

---

183) 교황청립 생명학술원(PAV). (2018). White Paper for Global Palliative Care Advocacy: Recommendations from a PAL-LIFE Expert Advisory Group of the Pontifical Academy for Life, Vatican City: 전 지구적 차원의 완화의료 옹호를 위한 백서: 교황청 생명학술원 주관 PAL-LIFE 전문자문위원회 권고사항. JOURNAL OF PALLIATIVE MEDICINE Volume 21, Number 10, 2018. 참고.

흐름이라는 곧, '신체-정신-사회-영성(bio-psycho-social-spiritual)'의 전인적 측면에서 '몸과 마음의 상호작용' 개념을 기반으로 인간을 이해하고 '현대의학의 지식'을 가진 의사뿐만 아니라 정신과 사회 영성적 지식을 통합하는 인문융합치료적 안목을 가진 홀리스틱한 관점의 조력자가 필요한 시대가 되었다. 많은 연구들이 심혈관질환, 소화기계질환, 피부질환, 급만성 통증 등 몇몇 질병의 원인 또는 기여인자로 정신을 관련지어 왔고, 정신과 신체 간의 연관성을 지지하는 증거는 충분히 있지만, 그 둘 사이에 존재하는 복잡한 세부사항들에 대해서는 과학적으로 완전히 이해되지 못한 상태로서 심신의학은 이 연관성을 과학적으로 밝혀 질병의 치료와 예방에 이용하려는 것이다. 정신신체의학(psychosomatic medicine)도 심신의학의 한 형태로 볼 수 있으며, 호르몬, 신경전달물질, 뉴로펩타이드, 사이토카인 등을 통한 마음과 몸의 연계성을 연구하는 정신신경면역학(psychoneuroimmunology)도 심신의학과 관련된다.

심신의학적 치료 기법들은 마음을 이용해 생리적 상태를 변화시킴으로써 건강증진을 도모하는 것으로서, 이완운동 등의 인지행동치료, 바이오피드백치료, 명상요법, 심상요법, 최면요법, 향기, 마사지 요법, 요가 등 다양한 치료법이 이에 속한다. 스트레스 상태에서는 교감신경계가 강화되어 혈압, 맥박수가 증가하고 호흡 및 근육 긴장도가 증가한다. 즉 긴장, 불안 상태인 것인데, 이 상태가 오래 지속되면 결국 몸의 면역체계를 저하하고 다양한 질병 및 신체증상을 야기할 수 있는 것이다. 따라서 이러한 생리적 상태를 변화시켜 이완 상태로 만드는 것이 치료 목적이라 할 수 있는데, 특히 바이오피드백치료는 이를 통해 부교감신경계를 강화하여 혈압, 맥박수를 떨어트리고 호흡 및 근육긴장도를 감소시켜 결국 휴식 및 안정 상태로 만드는 것이다.[184]

---

184) 서호석. (2014). 정신과 육체의 관계: 심신의학. 대한변협신문(http://news.koreanbar.or.kr).

이제 의학은 새로운 방향으로의 전환을 모색해야 하는 시기에 직면했다. 발병에서 치료까지의 전 과정에서 단순히 육체적(Physical) 치료만으로는 온전한 치유가 될 수 없다는 것이 관련 전문가들의 의견이다. 또한, 건강한 사회에서 건강한 인간이 태어나고 성장하고 제 역할과 의미를 발견할 수 있을 것이라는 데에는 이견이 없다. 건강하지 못한 사회, 돈이 중심이 되는 사회에서 구성원들은 참된 행복을 발견하기도 힘들고 개인의 자아를 실현하고 의미와 가치를 추구하는 삶을 살기가 어렵다. 발병의 과정 자체가 사회적이다. 환경오염과 인류기술의 진보가 가져온 여러 가지 질병들, 자본주의 사회의 끝없는 경쟁에서 건강한 삶을 유지하기 어려운 노동자들과 생명의 위기에 끊임없이 노출되는 열악한 환경에 놓인 비정규직 노동자들의 발병은 사회적이다. 인간의 몸과 마음 그리고 우리가 살아가는 지구 공동체의 모든 제도와 규범들은 긴밀하게 연결되어 있고 그 가운데서 인간은 자신의 삶의 균형과 조화를 잃어버리는 질병에 노출되고, 감염되고, 온전한 사회공동체 활동에서 배제되거나 격리되거나 고립되는 일들이 다반사다.

4

인지행동치료의 융합: 부정적 스키마의 변화

정신분석에서는 우연한 행위나 실수를 중요하지 않은 것이라 여기며 무시하는 것은 분명히 존재하는 무언가 혹은 그 무언가를 수면 위로 올리고 싶은 의도가 억압된 것이라 여긴다. 즉 구체적이고 개별적인 사실들, 보잘것없다고 여기며 놓치기 쉽고 지나쳐 버리기 쉬운 작은 것들에 주의를 기울이는 것이 정신분석과 추리적 사유의 본질이라 할 수 있다. 추리 서사의 장르적 본질은 탐정 혹은 탐정의 역할을 담당하는 사람이 근대적이며 논리적인 사고를 바탕으로 보통의 사람들은 발견하지 못하는 범죄 사건의 핵심적 단서를 찾아내어 범인을 밝히는 것이다. 이는 매우 사소하고, 모른 채 지나쳐도 상관없을 세부적 내용에 주의를 기울이는 '정신분석'의 관점과 일맥상통한다.

수년 전 방영된 〈시그널〉이라는 드라마는 인문융합치료과정의 정신분석과 인지행동치료의 프로세스를 반영한다. 〈시그널〉의 프로파일러 등의 형사들이 찾아낸 '증상(실마리, 단서)'이 사건의 해결을 위한 장치가 되는 것이 아니다. 진정한 사건의 해결은 증상들이 형사에게 출몰한 이유는 무엇인지, 형사에게 채워 달라고 요구하는 그들의 욕망은 무엇인지, 형사들이 모른 척하고 은폐하고 싶어 하는 과거의 기억은 무엇인지를 밝혀내는 것이다. 은폐된 기억, 숨겨진 단서 또는 봉인된 증상은 우리 앞에 출몰하여 우리에게 무언가를 요청하는 것이다. 그간의 추리 서사는 형사가 주축이 되어 범죄 사건을 해결하는 것으로 그려졌다. 다시 말해 형사가 눈에 쉽게 보이는 증거가 아닌, 사건 해결에 결정적인 중요성을 지닌 숨겨진 정보를 찾는 것이 관건이 되었다. 그런데 이 드라마에서는 형사의 역할을 맡은 사람이 범죄 해결의 실마리가 되는 단서를 찾는 것이 아니라, 관점을 뒤집어서 추리 서사를 보려 한다. 즉 범죄 사건의 단서, 라캉의 용어를 빌리자면 '증상'이 형사(상담자)에게 갑작스럽게 출몰하는 것이라는 입장으로 돌아간다.[185] '증상'은 형사에게 자신이 말하고 싶은 것을 대신해서 표현해 달라고 요구한다. '증상'은 이유 없이 갑자기 나타난 것이 아니라 형사에게 발견되기 전부터 존재한 것이다. '증상'은 그 자리에서 형사에게 끊임없이 자신의 목소리를 들어 달라고, 숨겨진 진실을 파헤쳐 달라고, 은폐된 사건을 조사해 달라고 호소한다.[186] 등장인물들은 무전기를 타고 들려오는 과거의 소리를 통해 현재의 왜곡된 현실을 이해할 수 있는 단초를 발견한다. 그리고 현재는 끊임없이 과거와 대화하며 과거를 재해석하고, 과거의 왜곡된 문제와 은폐된 문제들을 해결해 나간다. 때로 그들은 카우치에 누워, 혹은 적극적인 상담자에 의해 과거의 시간으로 되돌아가 부정적인 기억의 장들을 기억해 내며 현실의 문제 해결을 위한 단초를 찾아 나간다. 이것은 마치 정신분석학의 프로세스를 지켜보는 것 같은 생생함을 시청자들에게 보여 준다.

---

185) 라캉은 그의 철학의 전개에 따라, 주체 개념에 대한 세 가지의 다른 이론을 전개했다. 전체적 구조의 관점에서 라캉의 주체 이론들의 연속성과 일관성을 해명하는 것은 중요하다. 우선 첫째로, 그는 상상계 이론에 집중하면서, 데카르트의 코지토를 비판하고 해체하려고 했다. 왜냐하면, 데카르트의 코지토가 함의하는 자기 확실성으로서의 주체 개념은 거울 단계에서 문제가 된 자아의 일반적인 기능인 자기 기만성과 상반되기 때문이다. 그러나 두 번째 단계에서, 라캉은 상징계 이론에 집중하면서 데카르트의 코지토는 기표에 의해 구성된 주체와 이러한 기표적 주체가 무의식과 가지는 관계를 가장 잘 고려할 수 있게 하는 최선의 수단이라고 주장한다. 그러나 라캉 철학의 세 번째 단계라고 할 수 있는 실재계 이론이 부각될 시기에 와서 주체의 문제는 다시 그 전체적 방향을 앞의 두 단계와는 전혀 다르게 바꾼다. 여기서는 상징적 논리와 욕망이론과는 상반된다고 할 수 있는 환상의 이론이 주체 이론의 주요한 대상으로 부각된다. 이러한 세 가지 차원의 주체를 전체성에서 반성하는 것이 라캉의 주체 이론의 핵심이다. 증상 개념은 이러한 이질적인 세 차원이 공통적으로 수렴하고 교차하는 집합점이다. 문장수. (2009). "쟈크 라캉의 주체 개념". 철학논총 56, 393-415.
186) 김민영. (2019). 김은희의 추리극에 나타난 기억과 폭력의 양상 연구: TV 드라마 〈싸인〉, 〈유령〉, 〈시그널〉을 중심으로. 인문콘텐츠. 53, 341-345.

인문융합치료는 인지행동치료의 방법론을 수용한다. '인지행동치료(CBT: Cognitive Behavioral Therapies)'는 심리적인 문제로 고통을 겪고 있는 사람을 정성껏 보살 피면서, 문제의 본질을 탐색하고 해결방법을 훈련하여, 일상에서 건강하고 적응적 인 삶을 살아갈 수 있도록 안내하는 전문적인 '심리치료(psychotherapy)' 방법의 하나이다. 인지행동치료에서는 내담자의 과거보다는 현재의 삶에 더 초점을 맞추 고, 체계적으로 구조화된 방식의 훈련을 통해 내담자가 현재 겪고 있는 문제의 해 결을 촉진하는 현실적인 접근을 시도한다. 내담자의 인지, 즉 생각이 감정과 행동 관계에 영향을 미친다는 것이다.

근대로 들어서면서 심리학과 정신의학에서 심리치료 분야가 태동했고, 과학적 인 연구와 실증적인 사실에 근거한 치료적 개입이 본격적으로 시작되었다. 20세기 초반에는 무의식의 발견과 더불어 정신분석치료(psychoanalysis)가 대세를 이루 었고, 20세기 중반에는 외현적인 행동수정을 위한 행동치료(behavior therapy)가 주로 행해졌다. 1960년대부터 시작된 새로운 패러다임의 인지행동치료(cognitive & behavioral therapies)는 20세기 후반 심리치료의 주류가 되었고, 이런 흐름은 21 세기로도 이어져 더욱 발전되었다. 인지행동치료가 확장되고 진화하면서, 기존의 인지행동치료를 보완하고 혁신하는 치료방법들이 소개되고 있다. 이를테면, 제프 리 영(Jeffrey E. Young)의 심리도식치료(Schema Therapy), 마샤 리네한(Marsha M. Linehan)의 변증법적 행동치료(DBT: Dialectical Behavior Therapy), 존 티즈 데일(John Teasdale)의 마음챙김에 기초한 인지치료(MBCT: Mindfulness-Based Cognitive Therapy), 그리고 스티븐 C. 헤이즈(Steven C. Hayes)의 수용-전념치료 (ACT: Acceptance and Commitment Therapy) 등이 대표적이다.

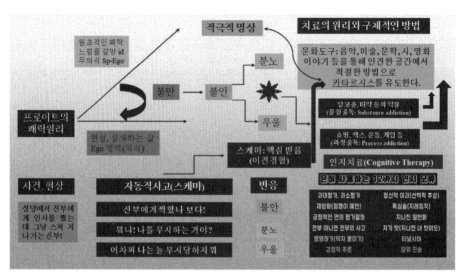

표 8: 인지행동치료의 작동원리

이 도표는 인지행동치료의 전 과정을 하나의 완성된 체계로 정돈한 것이다. 하나의 사건(현상)이 발생한다. 예를 들어 성당에서 신부에게 인사를 했는데 그냥 스쳐 지나가는 것이다. 이러한 일이 발생했을 때 여기에 대한 반응, '자동적 사고(스키마)'는 서로 다르게 나타난다. 가령 A는 '나는 신부님한테 찍혔나 보다(어쩌지?)'라는 '불안'의 반응을 보인다. 반면 B는 '뭐야? 나를 무시하는 거야?'라며 '분노'한다. 그리고 C는 '어차피 나는 늘 무시당하지 뭐, 신부님도 나를 무시하시는 거야'라며 '우울'한 감정에 휩싸인다. 인지행동의 스키마는 핵심적인 믿음이다. 이렇게 자동적 사고란, 우리의 감정과 행동에 결정적인 영향을 미치면서도 쉽게 의식되지는 않는 사고를 말한다. 말 그대로 자동적으로 드는 생각이고, 매우 신속하게 스치고 지나가는 생각이어서, 우리 스스로는 자신이 그러한 생각을 했는지조차 잘 인식하지 못하는 '스쳐 지나가는 생각'이 바로 '자동적 사고'이다.

인지행동치료에서는, 정서적인 문제를 해결하는 데 중요한 것은 통상적인 생각이 아니라 자신도 모르게 '스쳐 지나가는 생각'을 정확히 찾아내고, 이를 현실적으로 평가해 보는 것이라고 강조한다. 인지행동치료는 단지 생각을 긍정적으로 하거나 결심을 새로이 하는 것과는 다르다. 자신의 내면에서 감정과 행동을 좌우하는 자동적 사고를 고쳐 나가는 과정이 바로 인지행동치료의 과정이다. 저명한 미국의 심리치료자인 코르친(Sheldon J. Korchin)[187]에 따르면, 현재 전 세계적으로 약 400여 개의 심리치료 이론이 있으며, 이 중에서 다수의 치료자에 의해 선호되고 있는 주요이론만도 10여 가지에 이른다고 한다. 인지행동치료는 우울증뿐만 아니라 사회공포증, 강박증, 공황장애, 범불안장애, 외상후스트레스장애 등과 같은 불안장애, 그리고 신체화 장애, 건강염려증, 섭식장애 등과 같은 정신신체장애를 비롯하여, 만성적인 대인관계곤란을 유발하는 성격문제 및 부부갈등에 대한 개입에 이르기까지 다양한 심리적 문제(인지, 정서, 행동 및 대인관계 영역)에 적용되고 있다.

인지행동치료에서는, 이러한 연쇄반응의 고리 중에서 B(생각)의 중요성과 영향력에 주목한다. 특히, '타당성(validity)'이 결여된 생각과 '효용성(efficiency)'이 부족한 생각이 심리적인 문제와 관련되며, 그렇게 왜곡된 생각에 사로잡힐 때 정서적인 고통이 증폭된다고 가정한다.[188]

---

187) 코르친(S. J. Korchin)은 국립 정신 건강 연구소(National Institute of Mental Health)에서 스트레스 부서장을 역임했으며 버클리 캘리포니아 대학에 심리학 클리닉을 설립했다. 코르친은 임상 훈련 및 연구에 대한 기여로 1978년 미국 심리학회 디비전 12에서 인정받았다. (APA PsycInfo Database Record (c) 2016 APA)

188) 우울을 지닌 사람들이 나타내는 10가지 대표적인 인지오류가 있다. 1.정서적 추론: 자신의 경험을 근거로 하여 자신, 세상, 미래에 대해 자의적으로 판단하는 것. 예) 나는 쓸모없는 사람이라서 아무런 희망도 없고, 사태는 나빠질 것이다. 2. 과도한 일반화: 한두 가지 사건을 확대해석해 무리한 결론을 내리는 것. 예) 처음 본 맞선 상대에게 좋은 감정을 느끼면서 상대가 무조건 선한 사람이라 믿는 것. 3. 임의적 추론: 비논리적이고 독단적 추론이란 아무런 관련도 없는 문제들 사이에 부당한 관련을 짓는 것. 예) 문자에 답변이 없으면 의도적으로 회피한다고 생각함. 4. 이분법 사고: 모든 일을 흑 아니면 백으로 보며 회색지대는 인정하지 않는 것. 예) 완벽하지 않으면 가치가 없다. 5. 극대화 극소화: 어떤 일에 대해 너무 큰 의미를 부여하거나 과소평가하는 것. 6. 파국화: 재앙화라고도 하며 미래에 대해 현실적인 어떤 다른 고려도 없이 최악의 경우를 예상하는 것. 7. 개인화: 자신과 무관한 특정한 사건이나 상황을 자기와 결부시켜 해석함. 예) 시험에 떨어져서 여자 친구와

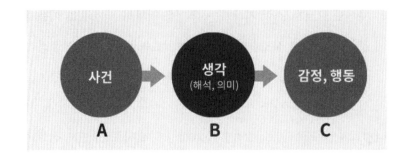

인지행동치료는 인문융합적 사고의 성숙과 성장을 통해 생각(해석과 의미)을 변화시키는 것이다. 인지행동치료의 핵심은 '내담자의 눈을 통해 비추어진 세상'을 이해하는 것이다. 내담자가 세상을 바라보는 방식을 함께하면서, 보다 현실적이고 적응적인 삶의 방식을 찾아 나가도록 돕는 것이 인지행동치료의 핵심이다. 인지치료의 창시자인 Aaron T. Beck[189]은 "우리의 감정과 행동은 객관적 현실보다는 주관적으로 구성한 현실에 의해서 결정된다."라고 주장하며, "자기 자신, 다른 사람, 주변 세상, 그리고 미래에 대한 왜곡된 구성과 집착이 우리를 고통스럽게 만든다."라고 설명한다. '나는 사랑을 받을 만한 존재가 아니다'는 생각이 우리를 슬프고 우울하게 만들고, '시험에서 떨어지면 인생을 망치는 것이다'는 믿음이 우리를 불안하고 긴장하게 만들며, '다른 사람은 믿을 수 없다'는 생각이 우리를 반복해서 의심하고 경계하게 만든다는 것이다. 인지행동치료에서는 우리의 감정이나 행동이 어떤 사건이나 상황 자체 때문이 아니라 그것에 대한 자신의 '주관적인 해석'

헤어졌다. 8. 선택적 추상화: 중요한 것은 무시하고 부분적인 것으로 전체를 확대해석함. 9. 잘못된 명명: 낙인찍기로 어떤 사람의 한 가지 행동이나 부분적 특징으로 상황 전체를 단정하는 것. 예) 술 한 번 먹었다고 술고래라고 칭함. 10. 긍정격하: 자신의 긍정적인 경험이나 능력을 객관적으로 보지 않고 낮추어 평가하는 것. 예) 시험을 잘 본 것은 운이 좋았을 뿐이다.

189) 에런 템킨 벡(Aaron Temkin Beck, 1921~2021년 11월 1일)은 미국 정신과 의사이며 펜실베이니아 대학교의 정신과 교수이다. 그는 인지 요법의 아버지로 여겨지고 있으며 그의 개척 이론은 임상 우울증과 다양한 불안장애의 치료에 널리 응용되었다. 벡(Beck)은 또한 우울증과 불안에 대한 자기보고 척도를 개발한 바 있다. 특히 벡의 우울척도(Beck Depression Inventory)는 우울증 심각도를 측정하는 데 가장 널리 사용되는 도구 중하나가 되었다.

에 의해서 영향을 받는다고 가정한다. 인지행동치료에서는 동일한 사건에 대해서 사람마다 다른 반응을 보이는 이유는, 그 사건에 부여한 개인적인 의미(personal meaning)가 사람마다 서로 다르기 때문이라고 설명한다.

현대인들의 불안은 어디에서 오는가? 프로이트의 쾌락원리에 따르면 '불안'은 만족하지 못하는 '불만'에서 시작된다. 원초아(id)는 욕망의 충족인 쾌락을 추구하고, 자아(ego)는 원초아의 욕망 충족을 위해 그것에 제한을 가하는 환경인 현실과 타협하고, 초자아(super ego)는 이상에 비추어 원초아의 충동과 자아의 행위를 판단한다. 이처럼 성격을 구성하는 원초아, 자아, 초자아의 뿌리는 원초아의 욕망이고 생물학적 본능인데, 대표적인 본능은 성욕과 공격욕이다. 프로이트는 욕망을 추구하는 원초아(id)를 지배하는 원리를 '쾌락원리', 조절기능을 하는 자아(ego)를 지배하는 원리를 '현실원리'라 말했다. 한 개인에게는 원초아의 욕망 충족이 가장 중요하지만, 사회생활을 하는 개인은 함께 사는 사람들과의 네트워크가 없이는 개인의 욕망을 충족하기 어렵다. 예를 들어 내가 음식에 대한 욕망을 충족시키고 싶을 때, 음식을 생산하거나 판매하는 사람들이 없다면 불가능하다. 스스로 물고기를 잡거나, 소를 도축하거나 농사를 지어 식욕을 충족시키려고 해도, 어구나 농기구나 비료를 생산하는 사람들이 없다면 불가능하다. 또한 소를 도축하는 일도 혼자서는 할 수 없는 일이다.

뇌 과학이 우리가 미처 지각하지 못하지만, 행동과 사유에 영향을 미치는 뇌의 심층 작용을 무의식으로 간주한다면 프로이트는 무의식을 유발하는 억압과 사회적 압력을 더 강조한다. 무의식은 뇌의 작용이 아니라 사회적인 것의 파생물이다. 그런데 프로이트의 무의식을 정동, 억압, 증상과 동일시하거나 유아기 소망의 잔재에 불과하다고 보는 것은 또 다른 오해이며 무의식의 본성은 욕망과 충동의 역동성에서 찾아야 한다. 프로이트는 초기부터 역동적 관점에서 일상에 침투하는 무의식 현상을 쾌락원리를 통해 규명한다. 쾌락자아와 현실자아는 삶에서 무의식을 구성하는 실질적인 작용요인이다. 쾌락자아와 현실자아가 상호작용하고 갈등하는 과정에서 충동이 핵심 역할을 하는데 그것은 정신과 육체의 경계 개념이기 때문이다. 충동은 신체적 자극을 정신 속에서 대표하는 '표상의 대표자'를 통해서만 드러나며 이때 억압된 것이 무의식의 내용을 이룬다. 라캉은 표상의 대표자를 시니피앙 이론으로 새롭게 정식화하면서 계승한다. 억압과 갈등이 발생하는 것은 인간이 사회적이면서 언어적인 존재이기 때문이다. 프로이트의 관점은 의식과 사유를 절대시하는 전통철학의 견해나 무의식을 뉴런, 신경전달물질, 시냅스의 산물로 보면서 의식의 물질성을 강조하는 생물학적 입장과 전제가 다르다. 정신분석학이 말하는 무의식 개념은 문명 속에서 고통받는 인간 삶의 여러 현상을 더 적확한 방식으로 해명한다.[190]

---

190) 김석. (2013). 쾌락자아와 현실자아 -역동적 무의식의 두 원천-. 현상학과 현대철학. 57, 27-54.

5

심리·사회·영성적 지지체계(support system) 구축을 위한 연대

위기 상황에 대한 개인, 가정, 지역사회의 경험과 대응 방식은 상당히 다르다. 대다수의 사람들은 자가 회복력을 보유하고 있어서 어려운 상황도 잘 극복한다. 그러나 일부는 현재 진행 중인 고통의 증상을 해결하기 위해 타인의 도움이 필요할 수도 있다. 사람들은 역경에서 상대적으로 잘 대처하는 능력과 회복력을 보여 준다. 역경 시 개인이 심리적 문제를 겪을지 그렇지 않으면 회복력을 가질는지 여부는 다양한 사회적, 정신적, 생물학적, 영성적 요소의 상호작용으로 결정된다. 사람들의 회복력을 유지해 주는 사회적, 정신적, 생물학적, 영성적 요소를 '보호적 요소'라 말한다. 이 요소들은 고난이나 고통에 직면했을 때 받는 심각한 심리적 충격을 감소시킬 수 있다. 또한, 따뜻한 가정과 지역사회 소속 전통과 문화, 강한 종교적 신념과 영성 그리고 정치적 이데올로기 역시 보호적 요소의 예이다.

아동의 경우는 잠재적으로 더 심각한 사회적, 정신적 어려움을 겪을 수 있는 위협에 처해 있다. 아동, 노인, 장애인, 환자, 정신적 문제를 겪는 사람들은 빈곤에 처한 사람들처럼 위험한 상태에 놓여 있다. 이러한 사람들이 겪는 심리적 안녕에 대한 안정적인 정서적 관계 유지와 사회적인 지지가 강력한 보호적 요소가 된다. 심리, 사회적 지지라는 용어로 다양한 접근 방식과 활동이 진행되어야 한다. 지역사회 내의 자조(Self help) 센터는 재난이나 위기의 부정적인 결과를 효과적으로 완화한다. 지역사회는 개인이나 그룹이 당면한 문제 해결 능력을 보유하고 있고, 문제 해결을 위해 요구되는 지원을 받을 수도 있다. 그러나 많은 지역사회가 정신보건 시스템을 보유하고 있지 못한 것이 우리의 현실이다. 지역사회 내 심리, 사회적 안녕 증진(Psychological Well-being)을 위한 시스템을 구축하여 지역인들은 다양한 문화적, 지역적, 사회적 보호 요소들을 통해 정신적 '보호막'을 유지하고 고난과 고통에 직면한 개인이나 공동체에게 자신과 공동체를 보호할 수 있는 다양한 지지감을 줄 수 있다.

특히 따뜻하게 돌보아 주는 가족과 지역사회, 지역의 문화와 전통, 강한 종교적 신념이나 정치 이념을 통해 느끼는 대의에 대한 소속감은 사회적인 안정감을 주는 중요한 요소가 될 수 있다. 특히 지역사회 내의 종교적, 영적 신념이 위기사건에 대한 반응양식에 긍정적인 영향을 미칠 수 있다는 것은 많은 정신건강전문의들의 공통된 의견이다. 종교적인 사람은 위기사건을 더 쉽게 받아들이고, 사건을 보다 긍정적으로 해석하여 현실에 적응할 수 있는 내적인 힘을 가져 나간다. 사건의 이유에 대해 이성적으로 해석하면서도 정서적 심리적 위기를 초월의 영역에서 이해하려 하고, 인내심을 가지고 확고하게 대처한다. 반면에, 사건을 신의 처벌이라고 생각하는 경우에는 회복이 더욱 어려울 수 있다. 이로 인해 죄책감을 느끼고 앞으로 어떻게 행동해야 할지 자신 없어하며, 심지어 신앙을 포기할 수도 있다. 그래서 각 종교의 장례와 염, 치유 의식과 같은 종교적 의식과 예절은 피해자들의 고통을 줄여 주고 회복을 촉진하는 긍정적인 기능을 한다. 종교적 제례는 심리사회적 안녕 증진을 위한 중요한 메커니즘이고, 회복 과정의 단계이며, 지역사회를 한데 모으는 구심점 역할을 한다. 그래서 지역사회 지지그룹(Community support groups)은 매우 중요하다.

하나의 명상그룹(reflection group)이 지역사회 전쟁 때문에 생겨난 침묵을 깨기 위해 과테말라(Guatemala)에서 조직되었다. 각 그룹은 60~70여 명의 여성으로 구성되었다. 참가자들은 이웃이면서도 서로 잘 모르고, 서로 잘 믿지 않는 경우가 종종 있었다. 그러나 그룹 모임을 통해 집단 명상을 하고 비밀을 털어놓으면서, 서로가 서로를 정직하게 대하며, 신뢰를 쌓을 수 있게 되었다. 이를 통해 모두가 겪고 있는 문제를 다른 방식으로 바라보고, 서로에 대해 알아 가며 공동의 해결책을 찾아 나가며 닥쳐온 위기를 극복해 나가는 긍정적인 심리, 사회적 지지체계의 모델을 보여 준 사례가 있다.[191]

명상공동체인 '플럼 빌리지(plum village)'는 베트남 출신의 스님이자 시인이며, 평화운동가인 틱낫한이 1982년 프랑스 보르도 근교에 창설했다. 이후 세계각지에 '플럼 빌리지'가 만들어졌다. '영적인 오아시스'로 불리는 플럼 빌리지는 인종과 종교에 상관없이 각자의 믿음에 따라 마음의 평화를 추구할 수 있는 장소로, 남방불교의 '위파사나'를 대중화한 수행으로 일반인에게 친근하게 다가갔다. 프랑스에 자리를 잡으면서 플럼빌리지는 늘 자신을 변화시키고 새롭게 만들었다. 자신이 자리 잡은 유럽 땅의 사람들에게 깨달음을 전파하기 위해서다. 주민들의 이해를 받지 못하면 함께 살아갈 수 없기에 지역주민과의 유대를 강화하기 위해 오픈하우스데이를 마련해 주민들을 초청하기도 했다. 중국인들이 티베트를 침략하지 않았다면 오늘날 티베트 불교가 그렇게 세계적으로 전파될 수 없었듯이 틱낫한 역시 베트남 공산정권의 추방을 받지 않았다면 오늘날처럼 세계적인 공동체를 설립할 수 없었을 것이다. 한 인간에게 닥친 재난과 위기가 오히려 기회가 된 사례다. 물리적인 파괴와 육체적인 고통보다 더 무서운 것은 심리적인 위기다. 어려운 주변 환경을 명상이라는 마음챙김과 심리적인 지지와 정서적인 안전을 통해 극복해 나가는 중요한 하나의 사례이다.

---

191)   T. Ruel Marie and R. Quisumbing Agnes. (2006). The Guatemala Community Day Care Program: An Example of Effective Urban Programming, International Food Policy Research Institute.

공동체의 재난은 해당 지역에 광범위한 규모의 직접적인 피해를 야기한다. 영국 자선단체 크리스천 에이드는 2021년 기후재난 가운데 가장 피해 규모가 컸던 15건을 추려 분석한 보고서 '2021년 기후재난 손실액'을 공개했다. 보고서가 다룬 총 15건의 기후재난 중 보험액에 기반해 피해액을 산출할 수 있는 10건의 피해액은 각각 150억 달러(약 17조 8050억 원) 이상이었고 총 1700억 달러 이상(약 202조 원)의 피해를 입힌 것으로 드러났다. 이는 전년 대비 300억 달러(약 35조 6100억 원)가 늘어난 것으로 갈수록 기상이변으로 인한 피해가 증가하고 있기 때문으로 분석된다.[192] 그러나 재난에 따른 피해는 단지 경제적 피해에 국한되지 않으며, 정신건강에 대한 폐해는 훨씬 더 심각하다. 다양한 재난 피해자들에 대한 연구에 따르면 재난 생존자들은 외상후스트레스장애(posttraumatic stress disorder, PTSD)를 비롯하여 우울증, 범불안장애, 공황장애, 물질관련질환 등 매우 다양한 정신질환들을 겪을 수 있다고 말한다.

재난 생존자들에서 PTSD의 발병률은 대략 10~20% 정도로 추산되며, 단기간에 증상이 호전되지 않는 환자들은 만성화하는 경향이 높으므로 초기에 신속한 개입과 예방이 중요하다. 국내에서 발생한 대구 지하철 사고 6년 후 조사한 연구에 따르면, 40%를 상회하는 부상자들이 PTSD가 지속되고 있었고, 시간이 경과하여도 사회적으로 회피적이고 타인과의 관계를 불편해하거나 예민하게 받아들이고 자제력이 부족한 등의 적응 곤란이 잠재해 있는 것으로 나타나 일반인들에 비해 여전히 스트레스에 취약해져 있었다는 사실을 확인할 수 있었다. 또한 평소 긴장하고 불안해하는 특성과 수면의 문제가 지속되고 있는 것으로 나타나 환경적 적응력을 높이기 위한 치료적 개입이 반드시 필요했다.

---

192) Christian Aid. (2021). Counting the cost 2021: A year of climate breakdown. https://reliefweb.int/report/world/counting-cost-2021-year-climate-breakdown-december-2021.

세월호 사건은 대형 재난인 동시에 안산이라는 한 지역에서 많은 학생과 교사들이 희생되었던 사건으로 사고 초기 이러한 재난의 경험이 전무한 상태에서 재난정신건강에 대한 체계적인 대응 체계가 없었다. 따라서 재난 정신건강에 대한 지원은 주로 대한신경정신의학회 차원의 자원봉사에 대한 논의를 통해 이루어지게 되었다. 자원봉사를 통한 직접적 지원과 함께 대한신경정신의학회의 대책위원회가 만들어지고 학회 산하에 재난정신건강위원회가 만들어지면서 직접적인 자원봉사와 함께 대국민 교육, 언론 및 홍보, 재난정신의학에 대한 심리지원 자료 등의 영역으로 점차 확대되었다. 그 후 시간이 경과함에 따라 안산정신건강트라우마센터가 만들어지게 되었으며 대한신경정신의학회의 활동은 자원봉사 체계와 안산정신건강트라우마센터를 지원하는 형태로 이루어지게 되었다.

지금까지 기술한 바와 같이, 재난은 PTSD를 비롯한 주요정신질환들을 유발하거나 악화시킬 정도로 심리적 영향력이 막대하나, 재난에서 비롯되는 각종 현실적인 문제들로 인하여 심리지원의 접근성과 가용성이 떨어지는 이중적인 폐해가 있는 것이 현실이다. 따라서 재난 후 정신건강증진 및 회복을 가장 성공적으로 달성하기 위해서는 무엇보다 효과적인 정신건강트라우마 지원체계에 근거하여 적절한 규모와 기능의 서비스제공기관을 설치하는 것이 가장 중요하다. 이상과 같은 문제의식을 바탕으로, 해외 주요 국가들의 정신건강트라우마지원센터의 구체적인 형태와 기능, 규모 등을 파악하고 이들 센터의 운영에 핵심적인 요소들을 총체적이고 면밀하게 파악함으로써 국내 (가칭)정신건강트라우마센터의 모형과 운영체계를 제시하였다는 점은 심리·사회·영성적 지지체계(support system) 구축이라는 안전한 사회를 위한 큰 걸음이라 할 수 있겠다.[193]

---

193) 대한정신건강재단 재난정신건강위원회. (2014). 대한신경정신의학회 세월호 사고 후 100일의 기록. 서울: 대한정신건강재단 재난정신건강위원회: 서울시재난심리지원센터(2019). 재난대응 피해자와 지역사회를 위한 서울시 위기개입서비스프로토콜. 서울: 서울시재난심리지원센터.

인문융합의 네러티브,
융합심리분석상담

1

종교와 영성 그리고 메타영성(meta-spirituality)

기술 과학의 진보와 (포스트)모더니즘적 사고는 종교(거룩함)의 영역을 상당히 위축한 듯하지만 실제로 인간 삶의 많은 영역에서 발견되는 '초월 체험'의 '초-자아적(trans-personal)'이고 '탈-자아적(beyond ego)'인 문제들은 '영성'을 취급하는 전문가들에게 수많은 과제와 책임의식을 가지게 한다. 신체적, 정신적 건강과 심리적 대처에서 영성의 역할에 대한, 경험 보고들과 학문적 연구는 급격하게 전개되고 있다. 또한, 이러한 연구 결과와 성과가 내과, 정신과, 심리학, 행동주의의 모든 주요 의학, 심리학 저널에서 언급되고 있다는 것도 유의미한 사실이다. 효과들이 충분히 이해되지 않았고, 그 증거가 때때로 과장되는 면이 없지 않지만, 건강과 심리학적, 영성적 요소들이 건강한 인간의 지속 가능성과 밀접한 연관성이 있다는 것이 경험적으로 제시되고 있다.[194] 전통 정신의학과 심리학이 인간 정신과 뇌를 이해하는 데 있어서 큰 발전을 이루어 왔지만, 인간의 정신과 기능에 대해 필요 이상의 제한된 관점을 고수하고 있다. 자아초월심리학(Transpersonal psychology)

---

194) 정신건강의학과 외래 환자들 가운데는 특별한 신체적인 이상 없이 신체 증상을 호소하는 '신체증상 장애(somatic symptom disorder)' 환자들을 보게 되는데 많은 경우 이들은 정신적인 문제, 즉 우울, 불안 및 왜곡된 사고에 의해 증상들이 발현된다고 보고된다. 또한 '정신신체장애(psychosomatic disorder)'로 불리는 여러 신체적 질환들, 즉 과민성대장증후군, 위궤양, 천식, 고혈압, 편두통, 아토피, 소양증 같은 많은 질환들이 정신적인 요인과 관계있다고 보고 있다. 이러한 정신과 육체의 관계에 의해, 모든 병은 마음에서 비롯된다는 데에 기본 원리를 두며 인체가 지닌 자연치유력을 증진시켜 치료 효과를 얻고자 하는 심신의학(mind-body medicine)이 대두되었다. 심신상관의학은 마음(정신적, 정서적 과정)이 신체(생리적 기능)에 영향을 미칠 수 있다는 전제에 기초하며, 심리상태와 정신의학적 치료 사이, 생리학과 병태생리 과정 사이의 관계를 규명하는 통합의학의 한 분야라고 본다.

은 이러한 경험과 발달의 수준을 연구하고 이에 대한 다양한 작업을 진행하며 오늘날에 이르렀다.[195]

자아초월심리학(Transpersonal psychology)은 현대심리학의 도구를 가지고 인간의 영성적, 종교적 측면을 통합한 제4세대 심리학이다. 이것을 '영성심리학(spiritual psychology)'이라고 정의하기도 한다. 하지만 자아초월심리학을 연구하는 연구자 내부에서도 이 용어와 명칭이 그리 달가운 것은 아니다. 자아초월은 '정체성 혹은 자기감이 인류, 생명, 심혼 혹은 우주 전체를 포괄하는 개체적 혹은 개인적 수준 너머로 확장되는 경험'으로 정의된다. 이는 또한 '인습적, 개인적 혹은 개체적 수준을 넘어선 발달'로 정의되기도 한다.[196] 그러기에 기존 종교 안에서 정의되고 사용되었던 '영성(Spirituality)'이라는 표현과 차별성을 두기도 어렵고, '자아초월'이라는 단어가 영성에 속해 있는 듯한 인상을 여전히 지울 수는 없었다. 대중적인 이해의 지점에서도 '자아초월', 혹은 '탈자아' '초자아' '초개인주의' 등의 혼란한 개념규정과 단어의 등장으로 학문적인 이해와 성취에도 불구하고 '영성'이라는 용어의 사용은 기존 제도종교의 아류 혹은 이단 정도로 이해되기도 했다.

특정 기성종교에 소속되기를 원하지는 않지만, 영적인 욕구와 특성을 가지는 사람들이 많다. 그들은 자신의 영적인 특성과 인간 존재와 세계의 궁극적 의미와 목적을 찾기 위해 고뇌의 시간을 보낸다. 논리와 합리가 지배하는 세계 안에서 영성을 추구하는 사람들은 비논리, 비과학적, 비합리적이라는 오명이나 오해를 받기 쉽다. 종교 안에서의 전통적인 수행이나 종교 안에서의 영성적 활동들은 인간의 정서적인 측면(억압이나 그림자)에 대한 깊이 있는 이해가 부족하거나 전혀 없다.

---

195) 스코튼브루스, 치넌앨런, 배티스타존, 김명권. (2008). 자아초월심리학과 정신의학. 학지사. 26-27.

196) Harris L. Friedman, Glenn Hartelius 편저; 김명권, 김혜옥, 박성현, 박태수, 신인수, 이선화, 이혜안, 정미숙, 주혜명, 황임란. (2020). 자아초월심리학 핸드북. 서울: 학지사.

그러나 살아가면서 겪는 영적인 위기들 안에서 그것을 충분히 설명해 주거나 이해할 수 있는 길을 찾는 것이 어려워 심각한 무력감이나 약물치료의 방법만으로 상황이 더욱 악화되는 많은 임상사례들을 만나게 된다. '신병'[197]이 난 사람에게 상담과 약물치료는 오히려 독이 되는 경우들도 있다. 오히려 '내림굿'이라는 무례의 입문절차를 거쳐 온전한 일상으로 돌아오는 적지 않은 무속인들의 경우가 보고되고, 연구된다. 신병은 영성적인 측면에서 바라본다면 샤머니즘의 핵심인 엑스터시(망아상태)[198]를 준비하며, 결국 엑스터시의 보다 순수한 형태를 경험하는 것을 목표로 한 병고(病苦)라 할 수 있다.[199]

---

197) 이 병은 의약으로는 낫지 않고 무당이 되어야 비로소 낫는다고 한다. 민간에서는 이러한 병을 '신병(神病)'이라 부르고, 학계에서는 입무(入巫)의 병이라는 뜻에서 무병(巫病, Schamanen-krankheit)이라 부르고 있다. 신병은 시베리아 및 중앙아시아를 위시하여 세계 각지에서 볼 수 있던 샤머니즘(shamanism) 사회의 입무(入巫)에 이르는 병(initiation disease)과 같은 목적과 기능을 지닌 현상이다. 즉, 신병은 그가 신에 의하여 무당이 되도록 선택되었다는 증표이며 이를 통하여 무당으로서의 능력을 얻을 수 있는 신성한 입무의 조건이다. 보통 신병을 통하여 무당이 된 경우를 강신무(降神巫)라 하여, 세습과 학습에 의하여 입무한 세습무(世襲巫)와 구별한다. 그런데 강신무라 할지라도 뒤에 학습의 과정을 밟는 경우가 많고 세습무라고 해서 입무에 이르는 고행을 전적으로 무시한다고는 할 수 없다. 다만 체험의 강도와 엑스터시(ecstasy)의 중요성을 강조하는 데는 세습무보다는 무병을 겪은 강신무가 더욱 큰 구실을 하고 있다고 할 것이다. 그러나 무당이 되기 위해서는 고통을 겪어야 한다는 관념은 근원적인 성무(成巫)의 조건이었으리라 짐작된다. 손진태. (1948). 조선민족문화의 연구. 을유문화사.

198) 엑스터시는 내림굿을 통하여 신병을 앓을 때의 피동적 체험에서 조절 가능한 능동적 체험으로 발전된다. 신병을 앓는 자는 또한 서서히 의식의 약화와 해이에 발맞추어 상대적으로 강해진 무의식의 초월적 기능, 시간과 공간을 상대화할 수 있는 능력의 영향하에 있게 된다. 우연한 무구의 발견, 예언의 적중 등은 모두 이러한 무의식의 능력에 따른 분석심리학, 이른바 비인과론적(非因果論的) 원리로서의 동시성 현상(同時性現象, synchronicity)이라 할 수 있다. 신병은 모든 종교적 귀의에 수반되는 고행과 마찬가지로 '의미 있는 고통'이며 소명(召命)과 신선(神撰), 나아가서 무당의 엑스터시 능력을 부여받을 수 있는 힘의 원천이라 할 수 있다. 이것은 노이로제를 인격 성숙을 위한 의미 있는 고통이라고 보는 몇몇 근대 정신의학자의 소감과 같은 맥락을 지니고 있다. 류동식. (1975). 한국무교(巫教)의 역사와 구조. 연세대학교출판부: 한국민족문화대백과사전. 신병(神病).

199) 이부영. (1969). 입무과정(入巫過程)의 몇 가지 특징에 대한 분석심리학적 고찰. 《문화인류학》 제2집: 엑스터시는 자아와 자아 너머의 세계와의 강렬한 정동(情動)을 수반한 관통이며 일치의 상태이다. 엑스터시와 빙의(憑依, possession: 근거하여 의지함)를 구별하는 사람이 있으나, 이들은 자아를 초월하는 어떤 신성한 세계 또는 그 존재와 접촉하여 관계를 맺는다는 점에서 이끌리는 기분으로 산으로 치달아 올라가든가 하는 체험으로 미루어 볼 때, 저승의 초월적 존재와의 교류가 엑스터시 체험의 내용을 이루고 있음을 볼 수 있다. 고통과 죽음과 재생이라는 성인과정의 원초적 유형은 한국 무속에서는 극도의 금욕, 육적인 것의 부정, 세속적인 것의 기피, 세속으로부터의 추방, 저승과의 근접과 귀령(鬼靈)의 세계에의 몰입의 여러 과정으로 상징되는 '고통과 죽음', 잠귀의 발양(拔壤) 뒤에 초신(招神)하여 이루어지는 무신과의 합일, 그 증거로서의 신선(神宣)으로 표상되는 '재생'의 과정으로 나타나고 있다. 이런 과정이 반복되면서 빙의된 '제귀신(諸鬼神)'의 정련(精鍊)'이

메타인지란 자신의 인지 과정에 대하여 한 차원 높은 시각에서 관찰, 발견, 통제하는 정신 작용이다. 내가 모르는 것이 무엇인지 냉정하게 판단한 뒤 이를 채우기 위한 또 다른 계획을 구상하는 일련의 과정이 메타 인지와 연관돼 있다. 이러한 '메타'의 개념과 형이상학적 '메타' 개념(초월. transcendence)이 융합된 '메타영성(meta-spirituality)'이란 기존의 종교 영역에서 말하는 '영성'과는 다른 의미로 이해해야 한다. 메타영성은 기존 영성의 개념에서 한 차원 높은 관점에서 영성을 새롭게 발견하고, 초월하는 영적활동이다. 초월(transcendence)은 벗어나는 것이나 회피하는 것이 아니다. 오히려 세상과 사물의 중심으로, 핵심으로, 본질로 나아가는 것이다. 메타영성의 운동방향은 '초월'이다. 보다 핵심으로 근본으로(radical) 나아간다. 기존 종교 안에서 영성은 주로 구체적인 식별(discernment)에서 작용하기를 바라며 등장했다. 선과 악, 선인과 악인, 빛과 어둠, 천사와 악마, 옳고 그름, 참과 거짓 등의 이분법적 견해와 판단을 유도했다. 그러나 메타영성(meta-spirituality)은 이분법적인 식별의 영성과는 다르다.

메타영성의 운동은 통합(integrate), 융합(cenvergence), 통섭(consilience)의 방향으로 나아간다. 메타영성은 바른 생각과 바른 견해를 추구한다. '바르다'는 것은 이 세상의 모든 사물과 현상을 있는 그대로 보는 것이다. 사실(fact)을 사실 그대로 바라보는 것이다. '산은 산이고, 물은 물이다'라는 것이다. 자신의 생각이나 관념이나 가치관에 따라 사실을 달리 보고 해석하는 것을 '바르다'라고 할 수 없다. 메타영성은 수시로 변화하는 인간의 인지와 이해, 판단과 결정, 삶에 대한 창조적이거나 파괴적인 영성의 힘에 대해, '영성의 영성(Spirtualty about spirituality)'을 사변한다.

일어나고 이는 무당이 되고 나서도 계속되는 것이다. 그것은 마치 개인적인 '그림자'로 가려져 있는 무의식(無意識)의 자기원형(自己原型) 혹은 아니마(anima), 아니무스(animus)가 그림자를 벗겨 버림으로써 보다 순수하게 의식의 자아와 만나게 하는 과정과도 같은 것이다.

2

자아초월(trans-personality)과 영성(spirituality)의 인문학적 융합

자아초월과 영적이라는 용어는 의미 면에서 종교적이라는 용어와는 구분하여 이해될 수 있고, '영성(spirituality)'이라는 말과도 올바른 자리매김을 해야 할 것이다. 종교와 영성은 구분되지만, 관련되어 있음은 부인할 수 없다. 존재하는 모든 것을 과학으로 이해할 수는 없다. 과학은 또한 윌리엄 제임스가 말한 것처럼 "보이지 않는 실재." 혹은 "무지의 어두운 그림자."로 비유되며 언어나 그 어떤 도구로 표현될 수 없는 무엇이었다.[200] 영성은 개인적으로 매일의 우리 존재를 살아 있게 하고 우리의 깊은 소망을 반영하며, 우리 삶을 목적 있는 삶으로 의미 있게 만드는 것들을 말한다. 전체적인 의미로는 '삶의 의미가 무엇인가?' '모든 것이 무슨 의미인가?'와 같은 존재론적이고 근원적인(radical) 문제들에 대한 질문과 연관되어 있다. 이러한 심리학의 새로운 범주는 윌리엄 제임스를 시작으로 프로이트, C. G. 융과, R. 아사지올리, E. 에릭슨, A. 머슬로우, 켄 윌버에 이르기까지 의미 있는 심리학자들이 '자아'에 대한 집착에서 벗어난 상태와 상황에 대한 관찰을 진행했음을 엿볼 수 있다. 그들은 모두 자신들의 연구에서 '영성(spirituality)'이라는 단어를 사용했지만, 정작 자신들 이론의 어느 부분에 자리하게 할지 난감해했다. 프로이트와 융의 결별도 바로 이 지점에 있었다.

먼저 '자아초월(transpersonality)'[201]과 '영성적(spiritual)' '종교적'이라는 용어들

---

200) Len Sperry & E. P. Shafranske. (2005). & 최영민 역. (2008). Spirituality Oriented Psychotherapy, 하나의학사, 20-21.

201) 라틴어 접두사 trans(prefix)는 희랍어 'meta(메타)'와 같은 의미를 가진다. 'meta(메타)'는 그리스어로 '넘어서,

은 구분돼야 한다. '종교적'이라는 표현은 특정 믿음을 가진 단체의 신념체계(belief system)를 가리킨다. 그들 구성원의 공통된 '자아초월적' 체험들 혹은 신앙의 체험들이 특정 내용과 맥락을 중심으로 구심력을 발휘한다. 반면 '영성적'이라는 말은 인간 정신의 영역, 곧, 육체적 경험으로 체험되지 않는, 그렇다고 제한되지도 않는 영역의 인간특성이다. 인간의 경험세계를 취급하는 자아초월적 경험에는 영적 체험뿐 아니라 더 높은 차원의 인간적 경험이 포함된다. 인간의 숭고한 가치를 드높이며 공동선을 위해 자신의 삶을 희생하고 포기한 많은 사람들의 삶은 개인의 생존과 지속을 초월한 인간현상이다.[202]

'자아초월'이라는 용어의 시작은 윌리엄 제임스(William James, 1905)의 강의에서였다. 그러나 자아초월심리학은 1960년대에 이르러 심리학의 제3세력(Third Force)이라고 불리는 '인본주의 심리학(humanistic psychology)' 운동의 하나로 생겨났다고 본다.[203] 아브라함 머슬로우는 이러한 영적 운동의 초창기에 중요한 영적 안내자였다. 스타니슬라프 그로프(Stanislav Grof)도 빅터 프랭클과 함께 '자아초월'이라는 용어를 사용했다. 이어 1968년에 이르러 J. 아담스, J. 레비, 머슬로우, 소냐 마굴리스, 마이클 머피, 그로프, 비치, 수티치 등은 '제4세대 심리학'이라고 명칭하며 기존 심리학의 '개별적인 자기(individual self)'에 초점을 두는 한계를 넘어서고자 하였다. 그들은 인본주의 심리학과의 구분을 위해, 자아초월심리학(transpersonal psychology)이라고 명명했고, 연구소와 협회를 창설했다. 협회의 설립목적을 주목할 필요가 있는데 심리학에서 영성과 의식의 변성상태에 대한 관

위에 있는, 초월하는' 등의 의미를 가진 접두사(prefix)인데, 이 접두사로 만들어진 대표적 단어로는 형이상학을 의미하는 meta-physics가 있다. 글자 그대로 보면 자연(물리계)을 초월하는 그 무엇인데, 이 단어는 기원전 1세기경 그리스 철학자 안드로니코스(Andronicos)가 아리스토텔레스(Aristoteles)의 철학을 정리하면서 만든 용어다. 임영익. (2014). 메타생각. 리콘미디어. 259.

202) Len Sperry & E. P. Shafranske(2005). & 최영민 역. (2008). 위의 책 26.

203) 스코튼브루스, 치넌앨런, 배티스타존, 김명권 역. (2008). 위의 책 31.

계를 탐구하는 데 있었다.[204]

당시 미국의 정치 문화적 맥락, 곧 정치적, 종교적, 문화적 변화가 시민들에게 커다란 충격을 주고 있었고, 베트남 전쟁 이후에 학생들의 전쟁 반대 운동이 유럽으로까지 확산되었다. 이후 생태, 여성해방, 인종차별철폐, 동성애자 인권운동 등으로 다각화되며 탈정치적 흐름이 강력한 영적 흐름과 함께했다. 반체제 운동이 동양종교로 방향을 돌리며 카리스마 있는 신비적인 그리스도교 운동과 종파가 번성하기 시작했다. 프랑스는 68혁명 이후 세속화, 근본주의로 치달았다. 가톨릭을 조롱하고, 영성은 무너졌다. 젊은 세대 영성의 붕괴는 다양성의 파괴로 이어졌다. 불안정한 사회는 이내 획일화, 동질화되기 시작했다. 에밀 뒤르켐은 〈자살론〉에서 19세기 말 프랑스를 진단하며 마르크스가 종교를 민중의 아편으로 취급하고 있을 때, 뒤르켐은 도리어 종교를 깊이 숙고했다. '왜 고등교육이 보급되고 고도성장이 이루어지는데도 자살하는 이들은 도리어 늘어나고 있는가'를 심도 있게 연구했다. 근대사회에 만연한 의미의 상실, 내가 이 땅에 존재하는 의미(意味)의 부재를 예민하게 포착한 것이다.

세계를 해석하는 것이 아니라 세계를 바꾸는 것이 중요하다고 외쳤던 전투적 계몽주의자들이나 마르크스주의자들과는 달리 뒤르켐은 해석의 지평을 상실한 현대사회가 '죽음에 이르는 병'을 낳고 있다고 파악한 것이다. 이는 키르케고르의 '죽음에 이르는 병'과 같은 맥락이다.[205] 뒤르켐은 자유주의와 사회주의 등 최신의 이념

---

204) '자아초월심리학 저널'은 메타욕구(meta-needs), 궁극적인 가치, 합일의식, 절정경험, 황홀경, 신비체험, 존재가치, 본질, 환희, 경외, 경탄, 자기실현, 궁극적 의미, 자기초월, 영, 일상생활의 신성화, 단일성, 우주적 자각, 우주적 놀이, 개인과 종의 넓은 시너지, 대인관계의 최대한의 참만남, 초월적 현상, 최대한의 감각적 지각, 반응성과 표현, 그리고 관련된 개념, 경험, 활동 등에 대한 이론적, 응용적연구, 독창적인 기고문, 경험적 논문과 소논문 연구, 출판을 목적으로 한다. Len Sperry, 32-33.
205) 키르케고르는 사람들이 '죽음에 이르는 병'에 걸려 있어 절망에 빠질 수밖에 없다고 말했다. 그에게 '죽음에 이

들이 종교가 제공해 주었던 삶의 의미를 대체해 주지 못한다는 주장을 펼친 것이다. 그래서 그 신구(新舊) 사이의 방황 상태를 '아노미'라는 개념으로 집어냈다. 도덕적 진공 상태, 에밀 뒤르켐은 '영성의 공백' 상태가 지속된 프랑스는 정서적, 심리적 위기에 처해 있다고 스스로 자신들의 당면한 상황을 진단한다. 당시 영성은 추상적인 개념이 아니라 상당히 구체적인 개념이며 현실이었다.[206] 서구의 새로운 반향과 의식이 '영성'이라는 다소 추상적인 단어로 대체되면서 인문학에 대한 새로운 전망들이 싹트고 있었다. 서구적 의미에서는 Humanities로 번역되는 '인문'은 인간 문명, 인류 문화 등을 의미한다. 특히 인문학 'humanities'라는 단어는 라틴어 'humus'에서 기원한다. 'humus'는 원래 '땅' '흙'이라는 의미다. 인간이 '흙에서 왔다'라는 그리스도교의 신학(Theology)이 세계의 대학과 인문학의 출발이기도 했다.

기원전 387년 무렵, 고대 그리스의 아테네에 플라톤이 세운 학교인 '아카데미아'에서 대학의 기원을 찾을 수 있지만, 우리가 흔히 '대학'이라 일컫는 고등교육기관은 12세기 중세 유럽에서 시작했다. 이탈리아의 볼로냐 대학, 프랑스의 파리 대학, 영국의 옥스퍼드 대학 등이 대표적이다. 대학을 뜻하는 '유니버시티(University)'는 라틴어인 '우니베르시타스(Universitas)'에서 유래했다. 이는 다수, 복수, 사람의 집합체 등을 뜻하는 말이다. 교사와 학생이 가르치고 배우기 위해 스스로 조직한 기초적인 조합이 바로 중세의 '대학'이었던 것이다. 중세의 성직자를 양성하던 대학을 거쳐 1810년 지금의 독일에는 최초의 근대적 대학으로 불리는 베를린 대학이 세워졌다. 중세 대학의 목표가 성직자를 양성하거나 교양인을 길러 내는 것이었다면 베를린 대학은 대학 사상 최초로 '학문연구'를 지상 과제로 삼았다.[207]

르는 병'은 자기 상실이며, 다시 말해 자기를 있게 한 신과의 관계를 상실했을 때 발생한다고 봤다. 그는 "절망에 대한 안전한 해독제는 신에 대한 믿음."이라고 말했다. 키에르케고르, 김용일 역. (2006), 죽음에 이르는 병. 계명대학교 출판부, 2006.

206)   김명권. (2008). 자아초월심리학과 정신의학. 학지사. 40-41

207)   E. J. 베버볼프강, 김유경. (2020). 유럽 대학의 역사. 경북대학교 출판부. 83-84.

인문학의 시작은 종교 안에서 비롯된 것임을 간과해서는 안 된다. '초월'과 '영성'이라는 주제 역시 종교 영역의 문제만이 아니라 인문학적 주제로써 연구되었던 영역이고 이제 우리는 '마음의 원리'를 과학적으로 사유하는 융합적인 심리학의 영역에서 '초월'과 '영성'이라는 주제를 인문융합적 사유로 접근하고 있는 것이다. 이전에는 학문을 세분화, 분과(分科)하여 전문가를 양성하기 위해 학제 간 구분과 커리큘럼을 세분하였지만, 이제 학문의 경계는 무너져 내렸다. 새로운 시대정신은 학문과 학문을 연결하거나 통합하는 과정을 요구한다. 학문 간의 통합, 부서 간의 통합, 기능의 통합, 전문영역들의 통합은 새로운 시대에 적응해 나가는 지적 노력의 일환이다. 나아가 '통합'은 대학에서의 학과통합처럼 이질적이고 물리적인 단위들을 단순히 묶는 과정일 수 있는 반면 '융합'은 하나 이상의 것이 녹아서 하나가 되는 과정으로 화학적으로 합치는 것이라 할 수 있다.

'인문융합'은 인문학의 새로운 시작을 의미한다. 과학과 기술의 급격한 진보가 인간을 소외하고 있다. 인간은 눈부시게 발전하는 과학기술로부터 소외되고 객체가 되기 시작했다. 자연을 정복했다는 자만에 빠졌던 인간이 스스로 개발한 과학으로부터 위협을 받으며 살아가는 과정에서 인간을 회복해야 한다는 절실함이 인문학의 복원을 수면에 떠오르게 한 것이다. 인문학은 앞서 언급한바 인간과 문화에 관련한 모든 것이다. 인문학의 복원은 인간의 위기에 근거한 것이고 위기에 놓인 인간의 회복을 위한 몸부림이다. 동시에 이러한 인간의 회복을 위해 우리는 그동안 인류가 축적해 온 문화적 도구들을 활용한다. 음악, 미술, 문학, 종교와 영성, 철학, 역사, 심리학과 상담학 등의 문화적 도구들이 융합된다. 이렇게 과학기술의 진보와 발전에는 '인간'의 문제, 인문과학이 융합되어야 한다.

3

인문융합치료에서 '영성심리학'과 '융합심리분석상담' 치료

웹스터 사전은 영(靈)을 '생명을 주는 원칙 혹은 생명에 관한 원칙, 물리적 조직에 그 물질적 요소에 대비되는 생명을 주는 것, 생명의 호흡'이라고 정의하고 있다.[208] 인간은 자신의 존재 근원에 대한 '근본적인' 또는 '궁극적인' 물음을 하며 살아간다. 인간은 근본적으로 영적인 존재다. '나는 왜 태어났는가?' '내 인생의 의미는 무엇인가?' '나는 왜 지치거나 우울하거나 패배감을 맛보면서도 살아야 하는가?' '만사에 무슨 가치가 있는가?' 우리는 우리가 하는 일과 경험하는 것의 의미와 가치를 찾고자 하는 종 특유의 인간적인 갈망을 갖지 않을 수 없으며, 사실은 이것이 인간을 정의하는 것이다.

종교는 신념, 가치, 상징, 행동의 집합을 공적으로 그리고 사적으로 나타내는 한 방법이며 신성하다고 생각되는 것과 관련된 실천으로 이해될 수 있다. 종교(religion)라는 말의 어원은 라틴어 re+ligo(결합)에서 기인하며 인간보다 더 위대하고 강력한 어떤 것과의 결속을 시사한다. 이는 산스크리트어 유사표현인 요가(yoga)와 일치한다. 요가 역시 '결속하는' 또는 문자 그대로 '묶는 것'을 의미한다. 종교의 실체적 측면, 실체적 성질은 종교적 행위에 동참하는 것에서 관찰된다. 전례로 구조화된 기도, 개인의 정서 심리를 다루는 명상, 종교집회인 미사와 예배, 혹

---

208) Merriam-Webster. (n.d.). Spirit. In Merriam-Webster.com dictionary. Retrieved January 7, 2022, from https://www.merriam-webster.com/dictionary/spirit

은 찬양, 또는 의식으로 이들은 개인의 종교적 표현을 구성하고 일반적으로 공유하는 문화적 지식에 깊게 결부되어 있다.

영성과 종교는 밀접하나 다른 현대적 문제들과 마찬가지로 다문화주의의 성장과 함께 전통적인 연결은 점차로 약해지고 때로는 분리되어 왔다. 영성은 전적으로 종교라는 울타리 안에 둘러싸여 있는 것만은 아니다. 많은 경우 비종교적 방법에서 영적 실현을 성취하는 경우들을 발견할 수 있는데 자연과의 소통, 또는 제도 종교 밖의 다양한 실천들에 참여하는 것을 통해 이루어진다. 종교적 조직과 분리된 '개인적 명상(meditation)'이 하나의 예일 수 있다.

영성은 사람들이 그들의 일상 속에서 신성함(sacrality)을 찾고, 보존하고, 필요하다면 변모(transformation)시키기 위해 생각하고 느끼고, 행동하거나 서로 관계하는 모든 방식과 관련 있는 것이다. 우리가 따르기로 선택하는 삶의 규율과 습관들은 우리의 몸, 마음, 영혼 속에서 어떤 큰 통합이나 붕괴를 이끌 것이고 현실 안에서도 통합과 붕괴로 이어진다. 신(神), 타자(他者), 우주와 관련된 방식에서도, 마찬가지로 큰 통합이나 붕괴를 이끌 것이다. 영성은 모든 이들의 생명의 통합과 붕괴를 이끄는 중요한 동력이며, 이러한 영성은 우리 매일의 생각과 느낌, 행동들에 반영되면서 생명을 주거나 혹은 파괴적인 힘을 가하고 있다.[209]

C.G. 융이 자신의 영성 영역에서 말하는 '자기(self)'란 자기실현의 시작점이자 종착점이다. 하나 더 나아가 우리가 말하려고 하는 '영성적 자기(spiritual Self)'란 전체정신, 통합정신, 융합심리 즉, 의식과 무의식이 하나로 통합된, 그리고 자아(ego)와 초자아(beyond-ego)가 통합된 '영성적 자기(spiritual Self)'이다. 그것은 인

---

209) Ronald Rolheiser. (2014). Sacred Fire: A Vision for a Deeper Human and Christian Maturity, 11-12.

격 성숙의 목표이며 이상이기도 하지만 '초월적 자아(trans-personality)' 이상의 포괄적이고 통섭[210]적인 의미를 지닌다. 이는 의식의 중심에 있는 '나(자아)'를 훨씬 넘어서는 엄청난 크기의 전체정신의 중심이며 의식의 영역과 무의식 영역의 핵이다. 이는 융이 말한 '원형' 중의 핵심이며, 의식과 무의식의 조화로운 통합을 위해 스스로 조정하고 질서 지우는 우리 정신의 내적인 방향타이며 나침반이다. 또한, 양자물리학이 말하는 입자와 파동의 움직임마냥 정신 원형의 초월적 접근을 통해 'soul(anima)'과 'spirit(animus)'의 내적인 상호작용을 발견할 수 있다. 다음에 언급할 〈그림 7〉과 〈그림 8〉처럼 이미지화(imagination)할 수 있겠다.[211]

'영성적 자기(spiritual Self)'는 고등종교에서 최고의 신, 최고의 진리라고 생각하는 것의 상징, 마치 태양계 혹성의 배열을 결정하며 운행을 조정하는 알 수 없는 궁극의 원리(ultimate principle) 같은 것이다. 융은 인간 무의식 속에서 하느님과 같은 신성을 발견했다. 우리는 자기원형 그 자체를 인식할 수 없다. 우리가 인지할 수 있는 것은 자기원형(arche)의 상(Image)이다.[212]

원형(arche)이란 철학적인 관점에서는 사물이나 현상의 근원을 이루는 성질인,

---

210) 에드워드 오스본 윌슨, 최재천, 장대익 역. (2005). (지식의 대통합)통섭. 사이언스북스. 20. Consilience 이라는 단어는 1840년에 윌리엄 휴얼이 쓴 귀납적 과학의 철학이라는 책에서 처음으로 등장한다. 이 말은 라틴어 'consiliere'에서 온 것으로, 여기서 'con-'은 '함께'라는 뜻을 가지고 있고 'salire'는 '뛰어오르다' '뛰어넘다'의 뜻을 가지고 있다. 이를 합하면 '더불어 넘나듦'으로 풀어서 설명하면 '서로 다른 현상들로부터 도출되는 귀납들이 서로 일치하거나 정연한 일관성을 보이는 상태'를 의미한다.

211) 양자역학은 초미시 세계를 지배하는 물리 법칙으로, 우리가 사는 일상생활 속과는 다른 기이한 특성을 많이 보인다. 그중 하나가 모든 물질이 입자와 파동의 특성을 동시에 지닌다는 '파동-입자 이중성'이다. 이중성은 약 100년 전인 20세기 초에 빛 입자(광자) 하나를 이용해 처음 실험으로 증명된 이후, 전자 등 다른 입자에서도 작동하는 양자역학의 보편적 성질이라는 사실이 증명됐다. 참고: 곽영직. (2008). 빛 물리학. 동녘: 죽내훈, 김재호, 이문숙. (2010). 양자론. 전나무숲.

212) 아르케(arche)는 그리스어로 '처음·시초'라는 뜻으로, 원형과 그 뜻이 통한다. 자연과학에 대한 연구가 활발했던 고대의 그리스에서 물질의 근원에 대한 철학적 질의가 등장함에 따라 아르케의 개념은 자연스럽게 논의의 중점이 되었다. Merriam-Webster. (n.d.). Arche. In Merriam-Webster.com dictionary. Retrieved January 7, 2022, from https://www.merriam-webster.com/dictionary/arche

원리의 개념으로 쓰일 수 있다. 이는 물질뿐만 아니라 동양철학에서 말하는 이(理), 기(氣), 도(道)를 포함할 수 있는 개념이다. 서양철학사에서 탈레스는 '물', 데모크리토스는 '원자(atom)'로, 피타고라스는 '수(nember)'로 세계의 구성을 설명하려고 하였다. 자연과학에서 원형은 '기본입자(elementary particle/fundamental particle)'로 언급되는데 입자 물리학에서 물질을 구성하는 가장 기본이 되는 물질요소이다. 이는 물질 내부에 더 간단한 다른 입자가 없는 입자를 말한다. 현대의 용법에서 기본입자는 물질의 아원자 입자를 가리키며, 장에서 발견된 입자(또는 양자)를 가리키기도 한다. 지금까지는 렙톤(lepton)과 쿼크(quark)가 기본입자라고 알려져 있으나 단정할 수는 없다. 머리 겔만은 쿼크를 발견했다. 쿼크는 u(up, 위), d(down, 아래), c(charm, 맵시), s(strange, 기묘함), t(top, 꼭대기), b(bottom, 바닥)의 6종류가 있다. 또한 쿼크는 분수의 전하를 띠며 반쿼크를 갖고 있다. 렙톤은 내부 구조와 공간상의 부피도 거의 없는 기본입자이다. 렙톤에는 강력 이외의 전자기력, 약력, 중력이 작용하며 전자, 중성미자, 뮤온, 타우 입자(tau particle)가 있다. 강입자는 강력이 작용하는 입자로 중간자(meson), 중입자(baryon)로 구분할 수 있다.[213)]

이렇게 철학과 물리학, 생물학, 화학 등의 범주에서 원형을 찾아 나가는 연구가 진행되는 것처럼 심리학에서도 원형(arche)을 찾아 나가는 노력은 끊이지 않고 전개되어 왔다. '심리학적 원형(psychological arche)'은 인간의 꿈, 환상, 신화, 민담, 종교적 표상 속에 나타난다. 원형이란 지리적 인종적 차이, 문화, 시대사조의 차이에 관계없이 언제 어디서나 시공간을 초월하여 인간이면 누구나 갖추고 있는 인간 형태의 원초적 조건이다. 무의식의 의식화 작업을 통하여 그림자와 아니마, 아니무스를 의식화하고 자기를 실현한다고 해서 무의식의 세계가 낱낱이 밝혀지고 완

---

213) 크로퍼, 김희봉, 곽주영. (2007). 위대한 물리학자. 6: 디랙에서 겔만까지 입자 물리학의 세계. 사이언스북스.

전한 인간이 되는 것은 아니다. 자기는 언제나 자아보다 크다. 우리는 자기실현을 통하여 '완전한 인간'이 되는 것이 아니라 '온전한 인간'이 되는 것이다.

놀라운 연구 성과에도 불구하고 세월이 흐르면서 새롭게 확인되는 과학적 성취와 경험 자료의 축적으로 융이 경험한 임사체험(Near Death Experience)뿐만 아니라, 빙의(Possesion)나 엑스터시(ecstasy), 유체이탈(out-of-body experience: OBE, OOBE) 등의 초월적인 자아에 대한 연구가 심리학 분과뿐만 아니라 정신의학, 물리학 등의 자연과학 분야에서도 심도 있게 연구되며 새로운 개념 정의와 구분, 분류 작업이 필요해지고 있다. 이러한 상황에서 심리학은 융합학문의 영역으로 도약하기 시작한다. 곧 철학의 한 분과로 시작한 심리학이 이제는 통계학, 사회학, 의학, 물리학 등의 도움을 받아 인간 정신에 대한 탐구를 융합적으로 연구 고찰하고 있는 상황으로 진입하고 있다는 것이다.

융합심리학은 심리학적 원형(psychological arche)을 찾아내고 심리원형의 운동원리를 발견하고, 분석하고, 예측 가능한 빅데이터를 형성하는 방향으로 나아가게 될 것이다. 곧 융합심리학은 인문과학, 사회과학, 자연과학이 융합하는 새로운 시대의 융합학문이며 학제 간 협력 연구의 영역으로 새롭게 태어나고 있다. 그러기에 새로운 시대의 심리학은 '영성심리학' 분과를 새로운 연구의 대상으로 융합심리학을 새로운 학문적 방법론의 측면으로 연구할 필요성이 절실해지고 있다. 그것은 기존의 심리학이 현실(분석과 임상)에서 가지는 여러 가지 한계를 뛰어넘는 대상의 운동에 대한 예측과 전망이 가능해지고 있다는 것을 말해 준다.

'영성심리학(spiritual psychology)'이란 영성(spirituality)의 문제와 심리학(psychology)의 긴밀한 통합(integration), 융합(convergence) 그리고 마침내 통섭

(consilience)[214]의 과정을 통해 인간 영혼의 지도를 이해하는 학문의 영역이다. 융합과 통섭이 화두인 시대가 열렸다. 진리는 학문의 경계를 타고 움직이는가? 그렇지는 않다. 학문과 분과를 설정한 것은 사실 16세기를 기점으로 지식을 탐구하는 방법과 사람들이 쪼개지기 시작한 것일 뿐이다.[215] 이제 융합심리학적 연구는 끊임없이 쪼개어 가면서 심리원형(psychological arche)을 찾아 나가고, 넓고 깊게 제 학문과 융합하면서 심리원형(psychological arche)의 운동원리를 발견해 나갈 것이다.

'영성심리학'은 영성과 심리학의 융합이 만들어 낸 학문 영역이며 이는 '분석상담'이라는 구체적인 상담의 영역에서 활용되어 '융합심리분석상담' 치료의 장을 열게 되었다. '융합심리분석상담(Convergence psychoanalysis counseling)'은 프로이트의 정신분석과 C. G. 융의 분석심리학의 성과를 융합하여 자아(ego)를 탐색, 분석하고 내담자의 전인적인 치유로서의 '영성(Spirituality)'이라는 측면을 인간 존재의 내적인 통합과 조화, 균형을 통해 정서적, 심리적인 안정을 지원하고, 자아의 완성과 초월을 이루어 낼 수 있도록 도와주는 상담의 새로운 연구영역이다. 프로이트가 설명하는 '자아(ego)'는 '초자아(super-ego)'와 '원초아(id)'의 긴장

---

214) 에드워드 오스본 윌슨, 최재천, 장대익 역. (2005). 위의 책, 20-21: 통섭(統攝, consilience)은 "지식의 통합"이라고 부르기도 하며 자연과학과 인문학, 사회과학을 연결하고자 하는 통합 학문 이론이다. 설명의 공통기반을 만들기 위해 분야를 가로지르는 사실들과 사실에 기반을 둔 이론을 연결함으로써 지식을 통합하는 것으로 설명되며 이러한 생각은 우주의 본질적 질서를 논리적 성찰을 통해 이해하고자 하는 고대 그리스의 사상에 뿌리를 두고 있다. 자연과학과 인문학의 두 관점은 그리스 시대에는 하나였으나, 르네상스 이후부터 점차 분화되어 현재에 이른다. 한편 통섭 이론의 연구 방향의 반대로, 전체를 각각의 부분으로 나누어 연구하는 환원주의도 있다. 그 이후 통섭이란 말은 20세기 말까지 널리 알려지지 않았으나 윌슨의 저서 《통섭, 지식의 대통합》을 통해 다시 알려지기 시작했다. 이때부터 지금과 같은 의미의 통섭이라는 말이 널리 사용되게 되었다. 한국에서는 이를 윌슨의 제자인 이화여대 최재천 교수가 처음으로 '통섭(한자: 統攝)'으로 번역하였는데 이는 '사물에 널리 통함'이라는 뜻을 가진 '통섭(通涉)'과는 다르며 불교와 성리학에 흔히 사용되는 용어로 '큰 줄기를 잡다'라는 뜻을 가진다.

215) 21세기는 학문 분야의 통합(integration)의 바람이 거세게 불고 있다. 각 대학마다 융합학문, 학제 간 통합과정(cooperate departments)을 통한 학문적 협력, 콜라보레이션(협력기반 공동작업), STEAM(Science, Technology, Engineering, Arts, Mathematics: 여러 분야의 지식과 기술 학문 간의 융합을 의미)교육 등 최근 자주 회자되는 용어에서 드러나듯 사회 각 분야에서 영역 간 울타리를 허무는 시도가 활발하다.

과 변증법적 통합(sin-tesi)을 통해 형성되어 간다. 자아는 의식의 영역에서 움직이지만, 간혹 초자아(super ego)의 과도한 개입이나, 통제되지 않는 원초아(id)의 분출로 자아의 균형이 무너지고 심리적인 위기에 직면하는 경우도 있다. C.G. 융은 바로 이러한 정서적 심리적 위기에 있는 '자아'에게 손을 내민다. 그는 내담자가 자신의 페르소나(persona), 가면의 실체를 이해할 수 있도록 도움을 주고, 자아와 그림자를 통합할 수 있도록 도와주며, '의식화 작업(그림 8A 참고)'과 '개성화 작업(individuation)', 곧 프로이트의 정신분석과정(그림 8 참고)과 동일한 맥락의 작업을 통해 내면의 원형인 아니마/아니무스, 대극의 통합을 이루어 내고, 내면 깊은 곳의 자기(self)를 발견할 수 있도록, 내면의 '현명한 노인(old wise man)', 혹은 '대모(great mother)'로 표현되는 자기 내면의 지혜로운 소리를 들을 수 있도록 도움을 준다. 양자물리학의 입자와 파동으로 감지되는 존재는 'soul(anima)'과 'spirit(animus)'의 역동과 긴장, 이것은 이미 C.G. 융이 대극의 통합을 말하며 설명한 바를 이미지화(imagination)하여 다음의 그림처럼 묘사할 수 있다.

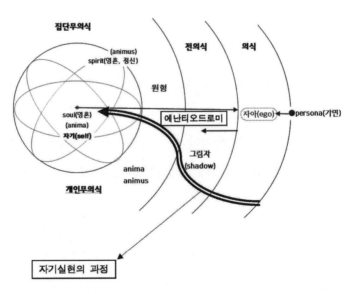

그림 7: 양자물리학의 입자와 파동, 융의 자기(self) 안의 soul과 spirit의 양자역학적 역동

Hillman(1975)은 'spirit'은 사람을 '위로, 밖으로(up and out)' 부르고, 반면 'soul'은 '아래로, 안으로(down and in)' 향하게 한다고 설명한다. 'spirit'은 높이에 관한 것, 'soul'은 깊이에 관한 것으로 이해했다.[216] 마찬가지로 카라수(Karasu, 1999)는 'soul'의 여행은 경험의 어두운 부분과 계곡으로 들어가는 것이며, 'spirit'의 여행은 자기와 다른 사람들과의 관계를 통해서 자기초월을 향하는 것이라고 설명한다.[217] 'soul'과 'spirit'은 전인적 인간 이해와 정서적, 심리적 발달에 필수적인 역동이며, '자기초월(transpersonality)'을 향한 여행은 자기 안에 기반을 두고 자신의 의식에서 출발하여 페르소나, 자아, 그림자를 거쳐, 원형의 영역이라 할 수 있는 아미나/아니무스의 '대극적 통합'을 향한 역동을 지나 온전한 '자기(self)'로 나아간다.

그림자가 자아와 융합해 제3의 정신, '영성적 자기(spiritual Self)'로 다시 태어날 때 인격(personality)을 초월(trans-personality)한다. 초월(transcendent)은 단지 벗어나는 것을 의미하는 것이 아니다. 그것은 보다 본질적인, 핵심적인 '중심'으로 나아가는 것이며 가장 궁극의 원리(ultimate principal)에 이르는 것이다. '자기(Selbst, self)'는 우리의 표층적 의식인 자아(Ego)를 뛰어넘어 무의식 전체를 의식과 통합해 이루는 '전체정신'을 가리킨다. 융은 이렇게 의식과 무의식을 통합해 온전한 전체를 이루는 것을 '자기실현'이라고 불렀다(그림 7 참고). 융은 이렇게 극단을 오가는 정신의 동요를 '에난티오드로미'라는 용어로 설명하기도 했다. '에난티오드로미(그림 7 참고)'란 '대극의 반전'을 뜻하는데, 자아의식이 한편으로 치우치게 되면 무의식에서 그 반대 극이 똑같이 강력하게 형성돼 자아의식을 사로잡게 되는 현상을 가리킨다.[218]

---

216)   J. Hillman. (1975). Revisioning Psychology. New York: Haper & Row. 33-35.

217)   B. Karasu. (1999). Spiritual psychotherapy. American Journal of Psychotherapy. 53, 143-162.

218)   '에난티오드로미(Enationdromie)'는 심적 대극의 반전 현상으로, 주로 인생 후반기에 일어나는 급격한 심리적 변화를 가리킨다. 예를 들어 외향적 감정형이던 사람이 어떤 계기로 그 대극인 내향적 사고형으로 돌변하는 경우가 있다. 이런 극단적인 심리적 변화를 잘 감당하지 못하면 정신질환에 걸리기 쉽다. 아니엘라 야훼, 이부영. (1989). 回想, 꿈, 그리고 思想. 集文堂. 217-225.

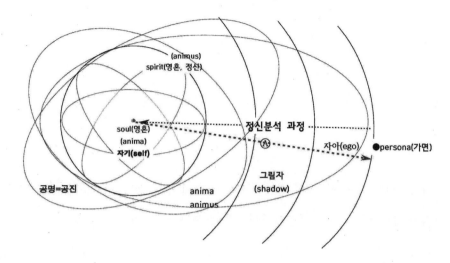

그림 8: 정신분석의 과정과 개성화 과정, 자아초월의 양자역학적 역동모델

이런 '대극의 반전'을 통해 균형을 잡게 된 자아는 한 걸음씩 대극 통합을 향해 나아간다. 대극 통합의 과정에서는 먼저 페르소나(집단정신)에서 자아를 분리하는 단계가 선행되어야 한다. 그다음 '무의식의 의식화' 단계를 거쳐야 한다. 그동안 의식하지 못하고 있던 그림자(그늘)를 인식하고, 아니마·아니무스를 의식화하며 자기(Self)의 메시지를 렐리기오[219]의 태도를 통해 듣고, 자기 '전체로서의 삶'으로 구현해 나아가야 한다. 이러할 때 진정한 개성화가 이루어진다. 그 과정은 죽는 것과 같은 깨어짐과 아픔이 따른다.[220] 이러한 자아의 팽창과 대극의 반전, 자기의 발견

---

219) 다시(re) 결합하다(ligio). 다시 생각한다는 뜻이다. 자기가 상징을 통해 보내는 메시지에 자아가 깊은 관심과 주의를 기울이는 태도를 가리키는 용어다. 삶에 에너지를 주는 원천, 즉 삶의 기반에 주목함으로써 자신의 뿌리를 만나고자 하는 태도다. 자기실현을 위해서는 반드시 렐리기오의 상태를 견지해야 한다. 사실 religion은 '종교'라는 말로 번역되기도 한다. 위의 책, 511-528.

220) '개성화(자기실현)'에서 경계해야 할 점을 살펴보고 넘어갈 필요가 있다. 첫째, 개인지상주의(Individualismus)와 혼동하면 안 된다. 고의적으로 개인적 특수성을 강조하는 것은 자아의 특질을 내세우는 것에 불과한 것으로, 진정한 개성화라고 볼 수 없다. 히피운동에서 보듯이 개인 지상주의자들일수록 무의식적으로 더욱 강하게 집단에 의지하는 경향이 있다. 둘째, 자기팽창(Self-Inflation)과 구별해야 한다. 원형층이 자아의식을 점차 동화해 가면 의식에 변화가 생겨 자아가 신화적 인물과 동일시되어 이른바 악마적 인격이 되기 쉽다. 초인적인 힘을 가지고 있는 것처럼 느끼고 스스로 영웅이나 구세주가 된 것 같은 기분으로 행동하는 것이 그러한 것

과 실현은 동시에 새로운 역동으로 공명하며 가까운 타인에게, 혹은 지구 반대편의 타인들에게까지 공진하며 자기를 전달하는 '세계 안의 나'로 우리의 길을 이끈다. BTS의 영성이 세계를 흔들고, 그레타 툰베리의 영성이 세계인들에게 지구위기에 대한 영감(inspiration)을 주는 것은 아주 구체적인 창조적 영성의 공명, 공진으로 이해할 수 있다.

여기에서 우리는 인문융합치료의 의미를 재차 정의한다. 인문융합치료는 인문과학과 사회과학 그리고 자연과학의 융합을 통해 곧, 제반 학문들 심리학, 교육학, 사회학, 정신의학, 종교학, 상담학 등의 다양한 학문과 통섭하여 지식의 교류가 상호방향으로 활발히 이루어지게 하고, 학문 이론과 치료방법을 심층적으로 탐구하는 학문적 시도이다. 인문융합치료는 세상과 연결된 한 개인이나, 지역, 공동체, 국가 등의 다양한 형태 안에서 발생하는 존재의 위기 상황을 인문융합적으로 관찰하고, 비판하고 사변하는 일련의 프로세스 전반을 말하며 치료 프로그램의 기획과 조직, 개발과 평가를 운용하는 전 과정을 학문적, 실천적 연구의 대상으로 상정한다. 치료의 과정에는 다양한 문화적인 도구들 곧, 음악, 미술, 문학, 종교, 심리학과 상담 등 모든 인문학 도구들을 융합하여 치료의 효과를 제고(提高)한다.

여기에서 언급되는 '치유'라는 말은 몸과 마음의 병을 낫게 하기 위한 일련의 행동 모두를 포괄한다고 볼 수 있다. 치료는 어원학적으로 1846, 현대 라틴어에서 '질병의 치료(therapia)', 그리스어에서 '치료, 치유, 병자에 대한 봉사; 회복되다(본래의

이다. 조울증의 조양증 분열 환자의 과대망상에서 이런 현상을 보게 된다. 정상적인 일반인의 경우에도 자기가 무슨 위대한 사명을 받은 것이나 신의 예언자가 된 것처럼 흥분상태에서 행동하는 것을 보게 된다. 이런 것은 자기실현인 것 같지만 사실은 자기팽창에 불과하다. 자기팽창은 의식성의 결여와 객관성의 상실을 초래한다. 셋째, '개성화과정'이 완전성(Vollkommenheit)을 의미하는 것이 아니다. 완전한 자기실현은 불가능하다. 완전주의를 추구하게 되면 오히려 독단적이고 파괴적으로 변하기 쉽다. 완전성이 아니라 원만성을 추구하는 가운데 대극의 통일을 이루어야 한다는 것이 융의 마지막 생각이었다.

모습으로 돌아가다, therapeia)'에서 '치료하다, 의학적으로 치료하다(therapeuein)'
는 말 그대로 '참석하다, 봉사하다, 회복하다, 돌보다(참고: therapeutic)'는 의미로
정의되었다.[221] 인문융합치료가 개인 내적인 문제의 필요로 전개될 때는 내담자를
둘러싸고 있는 제반 환경들에 대한 사회과학적인 인식을 토대로 개인에게 생겨난
정서적 심리적 문제에 대한 이해와 공감, 적극적 지지를 통해 삶을 어렵게 했던 부
정적인 인식으로부터 해방될 수 있도록 도움을 준다. 반면 사회적으로 연결된 그
룹이나 조직, 재난 지역, 혹은 특수한 재난으로 형성된 피해자 그룹들을 대상으로
하는 인문융합치료는 그들이 당면한 사건이나 사고, 재난, 위기 상황에 대한 분석
과 비판 그리고 문제 해결과 개선을 위한 사회적인 노력과 의식화, 교육, 강연, 그
룹테라피, 정서적, 심리적 지지체계 구축 등의 다양한 정책적 제안이나 기획, 개발
과 평가 작업을 진행할 수 있다. 이렇듯 인문융합치료 영역 안에서 융합심리분석
상담 프로세스를 치료적 측면에서 이해할 수 있고, 인문융합치료의 구체적인 프로
그램이기도 하다.

---

221) R. Beekes. (2010). 그리스어 어원사전, Leiden, 네덜란드, Brill. "치료"라는 말의 어원은 그리스어 "테라페이
아(θεραπεία)"에 기원한다. '테라페이아', 그리스 문화 안에서 치료의 의미는 질병이나 기타 부작용을 치료하는
데 사용되는 모든 행동과 수단으로 '전인적 의미의 건강을 회복'을 의미한다, 곧 '본래의 모습으로 돌아간다'는
의미였다. (το σύνολο των ενεργειών και των μέσων που χρησιμοποιούνται για να αντιμετωπιστεί μια ασθένεια ή άλλη
ανεπιθύμητη κατάσταση και να αποκτήσει ξανά ο οργανισμός την καλή του υγεία) 표준 현대그리스어사전. 2006
그리스어 센터: Merriam-Webster. (n. d.). Therapy. In Merriam-Webster.com dictionary. Retrieved January
7, 2022. from https://www.merriam-webster.com/dictionary/therapy

4

융합심리분석치료의 원리:
프로이트 정신분석과 융 분석심리학의 융합

1) 억압의 해소: 네러티브를 통한 카타르시스(정화)

억압(depression)은 표현(expression)되어야 한다. 전통적으로 아리스토텔레스의 시학(Poetica)에서 '카타르시스'는 비극을 감상하는 사람의 감정에 나타나는 것으로 감정의 승화를 통하여 인격을 합리적이고 완전하게 만드는 것으로 해석되어 왔다. 이러한 해석은 아리스토텔레스의 철학 체계에 상응한다. 그러나 아리스토텔레스의 감정의 카타르시스, 즉 '감정의 정화'라는 개념은 해석에 따라 다양해진다. 감정의 정화로서의 카타르시스는 주체와 대상의 측면에서 바라볼 수 있는데, 이는 감정의 정화 개념이 종교적인 것으로 이해되었기 때문이다. 니체는 종교와는 관계 없이 예술, 특히 음악에서 비극적 인생을 정화할 수 있는 것으로서 감정의 정화를 해석하고 있으며, 현대에서는 H. 베르그송이 신비체험을 통한 감정의 환희에서 감정 정화의 근원적인 의미를 찾고 있다.[222]

19세기 중엽 프로이트의 조카 버네이스(Edward Louis Bernays)[223]에 의해 면밀

---

222) 송영진. (2011). 아리스토텔레스의 비극론에 나타난 '감정의 카타르시스(catharsis)'의 다양한 의미. 충남대학교 인문과학연구소, 389-425: 권혁성. (2014). 아리스토텔레스와 비극의 카타르시스. 서양고전학연구, 53(1), 121-166.

223) 1923년에는 뉴욕 대학교에서 최초로 '홍보'라는 교과과정을 가르쳤고 최초의 PR 전문서인 《여론 정제(Crystallizing Public Opinion)》도 출간했다. 그는 거의 반세기 동안 435명의 의뢰인에게 PR 자문을 했는데, 의뢰인 명단에는 대통령부터 노동조합에 이르기까지 미국 정계, 재계, 교육계, 언론계, 문화예술계 등을 대표

히 주목된 이래 카타르시스 논의는 도덕주의적 해석 대신 의학적 해석이 주도하게 되었다. 그는 이러한 논리를 토대로 카타르시스를 감정 치료로 해석하는 관점을 확립했고, 이것은 오늘날까지 지배적 해석이 되었다. 이제 현대적 의미의 '카타르시스'라는 개념은 새롭게 이해되고 있다. 곧 카타르시스를 통한 인간 마음의 정화(purification)는 종교의 '정화'예식뿐만 아니라 인감 감정의 '정화'와 '승화'를 통해 인간의 심리적, 정서적 건강에 도달하고 신체적 건강과의 연관까지를 포함하는 폭넓은 의미에서 전인적 '치료'의 의미로까지 확장되고 있다. 종교, 문화, 예술, 영성이 구분된 분과임에도 불구하고 서로 융합, 통섭하여 인간의 풍요로운 삶을 위한 도구로 기여한다.

C.G. 융은 "자기 내면에 존재하는 어둠 속으로, 무의식의 세계로, 어두운 저승의 세계로 내려감으로써 참된 '자기 자신(self)'[224]으로 나아갈 수 있다."고 설명한다. 융은 우리가 자신의 어두운 그림자의 세계, 무의식의 어둠 속으로 내려갈 수 있는 용기를 가질 때, 비로소 우리 자신과 참된 자기 자신을 발견하게 된다는 사실을 이해하였다. 겸손은 자신의 고유한 그림자, 어두운 그림자를 있는 그대로 바라보고 인정하는 용기이다. 자신의 약점을 인정하는 것만이 어두운 부분을 압박하여 감추는 기계적인 행위로부터 우리를 보호할 수 있다. G. 뒤르크하임은 성장하는 길은 실존에 대한 많은 체험이라고 설명한다. 자기 내면의 어두운 부분, 외로움, 좌절, 슬픔의 감정 아래로 내려갈 용기가 필요하다고 설명한다.

하는 유명 인사와 기업, 기관과 단체가 망라됐다. 1995년 3월 9일 103세에 세상을 떠났으며, 수많은 언론과 지식인들이 그를 'PR의 아버지'로 기렸다. 저서로 《프로파간다(Propaganda)》, 《홍보(Public Relations)》, 《합의의 조작(The Engineering of Consent)》 등이 있다.

224) 의식과 무의식을 통틀어 언제나 사람으로 하여금 진정한 자기가 되게 해 주는 구심점이다. 다시 말해 인격이 분열되지 않고 전체적인 통일을 이루도록 하는 근원적 가능성이다. 어느 누구도 아닌 '그 사람 전체'를 뜻한다는 면에서 진정한 의미의 개성과 같은 말이다.

사람이 큰 어려움을 겪을 때, 실존에 대한 진정한 자기 체험을 하게 된다. '카타르시스'로 나아가는 길은 자주 한계와 궁핍에 대한 체험, 힘센 낯선 존재들로부터의 위협과 불안, 절망, 불의, 고독 그리고 슬픔에 대한 체험을 거치면서 마주한다. 치유에 대한 희망과 용기를 가지고 자기를 대면할 때 우리는 '카타르시스'를 통해 자신의 내면 안에 있는 억압된 감정들을 밖으로 내보낼 수 있으며, 그때 자신의 진정한 모습과 만날 수 있게 된다. 이러한 억압된 감정을 풀어내기 위해서는 먼저 참된 겸손의 의미를 명확히 이해해야 한다.

겸손을 의미하는 라틴어 humilitas는 'humus(땅)'와 관련 있다. 즉, 우리가 땅에 밀착하고 있다는 사실, 땅에서 벗어날 수 없다는 사실, 우리의 본능적인 욕구의 세계들, 우리들이 지닌 어두운 그늘과의 화해야말로 참된 겸손이라는 사실이다. 겸손은 윤리적이고 도덕적인 영역에서의 의미만이 아니라 우리 인류의 무한한 역사 과정을 담아내고 있다. 인문학(人文學, humanities)은 인간과 인간의 본질적인 문제, 인간과 인간의 문화, 인간의 가치와 인간만이 지닌 자기표현 능력을 바르게 이해하기 위한 과학적인 연구 방법에 관심을 갖는 학문 분야이다.

이상적인 요소들은 인간에게 매우 긍정적인 역할을 한다. 내가 앞으로 나아가기 위해서는 또 성장하기 위해서는 모범이 되는 존재들이 필요하다. 특별히 젊은 사람들은 그들이 따르고자 하는 이상적인 인물이 설정되면 내면의 무수한 무질서들이 정돈되고 이상적인 인물을 기준으로 삶에 대한 방향과 희망을 정돈해 나간다. 그러나 이러한 노력도 잠시, 자신이 설정한 이상적인 인물과 실재 자신의 모습을 동일시하려는 노력이 실패로 돌아간 것을 깨닫는 순간, 내면의 분열이 생겨난다. 그리고 자신이 설정한 이상을 유지하기 위해 자신의 어두운 부분(Shadow)을 억압하고, 투영하고(Project), 비난하고 격분하게 된다. 이는 쉽게 타인을 죄인으로 단죄하고, 타인을 참아 내지 못하는 병을 만들어 낸다.[225] 그래서 다음 단계, 프로이트가 말한 변하는(verwandeln) 단계로 자연스레 진입하려 하는 강한 동기와 원의가 발생한다.

2) '변하게 하다(verwandeln)': 바꿀 수 없는 과거의 사건을 새롭게 '해석'

해석학자인 가다머는 '고통을 극복하다'라는 의미를 가진 'verwinden'을 강조한다. 그것은 고통을 대면하여 아픔을 이겨내는 과정을 뜻한다. 정신분석학에서 프로이트가 사용하는 '변하게 하다(verwandeln)'라는 동사는 결코 바꿀 수 없는 과거의 사건을 새롭게 '해석'함으로써 '히스테리적 비참을 평범한 불운으로 바꾸는 치유과정'을 뜻한다. 그런 의미에서, 넘어설 수 없는 고통을 전제로 그 고통의 극복을 강조한 가다머의 고통에 대한 이론이 정신분석학의 변화 개념에 더욱 가깝다고도 할 수 있다.

자신의 주위 사람들, 조건이나 환경이 주는 고통을 변화시키면 행복해질 수 있다는 믿음이 있다. 이것은 어리석게도 세상을 재정리하기 위해 엄청난 힘을 낭비하는 것이다. 보다 나은 외모로, 보다 나은 직업으로, 보다 나은 거주지로, 소속단체나 생활양식, 그리고 성격을 바꾸기 위해 우리는 너무나 많은 힘을 쓰고 있다. 하지만 아무리 마음에 드는 (외적인) 조건들을 만들어 낸다고 해도 우리의 마음(내적인 조건)이 변화하지 않는 이상, 우리는 늘 불만족과 부조화를 체험한다. 또는 "모든 욕망이 충족되면 행복해진다!"라는 도식을 우리는 여전히 포기하지 않는다. 우리에게 있는 긴장, 좌절, 신경과민, 불안, 두려움을 주는 것은 바로 욕망과 집착이다. 이러한 그릇된 믿음들을 사실이나 현실로 받아들이고 익숙해져 있다. 우리는

---

225) 그륀, 두프너마인라드, 전헌호. (2007). 아래로부터의 영성. 분도출판사. 55-56.

"집착하고 있는 그것들이 우리에게 상처를 주는 힘을 가지고 있다."라는 사실도 알고 있다. 소유하고 있는 모든 것들은 우리를 '틀(frame)'에 가둔다. 우리를 얽어매고 있는 것들은 우리가 소유하고 집착하고 있는 모든 것들이다.

  이제 그 사슬을 바로 보고 깨달아야 한다. 과거의 사건들을 새롭게 해석해야 한다. 자신의 실존 또는 행동방식을 잘 살펴보면, 우리 생각 속에 하나의 '고정된 틀', 즉 '세계는 어떠어떠해야 하고, 나는 어떤 사람이어야 하고, 무엇을 원해야 하는가!' 하는 요구들이 꽉 차 있음을 발견하게 된다. 우리 안에는 어떤 '틀'이 만들어져 있다. 그것 없이는 행복하지 않을 것이란 그릇된 과거의 믿음에서 벗어나야 한다. 우리들의 소망과 욕구, 물건에 대한 기호나 가치관, 태도 등을 결정하는 것은 우리를 둘러싸고 있는 많은 조건이다. 부모, 사회, 문화, 종교, 과거의 경험 등 우리 기억 속에 저장된 명령들과 가치들이 매 순간 작동하고 지시한다. 우리 의식이 깨어 있는 한 그것들은 끊임없이 우리 안에서 움직이고 명령한다. 하지만 이러한 명령들이 언제나 건강한 것은 아니다. 때로는 부모들의 잘못된 교육이나 억압, 그릇된 사회적인 통념, 잘못된 인식들이 우리를 명령하고 조종할 수 있다. 그것은 이미 앞서 프로이트가 말한 '초자아(super ego)'의 형성과정에서, 에릭 번이 말한 '자아상태(ego state)'에서 극명하게 드러난다. 이미 저장된 명령들에서 벗어나게 되면 좌절과 분노, 쓰라림이 우리를 괴롭힌다. 주변의 사물들을 마음대로 통제할 수 없거나 미래가 불확실해질 때 기존의 '틀'은 심각한 위기의식을 느끼게 된다. 이렇게 기존의 명령에서 벗어나면 우리 안에는 부정적인 감정이 생겨나고 이것들을 처리하기 위해 더 큰 노력이 필요하게 된다. '틀'의 억압에서 해방되어야 한다. 바로 그때 우리에게 자유가 찾아온다.

  정신분석에서 가장 중요한 단어를 선택하자면 그것은 '해석'이다. 위에 언급된 '틀'

을 부수는 것이다. '해석'은 몸, 건강, 고통과 관련된 정신분석학의 중심 주제어다. 정신분석학은 무의식을 강조하고 무의식의 작동방식을 분석하는 학문이지만, 치유로 나아가는 정신분석학적 해석은 의식에 의해 진행된다. 프로이트는 1900년 이전에 이미 최면과 같은 극적인 도구들보다 '자유연상'이라는 의식과 의지의 산물이 결과적으로는 더욱 극적인 효과를 생산하게 된다는 것을 깨달았다. 이것은 C.G. 융의 '적극적 명상(active meditation)'과도 상통한다. 물론 극적인 효과란 새로운 해석을 의미한다. 고통의 극복을 위해 정신분석학적 해석은 상당히 중요하다. 정신분석학의 기본 전제인 정신-신체(psycho-somatic)라는 개념 자체가 우리에게 알려 주는 것은 몸과 정신이 연동되어 있다는 사실이다. 프로이트가 최면요법을 떠나 자유연상 기법을 선택한 이유 역시, 치유를 위한 가장 중요한 요소가 환자의 능동성과 그러한 능동성이 바탕이 된 '주체적 해석'이라는 사실을 강조하기 위한 것이었다.

해석의 중심에서 의미를 생산하거나, 숨기거나 왜곡하는 모든 과정의 중심에 '표상'이 작용한다.[226] 정신분석은 '이유 없이'라고 명명된 부분에 집중하여 빈 곳에 이야기를 만드는 실천적 치유 학문이다. '왜 정신분석은 항상 과거에 집착하고, 이유를 따져 묻느냐?'고 비판하는 경우들이 있다. 현재가 중요한 것은 사실이다. 그러나 현재는 과거의 조각들에 의해 구성되고, 프로이트의 말대로 미래는 과거의 닮은꼴로 만들어진다.[227] 그리하여 다른 미래를 가능하게 만들기 위해서는 현재의

---

226) 정신분석학의 기원은 요제프 브로이어(Josef Breuer)가 시도하는 언어적 치유방식을 대화 치료(talking cure)라는 개념으로 이름 붙였다. 브로이어와 프로이트는 환자들을 분석하며, 최면의 극적인 효과보다는 의식이 있는 상태의 '이야기' 속에서 환자가 자신의 삶과 고통에 대한 더 많은 정보를 깨닫게 된다는 것을 이해했다. 브로이어와 프로이트가 가장 강조한 단어는 표상(Vorstellung)이었으며 프로이트는 표상이 작동하는 방식을 '압축'과 '전치'로 설명할 수 있게 되며, 그것이 꿈의 언어를 분석하는 방법론으로 자리 잡았다. 표상(Vorstellung)을 '심상' 또는 '관념'으로 번역하고 있기도 하지만, 그보다는 두 개념을 모두 나타낼 수 있는 '표상'이 더욱 적절한 번역이다. 'Vorstellung'이란 마음이 눈앞에 그린 것, 마음으로 빚어낸 상상의 산물을 뜻하는 개념이다. 김서영. (2018). 정신분석학적 해석에 대한 철학적 고찰. 현대정신분석. 20(1), 10-41.

227) S. Freud. (1900a). The Interpretation of Dreams. The Standard Edition of the Complete Psychological Works of Sigmund Freud 4. Trans. J.Strachey. London: The Hogarth Press.

시선이 달라져야 하며, 현재를 조망하는 시선이 바뀌기 위해서는 과거에 대한 해석이 달라져야 한다.

해석이란 현재의 태도와 현재에 초래된 결과를 분석함으로써 다시 과거를 불러내는 일이며, 이렇게 소환된 과거에서 새로운 이야기를 창조하는 과정이다. 해석은 찾는 것이 아니라 창조하는 것이다. 정답으로 제시된 과거의 해석을 무너뜨리고 새로운 의미를 창조하기 위해 과거를 바라보는 것이다. 어떻게 과거의 히스테리적 비참한 상황이 현재 속에서 평범한 사건으로 변하게 되는가? 무엇이 과거를 바꾸는가? 물론 그것은 과거에 대한 새로운 '해석'이며 그것을 새롭게 해석할 수 있는 내적인 힘과 능력이다. 그러한 힘과 능력을 수련하고 연구하는 실천적 학문의 새로운 영역이 바로 '인문융합치료' 과정이다.

가다머(Hans Georg Gadamer)는 "고유한 삶에서 무엇보다도 … 신체(유기체)가 지닌 힘들을 강화시키려고 노력"해 왔다는 점을 강조하며, 고통을 통제할 수 있는 시대가 된 것이 과연 진보인지, 그리고 그것에 의해 우리가 과연 행복해졌는지에 대해 질문한다. 그가 제시하는 대안은 전인적 측면에서 고통과 대화하는 것이다. 다른 말로, 고통과의 대화란 고통을 통해 문제를 인식하고 그것을 해결해 나가는 의지를 뜻한다. 그는 이 과정의 중심에 '극복하다(verwinden)'라는 단어를 배치한다. 고통을 해결하려는 자(고통의 크기에 상관없이 용기를 잃지 않는 자)는 '아픔을 이겨 낼 수 있다(verwinden)'. '아픔을 이겨 낸다'는 말은 고통의 극복을 의미한다. 가다머는 고통이야말로 하나의 '기회'라고 강조한다. 고통은 "우리에게 부과된 그 어떤 것을 해결하기 위한 아주 대단한 기회"이다.[228]

---

228) H. G. Gadamer. (2003). Schmerz: Einschätzungen aus medizinischer, philos-ophischer und therapeutischer Sicht. 공병혜 역. (2005). 고통: 의학적, 철학적, 치유적 관점에서 본 고통, 철학과 현실사, 31-33.

치유란 과거의 진실을 찾아내어 그것을 다른 방식으로 바꾸는 과정이 아니다. 우리가 찾아야 하는 과거의 진실 그 자체는 존재하지 않는다. 그것은 해석을 통해 창조될 수 있을 뿐이다. 해석을 위해 필요한 것은 자신의 '삶의 힘'이다. 과거를 바꾸어서 지금의 삶이 바뀌는 것이 아니라, 지금 여기를 '삶의 힘'으로 해석해 넘으로써 오늘을 살아갈 힘을 만들어 내야 한다는 것이다.

니체의 철학은 프로이트와 융의 '치유' 이론이 시작되는 출발점이라고 이제는 말할 수 있다. 실제로 프로이트는 '자아와 원초아(Das Ich und das Es)'에서 원초아 '이드' 개념이 니체에게서 시원한 것이라고 밝힌다. 융은 니체를 수용하며 현실적 토대보다는 신화를 강조한다. 니체가 《짜라투스트라는 이렇게 말했다》에서 강조하는 것은 인간을 '넘어서는' 초월하는 변화이다.[229] 그가 희망했던 정오의 희망은 인간에게는 성취 불가능한 현실일 수 있으나, 그러한 인간 의지의 발현은 변화를 만들어 내는 시작이다. 인간이 자신의 그림자와 하나가 된다는 것은 그 자신을 넘어서는 일이며, 짐을 내려놓고 무장을 해제한 후, 온몸이 웃을 수 있는 초인의 상태로 변신한다는 뜻이다. 정오라는 시간은 해가 머리 꼭대기에 올라 그림자가 사라지는 유일한 시간이다. 이 상태에서 초인은 더 이상 과거의 지배를 받지 않으며, 과거에 사로잡힌 현재에 갇히지도 않게 된다. 과거는 지금 여기(here & now) 그에게 새롭게 해석된 현재와 다른 미래가 허락되는 것이다.

그렇지만 결국 초인은 초월의 지배를 받는다. 해가 움직여 정수리에 뜨는 것에 초인은 참여할 수 없다. 그것은 '초월자'에게 가능한 영역이다. 그래도 자아를 넘어

---

229) 프리드리히 니체, 장희창 역. (2004). 차라투스트라는 이렇게 말했다. 민음사. 431-432. 특히 4부 중 69장 〈그림자〉와 70장 〈정오에〉는 융의 분석심리학적 원칙의 결정체가 집약되어 있는 부분으로서, 인간 내면의 통합과 통합 이후의 성장을 묘사하고 있다. 그림자가 없는 정오의 아름다운 풍경, 짜라투스트라가 가장 행복한 시간으로, 그는 이 시간에, 세상이 완벽해진 듯한 희열을 느낀다. 짜라투스트라는 이 순간 "아! 행복하다! 아! 행복하다! […] 세상이 완벽해."라고 외친다.

선 존재, 그림자와 하나가 된 존재, 온전한 몸으로 돌아온 신체, 대지로 복귀한 초인은 인간을 넘어서는 고통과 초월의 과정을 거친 이들이다. 초인이란 고통을 통해 이전의 한계를 극복하고 그 너머로 나아가 "그림자 없는 정오의 투명성 아래 전인적 완성을 이룬 인간, 언제 어디서나 항상 깨어 있는 순수한 인간"을 뜻한다.[230] 니체에게 질병은 "극복'해야 할 것"으로 간주되었으며, 가다머에게 질병은 "인식'해야 할 것"으로 이해된다. 가다머의 경우, 극복이란 과거의 고통을 대면하여 그것을 견뎌내는 '극복의 과정(Verwindung)'을 뜻한다. 프로이트가 히스테리 연구의 마지막 장에서 언급하는 '변화의 과정(Verwandlung)'은 전자보다는 후자의 설명에 근접하는 치유 여정이다. 즉 그것은 고통과 대화하며 매 순간 그것을 대면하는 가다머적 극복의 과정과 과거를 바꾸며 고통을 넘어서는 니체적 극복의 과정이 연계된 변화의 과정이다.

우리는 과거 사건의 장소로 되돌아가 과거를 바꾸는 것은 불가능하다. 그러나 만약 과거가 바뀌지 않는다면, 그러한 과거를 기반으로 주조된 현재와 그렇게 구축된 현재에 기반을 둔 미래는 모두 특정 방향으로 흘러갈 수밖에 없다. 정신분석에서 과거를 극복하고 미래로 나아가는 치유의 과정에는 언제나 과거 자체의 변화가 수반된다. 분명 돌아갈 수 없는 과거, 되돌릴 수 없는 실수들이 있다. 우리가 앞으로 나아간다는 것은 되돌릴 수 없는 것에 대해 새로운 해석을 제시한다는 뜻이며, 이 해석에 의해 '오늘'의 새로운 의미와 가치를 발견하여 지금 여기를 살아간다는 것을 의미한다. 건강한 삶이란, 몸과 정신에 대한 관찰을 통해 매 순간 새로운 해석을 시도하고, 우리의 몸과 정신을 가두는 과거를 극복해 내는 여정 가운데 드러난다.

우리를 멈추게 만드는 모든 과거의 사건들을 새롭게 해석하고 변화 속에서 새로

---

230) 김정현. (2006). 니체, 생명과 치유의 철학. 책세상. 262-263, 272-273, 302-303.

운 현실로 나아가는 극복의 과정이 바로 '융합심리분석상담치료'의 원리다. 이전과는 다른 새로운 해석을 위해서는 기존에 바라보지 못했던 나를 둘러싸고 있었던 여타의 문제들을 응시하고 이해할 힘을 융합심리적 이해와 분석, 사변을 통해 새롭게 해석해 낼 수 있어야 한다. 갇혀 있는 인식의 한계를 가지고 당면한 문제를 해결할 수 있는 새로운 해석의 힘을 가질 수는 없다. 융합심리분석상담은 바로 변할 수 없는 과거의 사건에서 그것을 해석하는 '나'의 변화에 집중한다. 융합심리분석상담은 지나간 과거, 일어난 사건, trauma, PTSD 등 변할 수 없는 과거의 사슬로부터 생겨나는 내담자의 신체적, 정서적, 사회적, 영성적 불균형과 부조화에 주목하며, 무너진 생체항상성과 심리적, 정서적, 영성적 고통을 회복할 수 있는, 곧 과거의 사건들을 재해석할 수 있는 힘을 내담자에게 준다.

3) 융합심리학적 이해: 프로이트 정신분석과 C.G. 융 분석치료 융합의 내러티브

프로이트의 정신분석 과정은 초기 단계에서 '라포'를 형성하는 것이 가장 중요한 지점이다. 내담자의 사고를 비판 없이 수용하는 관계 형성에서 내담자의 마음속에 떠오르는 것을 말하게 하는 내러티브의 과정은 매우 중요하다. 내러티브는 인문융합치료에서 중요한 치료적 도구로 활용된다. 내러티브 치료는 마이클 킹슬리 화이트(Michael White)를 중요한 인물로 기억해야 한다. 1970년대 초반 화이트는 임상 사회복지사로서 당시 병원에서 우울증을 치료하는 과정에서 내담자들이 딱딱하고 비인도적인 방식으로 진단받고 치료받는 것에 대해 문제의식을 가졌다. 병원에서 반복되는 상담자와 내담자 사이의 불공평한 권력 관계가 새롭게 눈에 들어왔다. 화이트는 1980년대 중반 이후 현실의 사회적 구성에 관심을 보였고 개인이 어떻게 의미 부여 시스템을 발전시키는지, 또는 우리 자신에 대한 생각이 최소한 부분적으로는 사회구조 안에서 만들어진다는 과정에 관심을 두었다. 그래서 내러티브치료는 내담자들이 자신들의 내러티브를 점검하고 이해하도록 하고, 그들 깊숙이 침투해 있는 스토리를 스스로 해체하게 하며 새로운 내러티브를 만들도록 돕는다.[231]

내러티브는 이야기이다. 우리는 일생 동안 우리의 삶을 이야기하고 있으며 내러티브는 우리가 누구인지를 정의한다. 우리는 살아가면서 우리의 삶을 포용하는 수많은 내러티브와 이야기를 만들어 낸다. 전이단계에서 상담은 전이감정을 표현하게 하고, 전이욕구를 상담자에게 충족받으려고 시도한다. 특히 전이단계에서는 꿈분석을 중요한 상담의 기법으로 활용하게 되는데 꿈에서는 내담자의 방어기제가 약화되어 표현되고, 상담자는 꿈에서 본 것에 대한 내러티브를 통해 내담자의 심리적인 갈등을 포착한다. 통찰 단계에서는 구체적인 분석이 이루어지는데 이때 내담자는 욕구의 좌절로 생겨나는 적개심을 상담자에게 표현한다. 내담자의 전이와 저항이 거세어지는 단계이다. 과거에 중요하게 생각했던 사람에게 느꼈던 감정을 상담자에게 느끼게 되는 전이(transference)와 상담을 방해하고 현재의 상태를 유지하려고 하는 의식적/무의식적 생각이나 태도, 감정, 행동을 저항(resistance)으로 인식할 수 있겠다. 해석단계에서 상담자는 내담자의 불명확한 부분에 대해서 해석하고 의식화하는 작업을 도와준다. 무의식을 의식화하며 현실을 수용한다는 것은 자기분석능력을 가지게 하는 것을 의미한다. 마지막으로 통합과 변화의 단계에서는 통찰을 현실 속에서 유지하게 하는 노력의 단계이며, 통찰을 적용하기 위해 상담자의 적절한 강화가 필요하다. 이처럼 프로이트의 정신분석의 거의 모든 단계에서 내러티브는 중요한 도구로 활용된다. 융합심리분석상담치료는 이렇게 내담자의 내러티브에 주목한다.

---

231) 이영의, 김남연. (2017). 인문치료와 내러티브. 인간·환경·미래. 18, 25-47. Chamberlain. (2003). Shattered
love: a memoir. Regan Books/HarperCollins Publishers.

	상담과정	상담의 전개와 기법	주요지침
초기 단계	상담관계 형성(라포 형성) 내담자의 사고를 비판 없이 수용	네러티브/ 이야기 치료 자유연상	마음속에 떠오르는 것을 말하게 함, 비논리적인 것도 모두 말하게 함
전이 단계	전이감정을 표현, 전이욕구를 상담자에게 충족 받으려고 함	꿈 분석	꿈에서는 내담자의 방어기제 약화, 표현/상담자는 꿈분석을 통해 내담자의 심리적 갈등을 통찰
통찰 단계	분석이 이루어지는 단계 욕구 좌절로 생기는 적개심을 상담자에게 표현	전이 & 저항	과거에 중요한 사람에게 느꼈던 감정을 상담자에게 느끼는 것. 상담을 방해하고 현재 상태를 유지하려는 의식적/무의식적 생각,태도, 감정, 행동을 의미
해석 단계	불명확한 부분에 대해 상담자가 통찰하여 내담자에게 설명해주는 단계	해석/ 의식화 작업	무의식을 의식화 하며 현실을 수용하고 자기분석능력을 가지게 한다.
통합과 변화	통찰을 현실 속에서 유지하게 위해 노력하는 단계 통찰을 적용하기 위해 상담자의 적절한 강화가 필요	현실 적용/ 강화	현재의 문제와 과거의 억압된 갈등을 탐색/결국 자기에 대한 이해를 넓히고, 건강한 자기를 이해하며 성숙한 인간관계, 현실을 직시하는 사람으로 변화된다.

표 9: 프로이트의 정신분석 과정과 상담의 전개와 기법, 지침

융은 자신의 분석심리학적 상담에서 고백-해명(명료화)-교육-변화-개성화(의식화) 과정을 전개한다. 고백은 가톨릭교회 전통의 고해성사 방식을 차용하여, 억압에 의해 숨겨져 왔던 비밀, 억제된 감정과 정동들을 치료자 앞에서 고백의 형식으로 토로하여 타인, 곧 치료자와 공유함으로써 치료의 과정에 이르게 된다. 해명(명료화)의 단계에서는 꿈이나 환상, 억압된 소망자료들을 인과론적이고 환원론적으로 해석함으로써 전이와 무의식의 원인을 규명하여 치료하는 방법으로 이는 융이 프로이트 문하에서 공부했던 정신분석학적 치료 모델이 그대로 삽입된 부분이다. 이러한 해명의 과정을 프로이트는 정신분석이라 명명했던 것이다.

내담자에게 정신분열을 야기할 만한 완고한 습관과 틀은 내담자의 통찰만으로는 고쳐지지 못한다. 적절한 인지와 교육이 필요하며 이는 사회적인 적응과 정상화를 목표로 한다. 잘못된 과거의 부정적인 스키마를 제거하고 행동을 수정하고 변경할 수 있는 능력을 가질 수 있도록 인지행동치료는 상당히 중요한 치료적 도구, 과정으로 이해될 수 있다. 이러한 인지행동치료 과정 이후 내담자의 구체적인 변화(transformation)를 도모하는 변증법적 치료, 철학적인 치료가 시작된다. 앞선 세 단계는 작은 치료, 과학적 치료라 명명하며 후자의 변화와 개성화, 의식화 과정을 통한 자기실현의 과정을 '큰 치료'라고 명명할 수 있겠다.

융의 문제를 정돈하며 꼭 짚고 넘어가야 할 문제는 종교이다. 융에게 종교는 인간 이성의 막다른 골목, 자아의 분열, 세계의 모순에 대한 중재의 지점에 서 있다. C.G. 융은 중년의 위기의 본질은 종교를 잃어버린 까닭이라고 말한다. 융은 중년의 위기를 병적인 증상으로 보지 않고 일종의 자기 '치유과정'으로 보았다. 즉 중년의 위기는 마음이 병들었다는 증거가 아니라 마음이 건강하다는 증거다. 따라서 중년의 신경증 때문에 그 전의 인격이 무너지는 경험을 새로운 차원의 의식을 가져다주는 의미 있는 과정으로 본다.[232] 중년 이후라는 인간 생의 극적인 지점에서

---

232) 우리가 직접 알고 있는 정신의 부분이 의식이다. 의식은 자아에 의해 지배된다. 자아는 비록 정신 전체 속에서는 작은 부분을 차지하고 있지만, 의식에 이르는 문지기라는 대단히 중요한 역할을 하고 있다. 인간은 자아를 통해 자신을 외부에 표현하고 외부 현실을 인식한다. 의식과 관련하여 중요한 내용인 태도와 기능을 이해하는 것이 필요하다. 첫째, 태도는 의식의 주인인 자아가 갖는 정신적 에너지의 방향이다. 즉, 자아가 외부 대상에 지향하는 방향이 수동적인가 능동적인가에 따라 성격태도가 결정된다. 능동적인 태도를 외향성(extra-version)이라고 한다. 외향성은 의식을 외적 세계 및 타인에게 향하게 하는 성격태도이다. 내향성(introversion)은 의식을 자신의 내적 주관적 세계로 향하게 하는 성격태도이다. 융은 우리 모두가 이러한 두 가지 성격 태도를 모두 가지고 있으며, 둘 중 어느 태도가 지배적이냐에 따라 태도가 결정된다고 보았다. 둘째, 의식의 기능은 주관적 세계와 외부세계를 지각하고 이해하는 서로 다른 방식을 의미한다. 융이 제안한 정신적 기능의 구성요소는 사고, 감정, 감각, 직관이다. 이러한 구성요소는 그가 제안한 정신의 반대 원리에 따라 합리적 차원(사고-감정)과 비합리적 차원(감각-직관)으로 구분된다. 이러한 기능 중 어느 것을 우선적으로 사용하는가에 따라 기본적인 성격이 달라진다고 하였다. 융은 심리적 태도와 기능을 조합하여 여덟 가지 심리적 유형인 외향적 사고형, 외향적 감정형, 외향적 감각형, 외향적 직관형, 내향적 사고형, 내향적 감정형, 내향적 감각형, 내향적 직관형이 결정된다고 보았다. 인간의 타고난 성격 유형을 검사하는 데 현재 많이 쓰이는

종교의 회복은 심리적, 정서적 안정과 지지에 매우 긍정적인 영향을 준다.

　영원히 지속가능한 것은 없다. 모든 것은 변화하고 성장하고 성숙하고, 나타나고 사라진다. 불교에서는 이것을 무상(無想)이라고 한다. 일체의 상념이 없음을 말한다. 그리스도교에서는 '인간은 흙에서 왔으니 흙으로 돌아갈 것을 생각하라!'고 끊임없이 주문한다. 인간(human)이라는 말의 라틴어 어원 humus는 흙, 먼지, 땅을 의미한다. 그것은 창조 때 최초의 인간을 만들었던 소재이기도 하다. 융합심리분석상담치료의 핵심적 사유는 앞서 언급했던 메타영성에 뿌리를 두고 있다.

융의 분석 심리 단계	상담과정과 기법
고백	죄의 고백과 유사하게 억압에 의해 숨겨져 왔던 비밀, 억제된 감정과 정동들을 치료자 앞에서 고백의 형식으로 토로하여 다른 사람과 공유함으로써 치료가 이루어진다.
해명, 명료화	이 방법은 꿈이나 환상, 억압된 소망자료들을 인과론적이고 환원론적으로 해석함으로써 전이와 무의식의 원인을 규명하여 치료하는 방법으로, Freud가 사용했던 전통적인 정신분석학적 치료가 이에 속한다.
교육	이는 Adler의 개인심리학으로 대표되는 치료법으로, 신경증 등으로 만들어진 완고한 습관은 통찰만으로는 고쳐지지 않고 적절한 교육이 필요하다고 하여 교육을 중시한다. 이들의 목표는 사회적인 적응과 정상화
변화	고유한 개성화 과정과 전체 정신으로서의 자기(self)를 체험하도록 돕는 것. Jung은 정신치료의 네 단계 중에서 고백(Confession), 명료화(Elucidation), 교육(Education) 단계의 암시요법을 '과학적 치료', '작은 치료'라 부르고, 네 번째 변환(Transformation)의 단계인 변증법적 치료를 '철학적 치료','큰 치료'라고 불러 후자의 중요성을 강조
개성화, 의식화 과정	인생의 전반기 환자의 경우에는 사회적응과 정상화를 위해 자아(ego)를 강화하는 쪽이라면, 후반기 환자의 경우에는 전인격적인 개성화 과정에서 자신의 삶의 의미를 이해하고 전체 정신의 중심인 자기(self)를 경험하도록 돕는데 있다.

표 10: C.G. 융의 분석심리단계와 상담기법

MBTI는 이러한 융의 이론에 기초하고 있다: 노안영, 강영신. (2011). 성격심리학. 서울: 학지사. 117.

5

인문융합적 심리분석(Psycho-analysis)과 통합(sintesi): 융합심리분석상담 과정

　인간의 전인적 치료로 정의되는 인문융합치료는 신체적 치료뿐만 아니라 정신적, 사회적, 영적 치료[233]를 통한 건강한 상태의 인간을 지향한다. 발병(發病)의 육체적, 심리적, 사회적, 영성적 원인들을 분석, 연구하고 치료의 효율성을 높이기 위한 다양한 테라피를 연구 적용하여 건강한 삶의 유지, 보전을 증진하며 전인적 치유와 성장을 통해 건강한 사회를 지향함이 인문융합치료과정의 목표이자 비전이다.

　융합심리학은 심리학의 통합(integrate)을 넘어선 융합(convergence)을 지향한다. 프로이트의 정신분석학의 주요 개념과 융의 분석심리학의 핵심적 개념을 양자물리학이라는 자연과학적 이해를 기반으로 융합(convergence)한다. 또, soul과 spirit의 양자역학적 관계와 역동을 표상하는 영혼의 지도를 통해 인간 정신과 심리를 분석하고 상담할 수 있는 과정을 진행하는 융합심리분석상담, 마음 분석의 도구가 바로 융합심리학(Convergence Psychology)적 관점에서 접근한 '융합심리분

---

233)　의학계에서 영혼의 건강을 이야기하면서 불교의 명상과 수행이 미국의 대학병원에서 필수 코스가 된 곳이 많다. 그렇다면 우리 한국사회의 종교학 연구 분야에서 영혼의 건강에 대해서 어떤 연구를 진행하며 기여하고 있는가? 종교가 인간의 다양한 심성의 변화와 위기에 대처할 다양한 종교적 메시지를 준비하며 최근에는 심리학과 심리치료에서 영적인 문제들을 다루도록 요청되고 있다. 심리학이나 심리치료는 영적 영역과 대립하는 것으로 보여 온 것이 사실이다. 대부분의 심리치료사들이 특정한 치료적 접근들(예를 들어 인지행동치료, 정신분석치료, 인본주의적치료 등)에 상당히 폭넓은 훈련과 경험을 쌓아왔을지라도 이러한 특정 접근들 내에서 생긴 영적인 문제들을 다루도록 훈련된 경우는 거의 없다. 2차 세계대전 이후 정신분석은 무의식적 충동을 다루는 이드(id) 심리학에서 자아(ego) 심리학으로 방향을 전환한다. 무의식의 존재나 그 기능과 상징성에 관한 관심이 약해지고 자아의식과 대인관계에 더 무게를 싣는 경향이 있다. 하지만, 심층심리의 귀중한 발견은 오늘날 종교공동체에서 영성의 훈련과 자기발견을 위한 내면의 치유에 소중한 도구로 자리매김되고 있다.

석상담'기법이다.

　융합심리분석상담의 프로세스는 인문융합적이고 목표는 '치료'와 '회복'이다. 앞서 설명했던 '영성(spirituality)' 개념은 프로이트와 융의 '영혼(psycho)'을 넘어 제4세대 심리학인 자아초월심리학(trans-personality psychology)의 통합(integrate), 융합(convergence)적 측면을 고려한 것이다. 통합과 융합은 엄격히 다른 프로세스다. 가령 사회학적 문제인 줄 알았는데 알고 보니 행정학과 법학은 물론 또 다른 학문 분야 의학이나 물리학과 연결되어 있다는 것을 알게 된다면 상호교류가 없는 분과학문으로 당면한 문제를 과연 해결할 수 있을까? 우리는 이제 학제적 연구(Inter-disciplinary)에서 다학문적 연구(multi-disciplinary)로 그리고 범학문적(trans-disciplinary) 연구로 통합적인 그리고 융합과 통섭의 연구 방향을 잡아 나가야 한다. [234)]

　윌슨은 인문학과 자연과학의 만남을 줄기차게 주장했다. 문과와 이과를 구별하는 원시적인 제도는 이제 내려놓아야 한다고 말한다. 인문학적 소양이 결여된 자연과학이나 기술의 진보는 인류에게 오히려 재앙이 될 수 있다. 반면 과학이 결여된 인문과학은 설득력을 잃어버릴 위험이 있다. 윌슨은 "우리는 도대체 우리가 어디로부터 왔으며 왜 여기에 있는가?"에 대해 뭔가 말할 수 있어야 한다고 생각했다. 성경은 우주의 섭리를 설명하고 인간을 우주에서 중요한 존재로 부각하려는 최초의 글쓰기였는지도 모른다. 아마 과학도 이와 동일한 목표를 달성하기 위한 연장선 위에 있을 것이다. 다만 과학은 기존 종교와 다른 방법들로 여러 가지 시험들을 견뎌 낸 근거의 뒷받침을 받고 있다. 이런 의미에서 "과학은 해방되고 확장된

---

234)　에드워드 오스본 윌슨, 최재천, 장대익 역. (2005). (지식의 대통합)통섭. 사이언스북스. 22-25.

종교다."라고 말한다.[235] 종교는 과학과 다른 무엇이 아니라 바라보는 위치와 도구가 다르다는 것을 이해해야 한다. 자칫 과학에 대한 맹신도 종교적 광신 못지않은 오류와 어둠을 헤맬 수 있다.

융합의 주체로서 인간의 '자기(Self)'란 자기실현의 종착점이자 시발점이다. 그러나 동시에 우리가 찾아가는 '영성적 자기(spiritual Self)'의 '자기(Self)'는 언제나 '자아(Ego)'보다는 크다. 심리학적인 자기(self)는 자기실현을 통하여 '완전한 인간'이 되는 것이 아니라 '온전한 인간'이 되는 것이다. 융합심리분석상담이 찾아 나가는 '영성적 자기(spiritual Self)'는 그러한 의미에서 자기원형과 본래의 자기를 찾아 나가는 구도의 과정과도 같으며 그러한 구도의 과정은 자기완성, 자기초월의 길이다. 치료 과정에서 내담자는 먼저 앞선 융의 '고백(confession)'의 과정과 동일한 접근으로 프로세스를 시작한다. 가톨릭 고해성사의 핵심은 초월자의 능력으로 자신의 죄를 발견할 수 있는 힘을 가지게 되어 이전에는 알 수 없었던 자신의 모습을 바라볼 수 있는 힘이 생겨, 자기객관화, 죄의 성찰이 가능해진다는 점에 있다. 이를 '조명(illumination)'의 단계라 하는데 이러한 조명을 통해 발견한 결함과 분열, 억압에 의해 숨겨져 왔던 비밀, 억제된 감정과 정동들을 치료자 앞에서 안전하게 고백의 형식으로 토로하여 치료자와 공유함으로써 치료가 이루어진다. 카타르시스 또는 정화법(purification)이 이에 속한다. 철저하게 마음을 털어버리는 카타르시스 방법은 진심을 토로함으로써 모든 것을 드러내고, 정돈할 수 있는 기회를 만들어 낼 수 있다.

내담자의 내러티브는 '카타르시스'와 '정화'를 수반한다. 상담자의 철저한 비밀엄수가 중요하다. 상담자는 내담자와 신뢰(confidence)를 형성해야 한다. 내담자의 고백 이후 분석의 단계로 접어든다. 분석단계에서는 내러티브의 치료적 효과를

---

235) 같은 책, 37.

극대화하는 방법으로 저널링(journaling)을 통해 내면의 억압된 것들을 지면에 묶어 둘 수 있다. 많은 경우 내담자들은 상담의 초반부에서 혹은 자신의 결점이나 돌이키기 어려운 심리적 상처나 트라우마 앞에서 저항(resistance)이 생겨난다. 저널링은 이러한 말로 하기 어려운 것들을 '글말'로 표현함으로써 저항을 완화하고 자신의 인생을 내러티브할 수 있도록 도와줄 수 있는 저장공간으로 기능한다.

상담자는 고백을 통해 얻은 소중한 정보와 적극적 경청을 통해 얻은 자료 외에도 저널링을 통해 얻은 구체적인 내담자의 정보를 통합하고 분석할 수 있는 충분한 정보와 시간을 가질 수 있다. 물론 여기에는 '적극적 경청'이라는 소중한 상담의 테크닉이 발휘되어야 한다. 앞서 설명했듯이 내러티브, 이야기들은 우리 삶의 모습을 만들고 우리 삶을 구성하며 우리 삶을 포용한다. 사람들이 겪는 다양한 사건들과 기억들, 감정들은 처리되지 못한 채 어딘가에 색인(index) 없이 저장된다. 색인 없이 정리되지 않은 기억의 창고들 안에 적치된 해결되지 못한 감정(unresolved emotion)과 사건(event)을 말과 글로 적어 표현하게 되면 나의 기억 속의 사건과 감정들과 적절한 거리를 두며 한 걸음 물러서서 전체상황을 되돌아보고 성찰하며 정리하는 시간을 가질 수 있다.

상담자는 내담자의 내러티브와 저널을 깊이 있는 통찰로 이해하며 해석할 수 있는 능력을 가져야 한다. 바로 해석의 단계로 접어들어 상담자는 '인지행동치료'에 대한 충분한 이해력을 가지고 있어야 한다. 내담자 안에서 발견되는 부정적인 스키마의 작동원리를 설명해 주고 개선을 유도해야 한다. 또한 부정적인 스키마의 변경과 제거를 위한 패턴 전환훈련을 해야 한다. 내면에서 자동적으로 작용하는 부정적인 스키마의 역동은 심리적 건강과 정서적 안정에 상당히 부정적인 영향을 미친다.

융합심리분석상담은 인생의 의미와 목적을 새로운 관점에서 바라볼 수 있도록 지나간 시간을 새롭게 해석하게 도와주고 '지금 여기'를 바르게 자각하고 내일을 바라볼 수 있는 힘을 가질 수 있도록 도와준다. 내담자를 병적인 문제를 지니고 있는 존재만이 아니라 스스로 전체성과 완전성을 실현하고자 하는 전인적, 통합적인 인간으로 바라볼 것을 강조한다. 여기에서 영성적 통합의 과정이 시작된다. 이것은 자아실현의 과정을 넘어선 자아초월의 과정이며 자아완성의 과정으로 나아가는 시작이다.

내담자는 평온을 유지하면서 명상(meditation)과 관상(contemplation)을 진행한다. 명상은 일상의 번잡함을 일시적으로 떠나 잠시 외딴곳에 머물며 본래의 '자기'와 일상의 '자아'의 대립과 분열을 바라보며 이해하고 통합하는 고도의 정신훈련과정이다. 가톨릭교회의 전통적 정신수련의 과정인 피정(retreat), '피세정념'의 프로세스를 지나며 자기 본래 모습을 바라보고 자기와 자아의 통합을 이끌어 내는 일종의 관상활동을 통해 내면의 얽힌 문제들을 해소하고 정돈할 수 있다.

융합심리분석상담 과정	치료기법	상담자의 역할	주요지침과 이해
고백 Confession	카타르시스, 정화	공감, 이해	고백의 기원은 가톨릭 고백성사의 전형에서 발견된다. 이 단계에서는 죄의 고백과 유사하게 **억압에 의해 숨겨져 왔던 비밀, 억제된 감정과 정동들을 치료자 앞에서 고백의 형식으로 토로**하여 다른 사람과 공유함으로써 치료가 이루어진다. 카타르시스 또는 정화법이 이에 속하는데, 철저하게 마음을 털어버리는 카타르시스 방법은 진심을 토로함으로써 모든 것을 드러낼 수 있다. 상담자의 철저한 비밀 엄수가 중요하다. 내담자의 신뢰를 형성해야 한다.

분석 Analysis	네러티브, 저널 테라피	적극적 경청	이야기들은 우리 삶의 모습을 만들고 우리 삶을 **구성하며 우리 삶을 포용한다**(White, 1995). 사람들이 겪는 다양한 사건들과 기억들, 감정들은 처리하지 못한채 어딘가에 저장된다. **정리되지 않은 기억 창고들의 해결되지 못한 감정과 사건을 말과 글로 적어 표현하게** 되면 나의 기억 속의 사건과 감정들과의 적절한 거리를 두며 한걸음 물러서서 전체상황을 되돌아보고 성찰하며 정리하는 시간을 가질 수 있다. **상담자는 내담자의 네러티브와 저널을 깊이 있는 통찰로 이해하며 해석할 수 있는 능력을 가져야** 한다.
해석 Verwandeln*/ transform	부정적 스키마 제거	인지행동치료	부정적인 스키마의 발견과 인지/인지된 스키마의 작동원리 설명/개선유도 부정적인 스키마의 변경과 제거를 위한 패턴 전환 훈련
통섭 consilience	조화와 균형	영성적 통합	영성심리분석상담은 인생의 의미와 목적을 새로운 관점에서 바라볼 수 있도록 지나간 시간을 새롭게 해석할 수 있도록 도와주고 '지금 여기'를 바르게 자각하고 내일을 내다볼 수 있는 힘을 가질 수 있도록 도와준다. 환자에 대해 병적인 문제를 지닌 존재가 아니라, 스스로 전체성과 완성을 실현하고자 하는 전인적인 통합적인 인간으로 볼 것을 강조한다.
자아초월 (trans- personality)	명상과 관상	집중적 영성수련	명상은 일상의 번잡함을 일시적으로 떠나 잠시 외딴 곳에 머물며 본래의 '자기'와 일상의 '자아'의 대립과 분열을 바라보며 이해하고 통합하는 고도의 정신훈련과정이다. 피정(retreat), '피세정념'의 프로세스를 지나며 자기의 본래 모습을 바라보고 **자기와 자아의 통합을 이끌어낸다.**

표 11: 융합심리분석상담 과정의 주요지침과 이해

융합심리분석과정에서 재차 기억해야 하는 중요한 지점은 해석학자 가다머의 '고통을 극복하다'라는 의미의 'verwinden'이다. 그것은 고통을 대면하여 그 아픔을 이겨 내는 과정으로 이해된다고 여러 번 강조했다.

정신분석학에서 프로이트가 사용하는 '변하게 하다(verwandeln)'라는 개념은 결코 바꿀 수 없는 과거의 사건을 새롭게 '해석'함으로써 상담은 종반부에 이르고 마지막에는 치료의 목표를 성취할 수 있다. 심리분석상담의 핵심은 바로 내담자의 지난 과거의 해석을 새로운 현재의 해석으로 변경해 주고, 이렇게 생겨난 현재의 힘으로 다가올 미래를 보다 낙관적이고 긍정적인 힘으로 변화시켜 나갈 수 있도록 도움을 주는 것이다. 과거-현재-미래라는 시간 축의 융합도 중요한 요소라는 사실을 잊지 말아야 한다. 새로운 해석을 통해 얻어진 분석의 힘은 현재를 개선하고 미래를 변화시킬 수 있는 치료를 위한 가장 훌륭한 도구가 될 수 있다.

아래 제시되는 융합심리학적 이해 기반, 프로이트의 정신분석과 C. G. 융의 분석치료 융합(표 4)은 내담자 자신의 자기인식과 객관화, 자기실현과 자기초월에 이르는 성장과 치유의 과정이다.

중심 논리	융합심리학적 이해 기반, 프로이트의 정신분석 그리고 C. G. 융의 분석치료 융합
기본 철학	현상학적-실존적 방식으로 인간의 정신을 영성심리학적 측면에서 다루고자 한다. 상징적 접근방법에 의하여 의식과 무의식의 변증법적 관계를 이해하며 합(Sintesi)을 도출한다. 정신(psyche)은 내부의 힘이 더욱 충분한 자각의 삶을 지향하려는 목적으로 작용하는 자기조정적 체계이며 영성(Spirituality)은 에고를 초월하고 통합해 나가는 자기통합적 자기초월적 체계이며 인간의 선험적인 능력으로 간주된다. 융합심리분석상담에서는 꿈, 환상 및 그 밖의 무의식적 산물들을 통해서 내담자의 의식상태와 그의 집단 및 개인무의식 사이에서의 갈등과 분열자의 대화를 통해 조화와 균형을 찾아 나가는 길을 제시한다.
중요 개념	융의 성격이론은 분리되면서도 상호작용하는 자아(ego), 개인무의식(personal unconscious), 집단무의식(collective unconscious)의 3가지 체계로 구성되어 있다. 자아는 의식의 영역으로 태도(내향/외향), 합리적 기능(사고/감정), 비합리적 기능(감각, 직관)이 상호작용하여 심리적 유형을 형성한다. 개인무의식(콤플렉스), 집단무의식(페르조나, 아니마, 아니무스, 그림자, 자기), 반면 영성은 에고(ego)로 규정되지 않는 인간 존재 주변의 모든 실재들을 그 대상으로 한다.
치료 목표	자기인식, 자기실현, 자기객관화, 개성화, 성장과 성숙, 자기초월

치료 관계	상담자에 따라 큰 차이가 있다. 일반적으로 심리상담과 내담자의 상호관계를 위한 시간을 분할하여 기본적인 상호 호감과 존중감의 관계를 가진 후 분석과정에 생산적으로 협조할수록 친밀감과 우호관계가 돈독해진다. 점차 관계는 상담자-내담자의 관계에서 동료 관계로 변한다.
치료 기법	수용, 내부세계와의 관계. 전이, 꿈 작업의 도입. 운명적 요소(변화될 수 없으며 받아들여야 하는 것을 결정)와 변화시킬 수 있는 요소(과거를 재발견함으로써 현재를 변화시키고 미래를 새롭게 개척해 나갈 수 있는 능력을 가지게 함)를 구별하는 깨달음과 인지행동치료를 융합한다. 기술(의식적으로 정립되고, 가르쳐 주고, 의사소통할 수 있는 기법들의 통합) 예술(직관 및 느낌과 관련 통합하는 무형의 어떤 것)
적용	개인분석, 집단심리치료, 가족치료, 내담자의식의 상태에 대한 철저한 탐색을 적용한다. 방어기제를 정신적 필요성의 표현으로 적용하고, 환경과 조건형성의 영향을 중요하게 적용(소인을 거스르는 반응을 조건형성할 수 없다.)하며, 정신병리를 질병이나 일탈로 보지 않고 충족이 요구되는 과제에 대한 무의식적 메시지로 적용한다. 독창적 개념으로 인정받는다.
공헌	사색적 철학의 영역에 남아 있는 중요한 인간 문제에 효과적인 접근법을 제시했다. 궁극적인 목표인 자기인식이나 자기실현은 어렵지만, 목표를 미래에 두어 자기초월을 향한 동기를 유발하는 힘으로 작용하여 희망을 갖고 살아가게 한다. 자기인식의 조건 중 성격의 모든 체계는 중년층이 되어야 비로소 발달하므로 중년기를 심리적 건강의 결정적 시기로 보고 있으며 중년 위기의 시작이 상담의 시작점으로 새로운 인생의 시작과 통합의 시간이 될 수 있도록 기여한다.
제한점	완전한 자기인식이나 자기실현은 어렵고도 힘이 들며 성취가 거의 불가능하므로 자신에 대한 객관적인 지식을 얻는 것이 필요하며 훈련, 인내, 지속성과 오랜 시간의 고된 작업을 강조한다. 이론적인 면에 비해 치료 기법적인 발달이 요구된다. 개성화 단계에 이르기 위해서는 매우 지적이고 풍부한 교육을 잘 받은 사람들이 가능하다. 집단무의식, 자아실현, 평온성, 균형성 대극의 합일과 같은 개념은 그 성취를 어떠한 지표로 가늠하기가 어렵다.

표 12: 융합심리학적 이해 기반, 프로이트의 정신분석 그리고 C.G. 융의 분석치료 융합

글을 마치며: 새로운 연구주제 앞에서

21세기 코로나 팬데믹이 만든 독특한 현상 가운데 하나는, - 물론 이전부터 가능태로서의 잠재성을 가지고 있었지만 - 메타버스(meta-verse) 세상이 다가왔다는 것이다. 메타버스 가상세계는 가상적으로 확장된 물리적 현실과 물리적으로 영구화된 가상공간이 융합(convergence)되어 나타난 문명의 장이다. 컴퓨터 인터페이스의 기능과 역할이 커지면서 가상에 대한 패러다임이 전환되었다. 가상은 현실을 복제하는 단계를 넘어서 상상력을 통해 독자적인 '가상세계(Virtual World)'를 구현하기에 이른다.

사이버스페이스(Cyber Space), 가상세계(Virtual World), 가상현실(Virtual Reality), 가상환경(Virtual Environment)이라는 인간 문명의 공간이 등장했다. 레비(2002)는 '사이버스페이스'는 인간 집단의 의사소통과 사유의 장소라고 말한다. [236] 즉 가상현실은 협의의 기술적 공간이며, 가상세계란 기술이 아닌 기술을 매

---

236) Peter Lewis, "Metaphor in Visualization", Working Paper, Department of Information Science, Pennsylvania: University of Pittsburgh, 1989: Michael Heim, 여명숙 역. (1997). 가상현실의 철학적 의미. 서울: 책세상. 엄밀한 의미에서 사이버스페이스와 가상현실, 가상세계와 가상현실의 용어 사용은 구별되어야만 한다. 미디어학자 하임(1997)에 따르면 가상현실의 본질은 ① 시뮬레이션 ② 상호작용 ③ 인공성 ④ 몰입 ⑤ 원격현전 ⑥ 온몸몰입 ⑦ 망으로 연결된 커뮤니케이션 ⑧ 능동성과 수동성 ⑨ 조작과 수용성 ⑩ 격리된 현전감 ⑪ 증가된 실재이다. 여명숙(1998)은 "사이버스페이스는 고성능 컴퓨터와 광범위한 통신망에 의해 열려진 공간 혹은 장소이고, 가상현실이란 그 속에 존재하는 사물, 사건 혹은 경험."이라고 두 용어를 구별한다[여명숙. (1998). 사이버스페이스의 존재론과 그 심리철학적 함축. 이화여자대학교 철학과 박사학위논문.]. 라도삼(1997)은 가상공간의 기술을 다시 네트워크 공간과 가상현실로 구분하는데, 이때 가상현실 영역은 인터페이스의 확장을 통해 상호작용성을 통한 몰입을 발생시키는 기술적 수단으로 축소해 이해한다고 본다. 라도삼. (1999). 비트의

개로 탄생한 광의의 사회적·문화적 공간인 것이다. 하임(1994)에 따르면 "'가상(virtual)'이란 '사실상 그렇지 않으나, 마치 …인 듯한'"을 의미한다. 이때 가상을 '현존하지 않는 가짜'로 인식하느냐, '잠재성의 발현'으로 인식하느냐에 따라서 가상세계에 대한 낙관론과 비관론은 갈라진다.[237]

이러한 가상은 환영(Illusion)으로 실재 세계를 전복할 위험도 있지만, 인간의 의사소통과 사유의 장이 될 수도 있다. 가상세계는 사용자들이 아바타(Avatar)를 만들어서 거주하고 상호작용하는 컴퓨터 기반의 시뮬레이션 환경으로, 게임, 의사소통, 상거래 등 다양한 종교, 문화, 예술, 사회, 경제활동을 할 수 있는 공간이다. 이것은 마치 플라톤이 말했던 이데아의 세상일 수도 있고, 중세가 그려 낸 천국과 연옥, 지옥일 수도 있다. 일단 생생한 삶의 현실과 감각으로부터 벗어나 있는 실재인 것이다.[238]

융합의 주체와 객체 그리고 대상에 대한 고려가 이제는 실재와 가상의 공간에서 실재와 가상의 주체와 객체로 교차되는 일들이 빈번해질 것이고, 이때 우리가 치료의 대상으로 지정하고 있는 '실재의 세상과 인간'은 '가상의 세계와 아바타'로 분열되어 다가올 것이다. 그러면 주관 안에서 통제되는 아바타는 가상이라는 내부가 아닌 외부의 가상계에 존재하는데 이것을 객관으로 말할 수 있을까? 변화하는 시

문명, 네트의 사회, 서울:커뮤니케이션북스.

237) Michael Heim, 여명숙. (1997). 가상현실의 철학적 의미. 서울: 책세상.

238) 가상이란 보드리야르의 '시뮬라시옹'과 일치하지 않는다. 마리 로르라이언(2003)은 "'가상(virtual)'과 '가짜(fake)'가 혼동되어서는 안 된다."고 지적한다. 가상세계가 활성화된다고 해서 실재와 가상이 구분되지 않거나, 가상이 실재의 가치들을 무마시켜버리는 SF적 디스토피아가 도래하는 것은 아니기 때문이다. 국내에서 'virtual'을 일반적으로 '가상'으로 번역하는 경우, 용어 자체에 대한 불신이 함의되어 있다. 이채리(2003)는 "엄밀한 의미에서 '실제로는 존재하지 않는 거짓된 모습'이라는 뜻을 지닌 가상이라는 단어는 'virtual'의 바람직한 번역어가 아니다."라고 지적한다. 즉 'virtual reality'의 경우 보다 엄격히 번역할 경우에는 '가상적 실재'로 번역하는 것이 타당하다고 본다.

대에 수많은 문제들이 다가온다. 인문융합치료는 그러한 면에서 열려있는 새로운 인문과학, 인문융합, 인문융합상담치료의 장을 열어 나가는 열린 학문으로서의 태세전환이 필요하다.

새로운 세대는 기존의 종교와 기존의 상담으로부터 이탈한다. 그것은 마치 근대의 문이 열리면서 무기력해지고 나약해진 종교의 자리를 심리학이 차지한 것과 비슷하다. 심리학의 시작은 철학이었다. 철학은 종교의 시녀로 살아야 했던 시절도 있었지만, 종교의 쇠퇴로 철학자들은 심리학에 주목했다. 심리학은 종교를 단숨에 집어삼켜 버렸다. 종교가 무력해진 자리에서 심리학과 영성이 시작되었다. 인간 존재의 경험은 단순히 행동과학이나, 정신분석 혹은 인본주의 심리학만으로 설명될 수 없다. 인간은 영적인 존재라는 인식을 가진 많은 심리학자들과 치료사들은 종교와 영성을 심리치료 과정 중에 통합하려 노력한다.

'초월적인 실재(transcendent reality)'를 설명함에 과학은 제한되어 있다. 과학은 '보이지 않는 것의 실재(reality of the unseen)'를 파악하고 표현할 수 있는 도구나 언어를 가지고 있지 않다. 과학은 모든 면에서 의미 있지만, 존재론적이고 전체적인 의미에 있어서는 아무 말도 통합해 내지 못한다. 가령 우리들을 살아 움직이게 하고, 우리들을 희망하게 하며, 우리들의 삶을 목적이 있는 삶으로 의미 있게 만드는 것들은 무엇인가? 삶의 의미는 무엇인가? 모든 것이 무슨 의미인가? 더 구체적으로 나의 인생은 무슨 의미를 가지고 있는가? 이러한 질문들은 과학이나 심리학에서 던지는 질문들이 아니며 그곳에서 답을 구할 수도 없는 문제들이다. 그러기에 인문융합치료는 상담환경의 변화에도 불구하고 새로운 학문들과 융합하며 새로운 시도를 할 수 있는 다학제 융합학문으로 자리 잡아 가고 있다.

향후 VR을 통한 가상세계에서 빅데이터를 활용해 실재하지 않는 이들을 활용하는 다양한 상담의 기술적 진보가 인문융합치료의 장에서 이루어질 것으로 예상된다. 가령 사망한 배우자나 자녀, 연인의 사진, 비디오 파일, 문장, 음성파일 등 디지털 빅데이터를 활용해 과거의 인물이나 사건을 현재에 시현할 수 있다. 이로써 그들과 나누지 못한 대화를 통해 내면의 슬픔과 고통, 상처와 좌절을 해소하고 건강한 일상으로 돌아갈 수 있게 된다. 이 같은 기법들이 인공지능, 과학기술의 진보와 함께 성장할 수 있는 상담의 영역으로 자리 잡게 될 것이다. 인문융합치료는 가장 유연하게 타 학문들과의 융합을 통해 새로운 인문학적 성찰과 과학적 성과를 기반으로 한 상담치료 모델을 연구 개발 지원할 수 있는 학문의 분과로 자리매김하게 될 것이다.

부록

심리검사 진단평가자료

2. 성격

3. 부부, 결혼

4. 의사소통

5. 중독

6. 스트레스

7. 기타

1. 정서

- Beck 자기 평가 불안 척도
- Beck 우울척도
- 번즈 박사의 불안 검사
- 공격성(BDHI) 척도

BECK 자기평가 불안척도

성명		연령		성별	남/여	검사일	. . .

■ 각 문항을 읽어 보시고 자신을 가장 잘 나타낸다고 생각되는 곳에 표시하여 주십시오.

	평가 내용	항상 느낌	자주 느낌	가끔 느낌	전혀 없음
		3	2	1	0
1	가끔씩 몸이 저리고 쑤시며 감각이 마비된 느낌을 받는다.				
2	흥분된 느낌을 받는다.				
3	가끔씩 다리가 떨리곤 한다.				
4	편안하게 쉴 수가 없다.				
5	매우 나쁜 일이 일어날 것 같은 두려움을 느낀다.				
6	어지러움(현기증)을 느낀다.				
7	가끔씩 심장이 두근거리고 빨리 뛴다.				
8	침착하지 못하다.				
9	자주 겁을 먹고 무서움을 느낀다.				
10	신경이 과민되어 왔다.				
11	가끔씩 숨이 막히고 질식할 것 같다.				
12	자주 손이 떨린다.				
13	안절부절못한다.				
14	미칠 것 같은 두려움을 느낀다.				
15	가끔씩 숨쉬기 곤란할 때가 있다.				
16	죽을 것 같은 두려움을 느낀다.				
17	불안한 상태에 있다.				
18	자주 소화가 잘 안되고 배 속이 불편하다.				
19	가끔씩 기절할 것 같다.				
20	자주 얼굴이 붉어지곤 한다.				
21	땀을 많이 흘린다(더위로 인한 경우는 제외).				
	총 점				점

■ 22점 ~ 26점: **불안상태** (관찰과 개입을 요함)
■ 27점 ~ 31점: **심한 불안 상태**
■ 32점 이상: **극심한 불안 상태**

BECK 우울척도

성명		연령		성별	남/여	검사일	. . .

■ 다음의 각 내용은 모두 네 개의 문항으로 되어 있는데, 이 네 개의 문항을 읽어 보시고 지난 일주일 동안의 자신을 가장 잘 나타낸다고 생각되는 문항의 번호를 선택하여 주십시오.

	평가 내용	
1	0) 나는 슬프지 않다.	
	1) 나는 슬프다.	
	2) 나는 언제나 슬픔에 젖어 헤어날 수가 없다.	
	3) 나는 너무나 슬프고 불행해서 도저히 견딜 수 없다.	
2	0) 나는 앞날에 대해서 별로 비관적이지 않다.	
	1) 나는 앞날에 대해서 비관적이다.	
	2) 나는 앞날에 대한 기대가 아무 것도 없다.	
	3) 나의 앞날은 아주 절망적이고 나아질 가망도 없다.	
3	0) 나는 실패자라고 생각하지 않는다.	
	1) 나는 다른 사람들보다 더 많이 실패한 것 같다.	
	2) 내가 살아온 과거를 돌이켜 보면 생각나는 것은 실패뿐이다.	
	3) 나는 인간으로서 완전한 실패자인 것 같다.	
4	0) 나는 전과 같이 일상생활에서 만족하고 있다.	
	1) 나는 일상생활은 전처럼 즐겁지가 않다.	
	2) 나는 더 이상 어떤 것에도 참된 만족을 느끼지 못한다.	
	3) 나는 모든 것이 다 불만스럽고 지겹다.	
5	0) 나는 별로 죄책감을 느끼지 않는다.	
	1) 나는 죄책감을 느낄 때가 많다.	
	2) 나는 거의 언제나 죄책감을 느낀다.	
	3) 나는 항상 죄책감을 느낀다.	
6	0) 나는 벌을 받고 있다고 생각하지 않는다.	
	1) 나는 벌을 받을지도 모르겠다.	
	2) 나는 벌을 받아야 한다고 생각한다.	
	3) 나는 지금 벌을 받고 있다고 생각한다.	

평가 내용	
7	0) 나는 내가 다른 사람보다 못한 것 같지는 않다.
	1) 나는 나의 약점이나 실수에 대해서 내 자신을 책망한다.
	2) 내가 한일이 잘못되어 있을 때 언제나 나를 탓한다.
	3) 나는 주위에서 일어나는 모든 안 좋은 일을 내 탓으로 돌린다.
8	0) 나는 자살 같은 것은 생각지 않는다.
	1) 나는 자살할 생각은 하고 있으나, 실제로 하지는 않을 것이다.
	2) 나는 자살하고 싶다.
	3) 나는 기회만 있으면 자살하겠다.
9	0) 나는 평소보다 더 울지는 않는다.
	1) 나는 평소보다 더 많이 운다.
	2) 나는 요즈음 항상 운다.
	3) 나는 전에는 울고 싶을 때 울 수 있었지만, 요즈음은 울래야 울 수도 없다.
10	0) 나는 요즈음 평소보다 더 화를 내는 편은 아니다.
	1) 나는 평소보다 더 쉽게 화가 나고 짜증이 난다.
	2) 나는 요즈음 항상 화가 난다.
	3) 전에는 화나던 일에 요즈음은 전혀 화조차 나지 않는다.
11	0) 나는 다른 사람들에게 여전히 관심을 가지고 있다.
	1) 나는 평소보다 다른 사람들에게 관심이 줄었다.
	2) 나는 다른 사람들에게 거의 관심이 없어졌다.
	3) 나는 다른 사람들에게 관심이 완전히 없어졌다.
12	0) 나는 평소처럼 결정을 잘 내린다.
	1) 나는 평소보다 결정을 미루는 때가 많다.
	2) 나는 결정 내리는 것이 전보다 더 힘들다.
	3) 나는 이제 아무 결정도 내릴 수가 없다.
13	0) 나는 평소보다 내 모습이 더 나빠졌다고 생각하지 않는다.
	1) 나는 나이 들어 보이거나 호감을 못 줄 것 같아 걱정이다.
	2) 나는 내 모습이 아주 볼품이 없어져 버린 것 같다.
	3) 나는 내가 추하게 보인다고 생각한다.
14	0) 나는 평소처럼 일을 할 수 있다.
	1) 어떤 일을 하려면 평소보다 더 힘이 든다.
	2) 무슨 일이든 하려면 무척 힘이 든다.
	3) 나는 전혀 마무 일도 할 수가 없다.

	평가 내용	
15	0) 나는 평소처럼 잠을 잘 수 있다.	
	1) 나는 평소처럼 잘을 자지 못한다.	
	2) 나는 평소보다 새벽에 일찍 깨고 다시 잠들기가 어렵다.	
	3) 나는 평소보다 몇 시간이나 일찍 깨고 다시 잠들 수가 없다.	
16	0) 나는 평소보다 더 피곤하지는 않다.	
	1) 나는 평소보다 더 쉽게 피곤해진다.	
	2) 나는 무엇을 해도 언제나 피곤해진다.	
	3) 나는 너무나 피곤해서 아무 일도 할 수가 없다.	
17	0) 내 식욕은 평소와 다름없다.	
	1) 나는 요즈음 평소보다 식욕이 없다.	
	2) 나는 요즈음 식욕이 많이 떨어졌다.	
	3) 요즈음에는 전혀 식욕이 없다.	
18	0) 요즈음 체중이 별로 줄지 않았다.	
	1) 전보다 몸무게가 2킬로그램가량 줄었다.	
	2) 전보다 몸무게가 5킬로그램가량 줄었다.	
	3) 전보다 몸무게가 7킬로그램가량 줄었다.	
19	0) 나는 건강에 대해 전보다 더 염려하고 있지는 않다.	
	1) 나는 여러 가지 통증, 소화불량 또는 변비 등으로 건강이 염려된다.	
	2) 나는 건강이 매우 염려되어서 다른 일을 거의 생각할 수가 없다.	
	3) 나는 건강이 너무 염려되어서 다를 일은 아무것도 생각할 수가 없다.	
20	0) 나는 요즈음 성(性)에 대한 관심이 별다른 변화가 있는 것 같지는 않다.	
	1) 나는 평소보다 성에 대한 관심이 줄었다.	
	2) 나는 요즈음 성에 대한 관심이 상당히 줄었다.	
	3) 나는 성에 대한 관심을 완전히 잃었다.	
총 점		점

■ 0-9: 정상 ■ 10-15: 경한 우울증 ■16-22: 중등도 우울증 ■ 230이상: 심한 우울증

☞ 10-15점의 경우 주의가 필요하고, 16점 이상의 경우 치료가 필요

번즈 박사의 불안 검사

성명		연령		성별	남/여	검사일	. . .

■ 다음은 여러 유형의 불안들이 지난 며칠 동안 여러분을 얼마나 괴롭혔는지 판단하는 문항들입니다. 총 33개의 문항을 읽고 솔직하게 답해 주십시오.
■ 전혀 없음 (0)　　■ 약간 있음 (1)　　■ 상당히 있음 (2)　　■ 아주 많이 있음 (3)

	평가 내용	아주 많이 있음	상당히 있음	약간 있음	전혀 없음
		3	2	1	0
1	불안, 초조, 근심 또는 두려움				
2	자신 주변의 일들을 낯설거나 비현실적으로 느낌				
3	자기 몸의 일부 또는 전부로부터 분리된 느낌				
4	갑작스럽고 예기치 못한 극심한 불안				
5	절박하게 어떤 운명이 도래한 느낌				
6	긴장감, 스트레스, "숨 막힘" 또는 구석에 몰린 느낌				
7	집중하기 어려움				
8	몰려오는 생각들				
9	경악스러운 환상이나 백일몽				
10	어떤 일에 직면했을 때 통제력을 잃은 느낌				
11	머리가 돌거나 이상해지는 느낌				
12	졸도 또는 기절에 대한 공포				
13	신체적 질병이나 심장마비 또는 죽음에 대한 공포				
14	멍청해 보이거나 어리석어 보이는 것에 대한 걱정				
15	고독감 또는 버림받지 않을까 하는 두려움				
16	비난받거나 또는 거절당할 것에 대한 두려움				
17	무언가 끔찍한 것이 벌어질 것 같은 두려움				
18	심장이 뛰거나 두근거림				
19	가슴이 답답하고 흉통과 압박감				
20	발가락이나 손가락이 마비되거나 따끔거림				
21	위장(속)의 불편감				

	평가 내용	아주 많이 있음	상당히 있음	약간 있음	전혀 없음
		3	2	1	0
22	변비 또는 설사				
23	안절부절 못함				
24	긴장, 근육 경련이 일어남				
25	열이 없어도 땀이 남(식은땀)				
26	목에 무엇이 걸린 느낌(이물감)				
27	전율 또는 격동(손발이 떨림)				
28	다리에 힘이 빠지는 느낌(고무나 "젤리" 같은 다리)				
29	현기증 나고, 머리가 몽롱하고, 균형이 안 맞는 느낌				
30	숨 막히거나 질식할 것 같은 느낌 또는 호흡곤란				
31	두통 또는 목과 등에 통증				
32	열감 또는 오한				
33	피곤하거나 무력감으로 쉽게 탈진하게 됨				
총 점					점

- 70점 이상: 불안 증상이 있음, 상담을 요함.
- 30 ~ 69점: 약간의 불안 증상이 있음, 편안하게 마음먹을 필요 있음.
- 29점 이하: 불안 증상 없음.

공격성(BDHI) 척도

성명		연령		성별	남/여	검사일	. . .

■ 다음 질문들은 당신의 대인관계에서의 행동을 알아보려는 것입니다. 각 문장을 자세히 읽어
보시고 자신의 평소 행동을 가장 잘 나타낸다고 생각되는 번호에 표시하여 주십시오. 응답 방
식은 다음과 같습니다.

■ 전혀 그렇지 않다.(1)　■ 약간 그렇다.(2)　■ 꽤 그렇다.(3)　■ 확실히 그렇다.(4)

	질문사항	전혀 그렇지 않다	약간 그렇다	꽤 그렇다	확실히 그렇다
		1	2	3	4
*1	나는 누가 나를 때린다고 할지라도 좀처럼 맞서서 같이 때리지 않는다.				
2	나는 때때로 싫어하는 사람 앞에서 그의 험담을 늘어놓는다.				
3	나는 때때로 다른 사람을 해치고 싶은 충동을 억제할 수 없다.				
*4	나는 아무리 화가 나도 결코 물건을 던지지 않는다.				
5	나는 상대방과 다른 의견이 있다면 그의 입장을 고려하지 않고 나의 입장을 말한다.				
*6	나는 무슨 일이 있던지 간에 다른 사람을 때려서는 안 된다고 생각한다.				
7	사람들이 나에게 동의하지 않을 때는 논쟁할 수밖에 없다.				
8	누가 먼저 나를 때린다면 나도 때리겠다.				
9	계속해서 나를 괴롭히는 사람은 나에게 한 대 얻어맞기를 자청하는 셈이다.				
10	사람들이 나에게 호통을 칠 때 나도 맞서서 호통을 친다.				
11	나는 매우 흥분했을 때 누군가를 때릴 수 있다.				
12	나는 때때로 시비조로 행동한다.				
*13	나는 누가 괘씸해서 혼내주어야 할 때일지라도 차마 그의 자존심을 상하게 할 수 없다.				
14	나는 누구하고나 잘 싸운다.				
15	나는 거짓 협박을 자주한다.				
16	나는 내가 싫어하는 사람에게는 좀 무례한 행동을 한다.				

질문사항	전혀 그렇지 않다	약간 그렇다	꽤 그렇다	확실히 그렇다
	1	2	3	4
*17 나는 다른 사람들에 대한 나의 좋지 않은 견해를 보통 내색하지 않는다.				
18 나의 권리를 지키기 위해 폭력을 써야 한다면 쓰겠다.				
19 나는 논쟁할 때 언성을 높이는 경향이 있다.				
20 나는 나를 궁지에 빠지게 한 사람을 알면 그 사람과 싸운다.				
*21 나는 어떤 일에 반박하여 논쟁하기보다는 차라리 상대편의 의견에 따른다.				
총 점				점

■ 평가: _____

공격성 척도(Buss & Durkee Hostility Inventory: BDHI)

척도내용	1) Buss와 Durkee(1957)가 제작한 Hostility Inventory 중 고영인(1994)이 능동적 공격성을 측정하는 하위척도만을 발췌하여 공격성 척도 구성.
	2) 총 21문항으로 구성 내용은 다음과 같음.
	  ① 폭행척도: 육체적 폭력행위
	  ② 간접적 공격성: 악의 있는 험담이나 짓궂은 장난
	  ③ 언어적 공격성: 언어를 사용하여 위협하고 저주

실시방법	자기보고식. 각 문항에 대해 4점 척도로 평정.

채점방법	1) 각 문항의 점수를 합산하여 총점 구함.
	  전혀 그렇지 않다 = 1점
	  약간 그렇다 = 2점
	  꽤 그렇다 = 3점
	  확실히 그렇다 = 4점
	2) 역방향 채점 문항: **1, 4, 6, 13, 17, 21**

해석지침	1) 점수의 범위: 21점 - 84점.
	2) 한국판 연구
	  대학생 집단(389명): 평균점수 46.25점(표준편차 7.91)
	3) 상기 연구결과를 토대로 다음과 같이 평가할 수 있음.
	  54점 - 58점: 공격적 성향이 약간 있음.
	  59점 - 61점: 공격적 성향이 상당히 있음.
	  61점 이상: 공격적 성향이 매우 높음.

척도의 출처	1) 한국판: 고영인 (1994). 대학생의 분노표현 양식과 우울 및 공격성과의 관계. 부산대학교 박사학위 논문. 2) 원판: Buss, A. H. & Durkee, A.(1957). An inventory for assessing different kinds of hostility. Journal of Consulting & Clinical Psychology, 52, 343-349.

2. 성격

- REBT 개인 성격검사
- 4영역 성격검사
- 경계선 성격장애 척도
- 경조성 성격장애 척도
- 완벽주의 척도

REBT 개인 성격검사

성명			연령		성별	남/여	검사일	. . .

■ 다음의 개인 성격 자료의 문항들에 표시하여 스스로의 상태를 진단해 봅시다. 각 문항에 대해서 자주(1), 때때로(2), 드물게(3)로 표시해 주시기 바랍니다.

	평가 내용	자주	때때로	드물게
		1	2	3
1	나는 다른 사람들이 보는 데서 실수를 했을 때, 내가 아주 어리석다고 느끼거나 당황한다.			
2	나는 만약 다른 사람들이 내가 어떤 일을 하는 것을 찬성하지 않을 것이라고 생각하면 내가 정말하고 싶어 하는 그 일을 하는 것에 부끄러움을 느낀다.			
3	나는 사람들이 나의 가족이나 나의 배경에 관한 탐탁지 않은 사실을 알 때 창피하다.			
4	나는 나의 집, 자동차, 수입 또는 다른 소유물들이 다른 사람들 것만 못 할 때 주눅이 든다.			
5	나는 내가 사람들의 관심의 한 가운데에 있을 때 몹시 불편하다.			
6	나는 내가 존경하는 사람들이 나를 부정적으로 비평할 때 마음의 상처를 크게 입는다.			
7	나는 공공장소에 나갈 때 내 외모나 의상에 대해 어색함을 느낀다.			
8	사람들이 나에 대해 잘 알게 되면 내가 실제로는 얼마나 타락한 사람인지를 알 것 같다.			
9	나는 지독한 외로움을 느낀다.			
10	나는 나에게 중요한 어떤 사람의 인정이나 사랑을 꼭 받아야만 한다고 생각한다.			
11	나는 다른 사람들에 의존하는 것 같고 그들의 도움을 받지 못할 때 비참해진다.			
12	나는 일들이 느리게 진행되거나 빨리 처리되지 않을 때 화가 난다.			
13	나는 어떤 일이 나에게 이로운 줄 알면서도 그 일들을 회피하려는 기분이 든다.			
14	나는 삶의 불편과 좌절에 대해 화가 난다.			
15	나는 어떤 사람이 나를 기다리게 할 때 몹시 화가 난다.			
16	나는 나보다 좋은 면에 있는 사람에 대해 질투심을 느낀다.			

평가 내용	자주	때때로	드물게
	1	2	3
17 나는 다른 사람들이 나의 명령을 실행하지 않거나 내가 원하는 것을 주지 않을 때 격렬한 분노를 느낀다.			
18 나는 바보스럽거나 불쾌하게 행동하는 사람은 참을 수 없고 교체해야 할 것만 같다.			
19 나는 스스로 중대한 책임을 감당할 수 없을 것 같은 느낌이다.			
20 나는 내가 원하는 것을 얻기 위해서 내가 실제로 노력을 해야만 한다는 것에 화가 난다.			
21 나는 일들이 매끄럽게 되지 않을 때 몹시 풀이 죽는다.			
22 나는 내가 시작한 일을 계속하는 것이, 특히 그 일의 진행이 어려울 때, 불가능할 것 같은 느낌이다.			
23 나는 대부분의 일이 재미없고 지겹다.			
24 나는 스스로를 제어할 수 없을 것 같은 느낌이 든다.			
25 나는 다른 사람들이 저지른 나쁜 짓에 대해 복수심을 느낀다.			
26 나는 나쁜 짓을 하는 사람과 비도덕적인 사람에게 한마디 해 주고 싶은 마음이 강하다.			
27 나는 세상의 불의에 대해 화가 나고, 범법자들은 마땅히 중벌을 받아야만 한다고 생각한다.			
28 내가 일을 잘해 내지 못하는 것 때문에 스스로를 심하게 책망한다.			
29 나는 내가 중요한 일에서 실패했을 때 매우 수치심을 느낀다.			
30 나는 내가 중요한 결정을 해야만 할 때 걱정이 된다.			
31 나는 모험을 하거나 새로운 일을 시도하는 것이 두렵다.			
32 나는 나의 생각이나 행동에 해해 죄책감을 느낀다.			
33 나는 내가 한 인간으로서 너무나 가치 없다고 느낀다.			
34 나는 자살충동을 느낀다.			
35 나는 울고 싶다.			
36 나는 내가 다른 사람들에게 너무 쉽게 양보한다고 생각한다.			
37 나는 나의 성격을 보다 좋은 쪽으로 변화시킬 수 있다는 희망이 없는 느낌이다.			
38 나는 내가 매우 어리석다고 느낀다.			
39 나는 나의 인생이 의미가 없거나 목표가 없다고 느낀다.			

평가 내용	자주	때때로	드물게
	1	2	3
40 나는 내 불행했던 어린 시절 때문에 현재 내 생활이 즐거울 수 없을 것 같은 느낌이다.			
41 나는 내가 과거의 중요한 일들에서 실패했기 때문에 앞으로도 불가피하게 실패할 것만 같은 느낌이 든다.			
42 나는 나의 부모가 나를 다룬 방식 때문에 그리고 현재 내가 안고 있는 문제들을 야기했기 때문에 부모를 원망한다.			
43 나는 불안이나 분노와 같은 강한 정서를 통제할 수 없음을 느낀다.			
44 나는 내가 의지할 윗사람이나 목표가 없어서 어찌할 바를 모른다.			
45 나는 내가 원하지도 않는 어떤 일을, 그 일을 중단했을 때 어떤 나쁜 일이 일어날까 봐, 계속해서 해야만 한다고 느낀다.			
46 나는 일들의 체계가 잘 잡혀져 있지 않을 때 몹시 불편하다.			
47 나는 미래에 나에게 일어날 일들에 대해 걱정이다.			
48 나는 내가 어떤 사고를 당하거나 병에 걸릴까 봐 걱정이다.			
49 나는 낯선 곳에 가거나 낯선 사람들을 만날 생각을 하면 두렵다.			
50 나는 내가 죽는다는 생각을 하면 두렵다.			

■ 각 문항 당 1 → 5점, 2 → 3점, 3 → 1점으로 환산하고, 다음의 번호에 따른 영역별로 평균점수를 구해 주십시오.

1 - 11	수용 (11)		12 - 24	좌절 (13)	
25 - 27	불의 (3)		28 - 31	성취 (4)	
32 - 39	가치 (8)		40 - 43	통제 (4)	
44 - 46	확실성 (3)		47 - 50	재앙화 (4)	

4영역 성격검사

성명		연령		성별	남/여	검사일	. . .

■ 질문에 대해 답해 나갈 때 직업에 대해서는 아무것도 생각하지 말고 답하시오.
■ 어떤 문제에 대해서 의문이 생기거나 자신 있게 대답하기 곤란한 경우라도 답을 고르는 데 너무 시간을 지체하지 않도록 하십시오.
■ 하나도 빠뜨리지 말고 답하시오.
■ 검사실시 도중에 답 옆에 쓰여 있는 알파벳에 신경을 쓰지 않도록 하십시오.
　☞ **다음 보기와 같은 방법으로 응답하면 됩니다.**
　보기: 행동하기 전에 먼저 생각한다.

	내　　용		예	아니오	
	보기: 행동하기 전에 먼저 생각한다.	E	예	아니오	C
1	대개의 경우 나는 자신의 방법으로 혼자서 일하는 것을 좋아한다.	I	예	아니오	G
2	나는 누구하고도 금방 알고 지낸다.	O	예	아니오	R
3	사소한 실패를 언제까지나 마음에 든다.	S	예	아니오	F
4	나는 잘 생각하지 않고 행동으로 옮기는 일이 종종 있다.	E	예	아니오	C
5	나는 자신의 걱정스런 일을 좀처럼 잊어버릴 수가 없다.	S	예	아니오	F
6	나는 망설임 없이 어려운 일에 뛰어들 수 있다.	E	예	아니오	C
7	비록 아무도 찬성해 주지 않아도 내가 생각한 것을 말한다.	O	예	아니오	R
8	나는 리더가 되고 싶지 않다.	R	예	아니오	O
9	나는 모든 사람과 같은 일을 하고 싶다.	G	예	아니오	I
10	나는 남의 기분을 상하지 않기 위해 끊임없이 신경을 쓴다.	S	예	아니오	F
11	나는 무슨 일을 할 때 확실히 빈틈없이 할 수 있도록 주의를 기울이고 싶다. 비록 그 때문에 다른 어떤 일을 포기하게 될지라도.	C	예	아니오	E
12	책이나 신문을 읽을 때 얼핏 슬픈 기사에만 눈길이 간다.	S	예	아니오	F
13	쉽게 자신의 잘못을 인정하지 않는 성격이다.	F	예	아니오	S
14	나는 대개 인생을 있는 그대로 받아들인다.	C	예	아니오	E
15	나는 팀을 짜서 일을 하면 힘을 발휘할 수 있는 타입이다.	G	예	아니오	I
16	모임에 참석하기 보다는 집에 있는 쪽을 좋아한다.	R	예	아니오	O
17	나는 최신 유행 패션에 항상 관심을 갖고 있다.	E	예	아니오	C
18	이 세상에는 괴로움과 불행이 너무 많다고 생각한다.	S	예	아니오	F
19	오랫동안 가만히 앉아 있는 것은 싫다.	E	예	아니오	C

	내 용		예	아니오	
20	나는 언제나 새롭고 재미있는 일에 달려들려고 하는 편이다.	E	예	아니오	C
21	나는 대개 어떠한 상황에 있어서도 자신을 갖고 있다.	F	예	아니오	S
22	나는 매사에 다른 사람들만큼 그렇게 간단히 움직이지 않는다.	F	예	아니오	S
23	나는 어떠한 일에서나 친구들에게 힘이 된다.	G	예	아니오	I
24	때때로 남이 나를 어떻게 생각하고 있는가에 신경을 쓴다.	R	예	아니오	O
25	토론하는 곳에서는 나는 거의 항상 무엇인가 말한다.	O	예	아니오	R
26	때때로 실패가 이것저것 머리에 떠올라 잠을 설치는 일이 있다.	S	예	아니오	F
27	자신의 개인적인 기분이 남에게 알려져도 나는 별로 신경 쓰지 않는다.	G	예	아니오	I
28	만약 친구가 없다면 나는 어떻게 지내야 될지 모르겠다.	G	예	아니오	I
29	종종 나는 남에게 알리지 않고 일을 저지른다.	I	예	아니오	G
30	나의 사고방식에 반대하는 사람들을 이기고 싶다.	R	예	아니오	R
31	하나의 일을 한참하고 있을 때 나는 옆길로 빗나가는 일이 종종 있다.	C	예	아니오	C
32	한 번 결심한 후라도 생각을 바꾸는 일이 있다.	F	예	아니오	S
33	나는 사람들을 소개해서 서로 사이좋게 지내는 것을 좋아한다.	C	예	아니오	C
34	비밀을 갖는 일의 즐거움은 그것을 누군가에게 전달할 수 있기 때문이다.	R	예	아니오	R
35	무엇을 결정할 때 그것이 남을 놀라게 하는 일이라면 결심이 흔들린다.	F	예	아니오	F
36	나는 스스로 말하기 보다는 듣는 입장이 되는 것이 더 좋다.	E	예	아니오	C
37	나는 싸움을 해도 금방 화해를 할 수 있다.	O	예	아니오	O
38	나는 지금의 나 자신에 대해 대체로 만족하고 있다.	R	예	아니오	R
39	내 물건을 빌리려고 하는 사람은 미리 물어보고 빌려 가면 좋겠다고 생각한다.	G	예	아니오	G
40	고민이 있을 때 친구에게 털어놓고 이야기하고 싶다.	I	예	아니오	I

■ E ( )개　■ G ( )개　■ O ( )개　■ F ( )개

<문항구성>

E(온화한) - C(흥분 잘하는) ··· 10문항

G(독립적) - I(집단 지향적) ··· 10문항

O(내향적) - R(외향적) ··· 10문항

F(감상적) - S(현실적) ··· 10문항

이와 같이 네 유형 총 40문항으로 구성되어 있다.

<채점>

① '예'라고 표시한 경우는 응답 란 왼쪽에 있는 영문 알파벳에서 다음 글자의 숫자를 센다.

② '아니오'라고 표시한 경우는 오른쪽의 알파벳에서 다음 글자의 숫자를 센다.

③ 그리고 나서 이들을 각각 합하면 점수가 나온다.

　　E(　　)개,　G(　　)개,　O(　　)개,　F(　　)개

④ 다음 성격의 그래프에 있는 각 눈금자 위에 각각 표시하고 그 위에 있는 경향을 읽는다.

E영역	온화한	←							→	흥분하기 쉬운	
0	1	2	3	4	5	6	7	8	9	10
G영역	독립지향	←							→	그룹지향	
0	1	2	3	4	5	6	7	8	9	10
O영역	내향적	←							→	외향적	
0	1	2	3	4	5	6	7	8	9	10
F영역	감상적	←							→	현실적	
0	1	2	3	4	5	6	7	8	9	10

⑤ 눈금을 모두 연결해 보라. (E - G - O - F)를 연결하면 어떤 모양이 나올 것이다.

〈예〉

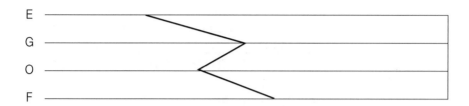

〈해석〉

① 정밀한 검사가 아니고 간이 검사이므로 성격의 대체적인 경향을 알려 준다.

② E영역에서 6-10에 위치하여 있으면 '흥분 잘 하는'경향이 있고, 4-0에 위치하면 '침착하고 온화한' 경향이 있다.

③ G영역에서 6-10에 위치하면 '여럿이 함께' 일하기를 좋아하는 경향이 있고, 4-0에 위치하면 '혼자서' 일하기를 좋아하는 경향이 있다.

④ O영역에서 6-10에 위치하면 '외향적'으로 활동하는 경향이 있고, 4-0에 위치하면 '내성적'으로 소극적인 경향이 있다.

⑤ F영역에서 6-10에 위치하면 '현실적'으로 냉정하게 판단하는 경향이 있고, 4-0에 위치하면 '감상적'이고 우유부단한 경향이 있다.

PAI-BOR (경계선 성격장애 척도)

성명		연령		성별	남/여	검사일	. . .

■ 각 문장을 자세히 읽어 보시고 자신을 가장 잘 나타낸다고 생각되는 번호에 표시하여 주십시오. 응답 방식은 다음과 같습니다.
   ■전혀 그렇지 않다.(0)   ■약간 그렇다.(1)   ■꽤 그렇다.(2)   ■매우 그렇다.(3)

	질문사항	전혀 그렇지 않다 0	약간 그렇다 1	꽤 그렇다 2	매우 그렇다 3
*1	나는 항상 행복한 사람인 편이다.				
2	매우 친한 사람과 떨어져 지내는 것을 감당하기 어렵다.				
3	내가 친구로 삼았던 사람들에게 여러 번 실수를 한 적이 있다.				
4	나는 앞뒤를 가리지 않고 행동하는 사람이다.				
5	말로 표현할 수 없을 만큼 분노를 느낀 적이 여러 번 있다.				
*6	나는 쉽게 싫증을 느끼지는 않는다.				
*7	나는 신중하게 돈을 쓴다.				
8	내 기분은 매우 갑작스레 변한다.				
9	나 자신에 대한 나의 태도가 많이 바뀐다.				
10	나는 다른 사람과의 관계가 변덕스럽다.				
11	너무 충동적으로 행동해서 어려움을 겪는 경우가 있다.				
12	갑자기 감정이 격해진다.				
13	때때로 공허하다는 느낌이 든다.				
14	사람들이 나를 속상하게 하면 어떤 식으로든 알려 주고 싶다.				
15	혼란스러우면 으레 나에게 해로운 행동을 한다.				
*16	내 기분은 잘 바뀌지 않는다.				
17	다른 사람들이 나를 떠날까 봐 많이 걱정한다.				
18	한때 친했던 사람이 나를 실망시킨 적이 있다.				
19	내 이익을 위해서는 매우 충동적으로 행동한다.				
20	화가 나면 거의 통제할 수 없다.				

	질문사항	전혀 그렇지 않다	약간 그렇다	꽤 그렇다	매우 그렇다
		0	1	2	3
21	때로는 내가 어떻게 살아가야 할지를 걱정한다.				
*22	외롭다는 느낌이 든다.				
23	나는 돈을 너무 헤프게 쓴다.				
총 점					점

■ 평가: _____

경계선 성격장애 척도

(Personality Assessment Inventory - Borderline Features Scale: PAI-BOR)

척도내용	1) 경계선 성격장애를 평가하는 도구. 2) 총 23문항으로 4개 하위요인으로 구성. 　① 정서적 불안정 　② 정체감 문제 　③ 부정적 대인관계 　④ 자기 손상
실시방법	자기보고식. 각 문항에 대해 4점 척도로 응답.
채점방법	1) 각 문항의 점수를 합산하여 총점을 구함. 　전혀 그렇지 않다 = 0점 　약간 그렇다 = 1점 　꽤 그렇다 = 2점 　매우 그렇다 = 3점 2) 역방향 채점 문항: **1, 6, 7, 16, 22**
해석지침	1) 점수의 범위: 0점 - 69점 2) 한국판 연구 　- 대학생 집단(1,106명): 평균점수 27.5점(표준편차 7.5) 　- 39점 이상을 임상적으로 유의미한 집단으로 제안. 3) 상기 연구를 토대로 다음과 같이 잠정적으로 평가할 수 있음. 　**36점 - 38점**: 경계선적 성향이 약간 있음. 　**39점 - 42점**: 경계선적 성향이 상당히 있음. 　**43점 이상**: 경계선적 성향이 매우 높음.
척도의 출처	1) 한국판: 홍상황, 김영환(1998). 경계선 성격장애 척도의 타당화 연구 　: 대학생을 대상으로. 한국심리학회지: 임상, 17권 1호, 259-271. 2) 원판: Morey, L. C.(1991). Personality Assessment Inventory 　: Professional manual. Odessa, FL 　: Psychological Assessment Resources.

HPS(경조성 성격장애 척도)

성명			연령		성별	남/여	검사일	. . .

■ 각 문장을 자세히 읽어 보시고 자신을 가장 잘 나타낸다고 생각되면 '그렇다'에, 자신과 잘 맞지 않는다고 생각되면 '아니오'에 표시하여 주십시오.

	질문사항	그렇다	아니다
*1	나 자신이 아주 평범한 사람이라고 생각한다.		
*2	내가 다른 사람들 앞에서 광대 노릇을 하게 되면, 불안해질 것 같다.		
3	나는 종종 기분이 너무나 들떠서 친구들이 농담 삼아 '너 도대체 무슨 약 먹었냐'고 묻는 경우도 있다.		
4	나는 나이트 클럽의 코메디언 역할을 해도 잘할 것 같다.		
5	가끔 어떤 아이디어나 영감이 너무나 빨리 떠올라 미처 다 표현할 수 없을 때가 있다.		
*6	여러 사람들과 함께 있게 될 때, 난 대개 나 말고 다른 사람이 주목받게 하는 쪽이 좋다.		
7	낯선 환경에 가면, 나 스스로가 놀랄 만큼 자기주장이 강하고 사교적이 된다.		
8	안절부절해서 가만히 앉아 있을 수가 없을 때가 있다.		
9	많은 사람들이 나를 재미있으면서도 좀 괴짜라고 생각한다.		
10	어떤 감정을 느끼게 될 때, 나는 대개 그것을 아주 극단적으로 느낀다.		
11	나는 종종 기분이 너무 들떠서 한 가지 일에 오래 집중할 수가 없다.		
*12	나는 가끔 내 삶에서 내가 하게끔 되어 있는 일을 해내기 전에 내게 절대로 무슨 일이 일어나지 않을 거라는 느낌이 든다.		
13	가끔 사람들이 묘안이 필요할 때 나를 찾는다.		
*14	나는 대부분의 사람들보다 더 내 자신을 의식하는 것 같지는 않다.		
15	나는 가끔 뚜렷한 이유 없이 흥분되고 행복해진다.		
*16	누군가 내 생애에 관한 책을 쓰리라는 것은 잘 상상이 가지 않는 일이다.		
*17	나는 대개 기분이 그렇게 특별히 좋거나 나쁘지도 않고 그저 보통이다.		
18	나는 가끔 무슨 일이든 남보다 잘할 수 있다고 느낄 정도로 힘이 솟고 낙관적이 된다.		
19	나는 다음엔 뭘 해야 할지 모를 정도로 관심 영역이 넓다.		
20	어떨 때는 밤잠을 안 자도 될 것 같이 힘이 넘칠 때가 있다.		

질문사항	그렇다	아니다
*21 나는 다른 사람들보다 기분의 변화가 심한 것 같지는 않다.		
22 나는 어디든지 갈 수 있고 무엇이든지 당장 할 수 있었으면 하는 기분이 들 때가 아주 많다.		
23 나는 장래에 여러 가지 전문 분야에서 성공할 것으로 생각한다.		
*24 나는 매우 흥분하거나 기쁠 때 거의 항상 그 이유를 알고 있다.		
*25 아무도 모르는 사람들이 모인 곳에 가게 되면, 어느 정도 시간이 지나야 마음이 편해진다.		
26 나는 여러 가지 배역을 설득력 있게 해낼 자신이 있기 때문에, 훌륭한 연기자가 될 수 있을 것이다.		
*27 다른 사람들이 나를 정상적인 사람으로 여기기를 바란다.		
28 특별히 창조적인 생각을 하고 있을 때, 나는 종종 떠오르는 생각이나 영감을 적어 둔다.		
29 나는 종종 친구들로 하여금 아주 모험적이고 기막힌 일을 하도록 부추긴 적이 있다.		
30 정치가가 되어 선거운동을 하면 매우 재미있어 할 것 같다.		
*31 대개 내가 마음만 먹으면 활동의 보조를 좀 늦출 수 있을 것 같다.		
32 나는 좀 다혈질적인 축에 든다.		
33 나는 가끔 현기증이 날 만큼 행복하고 힘이 솟는다.		
34 내가 성공할 수 있는 분야가 아주 많은데 그중 한 가지밖에 선택할 수 없다는 것이 아깝다.		
35 가끔 많은 삶의 규칙들이 내겐 맞지 않는다고 느껴질 때가 있다.		
36 다른 사람들로 하여금 나에게 성적인 매력을 느끼게 하는 것은 쉬운 일이다.		
37 나는 기분이 자주 오르락내리락하는 사람인 것 같다.		
38 나는 종종 내 생각이 빠른 속도로 줄달음질치는 것 같다.		
39 나는 스스로 좀 겁이 날 정도로 다른 사람들을 잘 조정한다.		
40 사회적 모임에서 나는 대개 그 모임의 활기를 불어넣는 역할을 하게 된다.		
41 내가 훌륭하게 해낸 일들은 대개 강한 영감을 받은 짧은 기간 동안에 이루어졌다.		
42 나는 남들을 설득하고 감화시키는 능력이 탁월한 것 같다.		
43 식사나 수면을 잊을 정도로 내가 하고 있는 일에 몰두할 때가 종종 있다.		

	질문사항	그렇다	아니다
44	나는 종종 마음이 매우 조급해지고 안절부절못한다.		
45	나는 가끔 행복하면서도 동시에 초조해질 때가 있다.		
46	나는 가끔 너무 흥분하여 말을 멈추기가 거의 불가능할 때가 있다.		
*47	나는 내 삶에서 극적인 실패보다 평범한 성공을 하고 싶다.		
48	내가 죽고 백 년이 지나도 아마도 나의 업적은 잊히지 않을 것이다.		
	총 점		점

■ * : 아니다 = 1점　　　■ 평가: _____

경조성 성격척도 (Hypomanic Personality Scale: HPS)

척도내용	1) 개인의 경조 성향을 측정하는 도구. 경조성 성격의 특질을 묘사하는 48문항으로 구성. 2) 양극성 장애의 위험집단을 정신분열증의 위험집단으로부터 변별해 내기 위한 목적으로도 사용됨.
실시방법	자기보고식. 각 문항에 대해 '그렇다/아니다'로 응답.
채점방법	1) **1, 2, 6, 12, 14, 16, 17, 21, 24, 25, 27, 31, 47** 문항: **'아니다' = 1점** 나머지 문항: '그렇다' = 1점 2) 각 문항의 점수를 합산하여 총점을 구함.

해석지침	1) 점수의 범위: 0점 - 48점
	2) 한국판 연구
	  - 대학생 집단(1,289명): 평균점수 21.27점(표준편차 7.52)
	  - 외국 연구 및 한국 연구에서 36점 이상을 경조성 집단으로 선정.
	3) **29점 - 31점**: 경조성향이 약간 있음.
	  32점 - 35점: 경조성향이 상당히 있음.
	  36점 이상 : 경조성향이 매우 높음.

척도의 출처	1) 한국판: 김영아, 오경자(1996). 양극성 장애의 고위험군으로서의 경조성 집단의 심리적인 특성. 한국심리학회지 : 임상, 15권 1호, 103-115. 2) 원판: Eckbald, M. & Chapman, L. J(1986). development and validation of a scale for hypomanic personality. Journal of Abnormal Psychology, 95, 214-222.

완벽주의 척도

성명		연령		성별	남/여	검사일	. . .

■ 완벽주의 성향을 측정하는 완벽주의 척도는 캐나다의 Hewit와 Flett가 개발했으며, 자기 지향적 완벽주의, 타인 지향적 완벽주의, 사회적으로 부과한 완벽주의의 3가지 차원으로 구성되어 있다.

■ 각 문장을 자세히 읽어 보시고 자신을 가장 잘 나타낸다고 생각되는 번호에 표시하여 주십시오. 응답 방식은 다음과 같습니다.

■ 전혀 그렇지 않다 (1)   ■ 그렇지 않다 (2)   ■ 그렇지 않은 편이다 (3)
■ 보통이다 (4)   ■그런 편이다 (5)   ■ 그렇다 (6)   ■ 매우 그렇다 (7)

	평가 내용	1	2	3	4	5	6	7
1	일단 일을 시작하고 나면, 다 끝마칠 때까지는 쉬지 않는다.							
2	다른 사람이 일을 너무 쉽게 일을 너무 쉽게 포기하는 것을 봐도 욕하지 않는다.							
3	나와 가까운 사람이 성공하느냐 안 하느냐의 여부는 그리 중요한 일이 아니다.							
4	친구가 최선이 아닌 선택을 해도 비난하지 않는다.							
5	남이 내게 기대하는 것에 맞추기가 어렵다.							
6	나의 목표는 모든 일에서 완벽해지는 것이다.							
7	다른 사람이 하는 모든 일은 최고 수준이어야 한다.							
8	일을 하면서 완벽을 기하지는 않는다.							
9	주위사람들은 내가 실수를 할 수도 있다고 생각한다.							
10	주위 사람들이 최선을 다하지 않는 것을 봐도 나는 별로 문제 삼지 않는다.							
11	내가 일을 잘할수록 사람들은 더 잘할 것으로 기대한다.							
12	나는 완벽해지고자 하는 욕구가 거의 없다.							
13	내가 하는 일이 최고가 아니라면 사람들은 나를 형편없게 볼 것이다.							
14	나는 가능한 한 완벽하려고 애쓴다.							
15	모든 일을 완벽하게 하는 것이 나에게는 매우 중요한 일이다.							
16	나에게 중요한 사람들에게 큰 기대를 한다.							
17	내가 하는 모든 일에서 최선을 다한다.							

■ 전혀 그렇지 않다 (1) ■ 그렇지 않다 (2) ■ 그렇지 않은 편이다 (3) ■ 보통이다 (4) ■ 그런 편이다 (5) ■ 그렇다 (6) ■ 매우 그렇다 (7)							
평가 내용	1	2	3	4	5	6	7
18 주변 사람들은 내가 모든 일에서 성공하기를 기대한다.							
19 나는 주위 사람들에 대해 높은 기준을 가지고 있지는 않다.							
20 나 자신이 완벽해지기를 바란다.							
21 내가 모든 일을 다 잘하지 않더라도 사람들은 나를 좋아할 것이다.							
22 더 나아지려고 노력하지 않는 사람들을 보면 참을 수가 없다.							
23 내가 한 실수를 발견하게 되면 매우 속이 상하다.							
24 친구들에게 많은 것을 기대하지는 않는다.							
25 성공이란 다른 사람들을 기쁘게 하도록 더욱 열심히 일해야 한다는 것을 의미한다.							
26 내가 누군가에게 일을 부탁한 경우, 그 일이 완벽하게 되어 있기를 기대한다.							
27 나와 가까운 사람들이 실수하는 것을 참을 수가 없다.							
28 나는 목표를 완벽하게 세우려고 한다.							
29 내게 중요한 사람들은 결코 나를 실망시켜서는 안 된다.							
30 내가 성공하지 못하더라도 사람들은 나를 괜찮은 사람으로 생각한다.							
31 나는 사람들이 내게 너무 많은 요구를 한다고 생각한다.							
32 나는 항상 내 잠재력을 최대한 발휘하도록 일해야 한다.							
33 내가 실수했을 때 사람들은 비록 나타내지는 않지만 매우 실망할 것이다.							
34 내가 하는 모든 일에서 최고일 필요는 없다							
35 나의 가족은 내가 완벽하기를 기대한다.							
36 나 자신에게 매우 높은 목표를 세우지 않는다.							
37 부모님은 내가 하는 모든 일에서 뛰어나기를 기대하지는 않는다.							
38 나는 평범한 사람을 존경한다.							
39 사람들은 나에게서 완벽함을 기대한다.							
40 나 자신에게 높은 기준을 부여한다.							
41 사람들은 내가 할 수 있는 것보다 많은 것을 기대한다.							

	■ 전혀 그렇지 않다 (1) ■ 그렇지 않다 (2) ■ 그렇지 않은 편이다 (3) ■ 보통이다 (4) ■그런 편이다 (5) ■ 그렇다 (6) ■ 매우 그렇다 (7)							
	평가 내용	1	2	3	4	5	6	7
42	나는 학업에서나 일에서나 항상 성공해야만 한다.							
43	친한 친구가 최선을 다하지 않아도 내게는 그리 문제가 되지 않는다.							
44	내 주위의 사람들은 내가 실수를 할 경우에도 여전히 나를 유능하다고 생각한다.							
45	나는 다른 사람들이 모든 일을 잘할 것이라고 기대하지는 않는다.							
	총 점							점

■ 채점을 반대로 해야 할 문항

2, 3, 4, 5, 8, 9, 10, 12, 19, 21, 24, 30, 34, 36, 37, 38, 43, 44, 45번 문항

(1점 → 7점,   2점 → 6점,   3점 → 5점,   5점 → 4점,   6점 → 2점,   7점 → 1점)

■ 90점 이하: 매우 편안하고 느긋한 스타일이지만 자신을 보다 엄격하게 관리할 필요가 있다.

■ 91-150: 여유 있고 편안하며 긴장을 잘하지 않는다. 가끔은 자신을 체크할 필요가 있다.

■ 151-210: 조화롭고 적절히 균형 잡혀 있는 상태이다.

■ 211-270: 완벽해지려고 노력하고 있기 때문에 스트레스를 받고, 타인에게도 스트레스를 주고 있을 수 있다. 자신감을 가지고 자신과 타인에 대해 좀 더 관대해질 필요가 있다.

■ 271 이상: 삶에 대한 점검이 필요하다. 왜 필요 이상으로 완벽해지려 노력하고 있는지 그 근원적인 이유에 대한 탐색과 성찰이 필요하다. 위험 수위

3. 부부, 결혼

- 결혼만족도 검사
- 결혼생활 진단 셀프 테스트 1
- 결혼생활 진단 셀프 테스트 2
- 배우자에 대해 얼마나 알고 있는가 체크 리스트
- 부부 갈등 대처방안 척도
- 부부관계 척도

결혼만족도 검사
(Marital Satisfaction Scale: MSS)

성명			연령		성별	남/여	검사일		. . .

■ 다음 문항을 읽어 보시고 자신에게 해당되는 곳에 표시해 주십시오.

■ 전혀 그렇지 않다(1)　　■ 대체로 그렇지 않다(2)　　■ 보통이다(3)
■ 대체로 그렇다(4)　　■ 정말 그렇다(5)

	평가 내용	1	2	3	4	5
1	나는 결혼생활에 있어서 남편(부인)이 나에게 무엇을 기대하고 있는 지를 알고 있다.					
2	남편(부인)은 되도록이면 나를 편하게 해 주려 한다.					
*3	나는 결혼생활에 대해 근심, 걱정이 많다.					
*4	만약 내가 다시 결혼한다면, 지금의 남편(부인)과 같은 사람과는 결혼 하지 않을 것이다.					
5	나는 남편(부인)을 항상 신뢰할 수 있다.					
6	내가 결혼을 하지 않았더라면, 나의 인생은 매우 공허했을 것이다.					
*7	현재의 결혼생활이 따분하게 느껴진다.					
*8	나는 나의 결혼생활이 따분하게 느껴진다.					
9	남편(부인)과의 결혼생활이 어떠한지를 알고 있다.					
*10	결혼생활은 나의 건강에 나쁜 영향을 미친다.					
*11	나는 결혼생활에서 일어나는 일들 때문에 화가 나고 짜증스럽다.					
12	나는 결혼생활을 잘할 수 있는 충분한 능력이 있다고 생각한다.					
13	지금의 결혼생활이 영원히 지속되기를 바란다.					
14	시간이 갈수록 나의 결혼생활은 더 만족스러워질 것이다.					
*15	나는 결혼생활을 잘해 보려고 노력하는 데 지쳤다.					
16	나는 결혼생활이 생각했던 것만큼 즐겁다고 생각한다.					
17	나의 결혼생활은 다른 어떤 일보다도 나에게 만족감을 더 많이 준다.					
*18	결혼생활이 해가 갈수록 어려워진다.					
*19	남편(부인)은 나를 매우 신경질 나게 한다.					
20	남편(부인)은 내 의사를 나타낼 충분한 기회를 주는 편이다.					

■ 전혀 그렇지 않다(1)	■ 대체로 그렇지 않다(2)	■ 보통이다(3)
■ 대체로 그렇다(4)	■ 정말 그렇다(5)	

	평가 내용	1	2	3	4	5
21	지금까지 나의 결혼생활은 성공적이었다.					
22	남편(부인)은 나를 자신과 동등하게 대해 준다.					
*23	결혼생활 이외에 인생을 가치 있고 흥미롭게 하는 것을 추구해야 한다.					
24	남편(부인)은 내가 최선을 다하도록 용기를 북돋아 준다.					
*25	결혼생활을 통하여 내 성격은 많이 억눌려져 왔다.					
26	내 결혼생활의 미래는 희망적이다.					
27	나는 남편(부인)에게 진실로 관심을 기울인다.					
28	나는 남편(부인)과 사이가 좋다.					
*29	나는 남편(부인)과 이혼하여 헤어질까 봐 두렵다.					
*30	남편(부인)은 내 자유시간을 불공평하게 자주 빼앗는다.					
*31	남편(부인)은 나를 합당치 못하게 대하는 편이다.					
32	내 결혼생활은 나 자신이 결혼 전에 세웠던 목표를 이루는 데 도움이 된다.					
33	남편(부인)은 우리의 관계를 보다 좋게 하려 애쓴다.					
*34	남편(부인)과 취미가 다르기 때문에 괴로움을 겪는다.					
35	우리 부부의 애정표현은 각자의 마음에 드는 편이다.					
*36	불행한 성관계가 나의 결혼생활에 장애가 된다.					
37	남편(부인)과 나는 어떤 행동이 올바르고 적절한지에 대해 서로 의견이 일치한다.					
*38	남편(부인)과 나는 같은 인생철학을 가지고 있지는 않다.					
39	남편(부인)과 나는 서로 좋아하는 몇 가지 취미생활을 함께 즐긴다.					
*40	나는 가끔 지금의 남편(부인)과 결혼하지 않았었으면 하고 바랄 때가 있다.					
*41	현재의 결혼생활은 확실히 불행하다.					
42	나는 남편(부인)과 즐거운 마음으로 성관계를 가지기를 원한다.					
*43	남편(부인)은 나를 별로 존중하지 않는다.					
*44	나는 남편(부인)을 신뢰하기 어렵다.					
45	남편(부인)은 내가 생각하고 느끼는 바를 대부분 알아차린다.					
*46	남편(부인)은 내가 무엇을 말하는지에 귀 기울이지 않는다.					

■ 전혀 그렇지 않다(1) ■ 대체로 그렇지 않다(2) ■ 보통이다(3) ■ 대체로 그렇다(4) ■ 정말 그렇다(5)					
평가 내용	1	2	3	4	5
47 나는 남편(부인)과 자주 즐거운 대화를 나누는 편이다.					
48 나는 확실히 나의 결혼생활에 만족한다.					
총 점					점

- 결혼만족도 총점수의 가능한 범위는 48점에서 240점
- 3, 4, 7, 8, 10, 11, 15, 18, 19, 23, 25, 29, 30, 31, 34, 36, 38, 40, 41, 43, 44, 46
  ⇒ * **반대로 채점**
  ☞ **전혀 그렇지 않다(5) 대체로 그렇지 않다(4) 보통이다(3) 대체로 그렇다(2) 정말 그렇다(1)**

- 120 이하: 상담 필요   ■ 120~150: 노력 필요   ■150 이상: 평균

※ 출처: 결혼만족도 척도는 본래 Roach(1975)가 개발한 측정도구로 총 73문항으로 구성되었으나 그 후 Bowden(1977)이 타당화 연구를 실시하여 48문항으로 단축해 재구성된 척도이다.

Roach 등(1981)의 척도를 유영주(1986)가 번안하였다.

유영주(1986). 결혼만족도 척도의 타당화 연구

:Roach, Frazier, Bowden의 Marital Satisfaction Scale.

결혼생활 진단 셀프 테스트 1
[당신은 결혼생활에 얼마나 행복감을 느끼십니까?]

성명		연령		성별	남/여	검사일	. . .

■ 다음은 〈로크-월러스의 결혼적응검사지(Locke-Wallace marital Adjustment Test)〉라고 하는 테스트 표입니다. 아래 선에서 한가운데 표시된 '행복'을 당신이 생각하는 보통 사람들의 평균치 행복이라 가정할 때 중간에서 좌측으로 갈수록 극심한 불행감을, 우측으로 갈수록 최고의 행복감을 표시합니다. 당신은 현재의 결혼에서 (주관적으로) 얼마나 행복감을 느끼는지 해당되는 점에 표시를 하시기 바랍니다.

① 결혼에 대해 당신이 느끼는 행복감은? (점[①])

0	2	7	15	20	25	35
극심한 불행			← 행복 →		최고의 행복	

② 다음 각 사항에 대해 당신과 배우자 사이에 얼마나 의견이 일치 또는 어긋나는지 각 문항마다 해당되는 곳에 체크하십시오.

■ 항상 일치(5) ■ 대부분 일치(4) ■ 가끔 어긋남(3) ■ 종종 어긋남(2) ■ 대부분 어긋남(1) ■ 항상 어긋남(0)

	평가 내용	5	4	3	2	1	0
1	돈 쓰는 문제에 대해						
2	여가, 휴가에 대해						
3	애정 표시에 관해						
4	친구나 주변 사람에 관해						
5	섹스						
6	가치관과 생활방식						
7	인생관에 대해						
8	양가 부모형제/친인척 문제						
	총 점						점[②]

③ 다음 문항의 a~d 중 당신의 결혼생활에 가장 적합한 답에 표시하십시오.

1	의견이 서로 어긋날 때 대개	점수
a. 남편이 진다 (0)　　b. 아내가 진다 (2)　　c. 서로 양보하여 타협안을 찾는다 (10)		

2	당신 부부는 취미나 여가를 함께 합니까?	
a. 모두 같이 한다 (10)　　　　　　　b. 일부만 같이 한다 (8) c. 거의 같이 하는 게 없다 (3)　　　d. 아무것도 같이 하지 않는다 (0)		

3	여가가 있을 때 당신은 대체로	
a. 어딘가 가거나 뭔가를 하려 한다　　　b. 집에 있고 싶어 한다		

3-1	당신의 배우자는 대체로	
a. 어딘가 가거나 뭔가를 하려 한다　　　b. 집에 있고 싶어 한다		
☞ 둘 다 대체로 'b. 집에 있고 싶어 한다.'라고 답했으면 (10), 'a 어딘가 가거나 뭔가를 하려 한다'에 답했으면(3), 둘의 답이 서로 다르면 (2)입니다.		

4	차라리 독신으로 살았더라면 하는 생각이 든 적이 있습니까?	
a. 종종 그런 생각을 한다 (0)　　　　　b. 가끔 그런 생각이 든다 (3) c. 별로 그런 생각을 한 적이 없다 (8)　　d. 한 번도 그런 생각을 한 적이 없다 (15)		

5	만일 다시 태어난다면	
a. 같은 배우자랑 결혼하겠다 (15)　　　b. 다른 사람과 결혼하겠다(0) c. 결혼을 절대 하지 않겠다 (0)		

6	배우자를 신뢰합니까?	
a. 거의 믿어 본 적이 없다 (0)　　　　　b. 아주 드물게 믿는다 (2) c. 대부분 믿는다 (10)　　　　　　　　d. 모든 것을 신뢰한다 (10)		

총　점		점③

- ①+②+③ ⇒ **총점수**
- 결과: 위의 점수표는 로크와 윌러스 박사가 수천 쌍의 부부를 대상으로 한 조사를 토대로 하여 결혼의 행복도에 영향을 미치는 비중까지 통계상으로 분석하여 작성된 것이라 각 문항당 해당 점수가 약간씩 다릅니다.
  이 모든 문항에 표시하신 곳에 적혀 있는 점수의 총합이 **85점 이하라면** 현재 당신의 결혼은 불행한 것으로 판정됩니다. **점수가 낮을수록 불행감이 크다는 뜻입니다.**

결혼생활 진단 셀프 테스트 2
(당신의 결혼은 얼마나 안전한가요?)

성명		연령		성별	남/여	검사일	. . .

■ 다음 질문은 당신의 현재 결혼 상태를 측정할 수 있는 점검표입니다.
　〈와이스-세레토(Weiss-Cerretto) 결혼 위기 진단 검사〉로 세계적으로 부부 치료 초기 진단용
　으로 가장 널리 사용되는 신뢰도 높은 검사 중 하나입니다.
　정확한 진단을 위하여 '예'와 '아니오'를 솔직하게 답변해 주시기 바랍니다.
■ 예: 1점　　■ 아니오: 0점

평가 내용	예 1	아니오 0
1　나는 이혼이나 별거에 대해서 배우자에게 말할 구체적인 준비를 해 놓은 상태이다. 뭐라고 말할지에 대해서도 생각해 놓았다.		
2　나를 위해 별도의 통장을 마련해 두었다.		
3　이혼에 대한 생각을 일주일에 최소한 한 번 이상 한다.		
4　배우자에게 이혼, 별거 또는 헤어지고 싶다는 의사표시를 한 적이 있다.		
5　이혼이나 별거에 대해 구체적으로 생각한 적이 있고, 아이들은 누가 맡을지, 재산은 어떻게 나눌지 등에 대해서도 생각해 본 적이 있다.		
6　실제로 배우자와 합의 별거나 법적 별거를 한 적이 있다.		
7　이혼이나 별거에 대해 배우자 이외의 사람에게 물어본 적이 있다. (친구, 선배, 결혼 상담가, 심리치료사, 종교 지도자 등)		
8　부부 싸움이나 논쟁 후에는 종종 이혼이나 별거하고 싶다는 생각이 든다.		
9　배우자와 이혼이나 별거에 대해 진지하게 장시간 얘기한 적이 있다.		
10　이미 이혼 신청을 해놓은 상태이거나 이혼을 한 상태이다.		
11　다른 사람들에게 이혼하는 데 얼마나 시일이 필요한지, 비용이 얼마나 드는지, 법적 근거는 뭐가 있는지 등에 대해 물어본 적이 있다.		
12　이혼을 위해 변호사에게 문의해 본 적이 있다.		
13　이혼을 위해 가정 법률 상담소나 법적 지원 상담을 받아 본 적이 있다.		
14　부부싸움 중이나 직후가 아니라도 막연하게나마 이혼이나 헤어짐에 대해 생각해 본 적이 있다.		
총　　점		점

■ 위의 각 문항에 대해 '예'에 해당되는 답을 각 1점이라 할 때, 4점이 결혼 위기 여부를 가리
　는 당락선입니다. 다시 말해 4가지 이상이 '예'에 해당된다면 당신의 결혼 생활은 해체 위기
　에 처한 심각한 상태에 있다는 뜻입니다.

배우자에 대해 얼마나 알고 있는가 체크 리스트

성명		연령		성별	남/여	검사일	. . .

- 다음의 문항을 읽어 보시고 '예' 또는 '아니오'에 표시하십시오.
- 예: 1점 ■ 아니오: 0점

	평가 내용	예 1	아니오 0
1	배우자의 친구 이름을 말할 수 있다.		
2	배우자가 현재 무엇 때문에 스트레스를 받는지 말할 수 있다.		
3	최근 배우자의 신경을 곤두세우는 사람들의 이름을 알고 있다.		
4	배우자의 인생의 꿈을 몇 가지 들 수 있다.		
5	배우자의 종교에 대한 믿음과 생각을 잘 알고 있다.		
6	배우자의 인생철학에 대해 얘기할 수 있다.		
7	배우자가 가장 싫어하는 형제나 친척의 이름을 말할 수 있다.		
8	배우자가 좋아하는 음악을 알고 있다.		
9	배우자가 좋아하는 영화 3편을 들 수 있다.		
10	배우자는 내가 스트레스를 받고 있다는 것을 잘 알고 있다.		
11	배우자가 경험한 가장 특별한 사건을 3가지 이상 알고 있다.		
12	배우자가 어린 시절 경험한 가장 괴로웠던 일을 말할 수 있다.		
13	배우자의 가장 커다란 소망과 꿈을 말할 수 있다.		
14	배우자가 가장 걱정하고 있는 것을 말할 수 있다.		
15	배우자가 가장 걱정하고 있는 것을 말할 수 있다.		
16	둘 중 한쪽이 복권으로 큰돈이 생기면 상대방이 무엇을 하고 싶은지 알고 있다.		
17	배우자의 첫인상을 자세히 말할 수 있다.		
18	주기적으로 배우자의 주변 일에 대해 듣고 있다.		
19	배우자가 나를 충분히 알고 있다고 생각한다.		
20	배우자는 내 소원과 희망을 알고 있다.		
	총 점		점

- 10점 이상: 당신들은 강하게 결합 되어 있다. 배우자의 일상생활과 두려움 꿈에 대해 꽤 잘 알고 있다. 어떻게 하면 배우자의 눈을 자기 쪽으로 향하게 할 수 있는지도 안다.
- 9점 이하: 결혼생활에 개선해야 할 점이 있다. 충분히 대화할 시간이 없든지, 화제를 다루는 방법에 대한 연습이 부족할지도 모른다. 대화시간을 마련해 상대방을 더 잘 알게 되면 관계는 좀 더 친밀해질 것이다.

※ 출처: 존 고트먼·낸 실버의 《행복한 부부, 이혼하는 부부》

부부 갈등 대처방안 척도

성명		연령		성별	남/여	검사일	. . .

■ 각 문항을 읽어 보시고 부부 갈등 시 어떻게 대처하는지 해당되는 곳에 표시하여 주십시오.
■전혀 그렇지 않다(1) ■거의 그렇지 않다(2) ■보통이다(3) ■자주 그런 편이다(4) ■거의 항상 그렇다(5)

	평가 내용	1	2	3	4	5
1	친척과 상의하거나 조언을 듣는다.					
2	전문가나 책을 통해 도움과 정보를 얻는다.					
3	친한 친구나 이웃과 상의한다.					
4	비슷한 상황의 사람에게 충고와 정보를 얻는다.					
5	교회나 성당, 절을 찾는다.					
6	성직자에게 도움을 청한다.					
7	신에게 기도하는 등의 신앙의 힘을 얻는다.					
8	종교활동을 통해 도움을 얻는다.					
9	문제를 오래 끌지 않고 빨리 해결하려고 노력한다.					
10	문제를 긍정적으로 생각한다.					
11	문제의 원인이 무엇인지 파악하려고 노력한다.					
12	문제를 인생을 살아가는 데 겪어야 할 현실로 생각한다.					
13	내가 할 수 있는 일을 계획하고 실천해 본다.					
14	배우자와 타협해서 문제를 해결하려고 노력한다.					
15	외출, TV 보기, 운동하기, 일에 열중하는 등의 기분전환을 한다.					
16	화가 나면 참지 않고 화를 낸다.					
17	짜증을 내거나 욕을 한다.					
18	서로 부딪히지 않도록 따로 생활한다.					
19	큰 소리로 싸운다.					
20	물건을 집어 던지거나 폭력을 사용한다.					
21	일부러 늦게 귀가한다.					
22	집안일을 소홀히 한다.					
23	성관계를 회피한다.					
24	술을 마시자고 한다.					
25	헤어지자고 말한다.					
26	잠시 집을 나간다.					

■ 각 항목의 점수가 높을수록 해당 대처방안을 많이 사용함을 의미한다.

	외부 도움요청	신앙에 의지	이성적 대처	감정 및 행동표출	회피적 대처
문항	1~4 문항	5~8 문항	9~14 문항	16~22, 25 문항	15, 23, 24, 26
점수					

※ 출처: 최규련(1994).가족체계 유형과 부부간 갈등 및 대처방안에 관한 연구.
한국가정관리학회지. 12권

부부관계 척도

성명		연령		성별	남/여	검사일	. . .

■ 다음 척도를 사용해서 당신의 부부관계를 살펴봅시다.
  각 상황을 얼마나 자주 경험하는지 평가하여 해당되는 곳에 표시하십시오.
■ 전혀 그렇지 않다(1)   ■ 때때로 그렇다(2)   ■ 자주 그렇다(3)

	평가 내용	전혀 그렇지 않다	때때로 그렇다	자주 그렇다
		1	2	3
1	상대방을 탓하거나, 비난하거나, 욕하거나, 과거의 상처를 들춰 내거나 하여 작은 싸움이 험악한 싸움으로 확대된다.			
2	배우자는 내 의견이나 감정 혹은 나의 바람을 비난하거나 얕본다.			
3	배우자는 내 말이나 행동을 실제보다 더 부정적으로 생각하는 것 같다.			
4	어떤 문제를 해결하려 할 때마다 우리는 마치 적과 같다.			
5	내 마음속의 생각이나 느낌에 대해 배우자에게 말하기가 꺼려진다.			
6	나는 배우자와의 관계에서 외로움을 느낀다.			
7	우리가 싸울 때 두 사람 중 한쪽이 더 이상 말하지 않거나 싸우는 장면을 회피한다.			
	총 점			점

■ 이 척도의 평균점수는 10점이다. 이 척도에서 점수가 높을수록 당신 부부가 변화하지 않는 한, 부부관계가 위험에 처할 수 있다는 의미이다.

* 7점에서 11점 사이
  당신 앞에 부부관계의 파란 신호가 켜져 있다. 당신의 부부관계는 "지금은" 별 문제가 없다. 그러나 관계는 고정적이지 않기 때문에 앞으로 보다 행복한 관계가 될 수도 있고, 그 반대 방향으로 후퇴할 수도 있다. 그러므로 지속으로 부부관계를 위해 노력해야 한다.
* 12점에서 16점 사이
  당신 앞에 부부관계의 노란 신호가 켜져 있다. 설사 지금 당신의 부부관계가 행복하다고 해도 앞으로의 관계에 대해 주의할 필요가 있다. 당신은 현재의 부부관계를 지키고 개선하기 위해 노력해야 한다.
* 17점에서 21점 사이
  당신 앞에 부부관계의 빨간 신호가 켜져 있다. 가던 길을 멈추고 당신 부부가 어느 방향으로 가고 있는지 살펴볼 필요가 있다. 아마 당신 부부는 상당히 위험한 방향으로 가고 있을 것이다. 당신의 부부관계에는 관계를 위험하게 만드는 패턴이 존재한다.

4. 의사소통

- 사티어의 의사소통 검사
- 부부 의사소통 검사

사티어의 의사소통 검사

성명		연령		성별	남/여	검사일	. . .

■ 다음 문항들을 읽고 현재 자신에게 적절하다고 생각되는 문항에 체크하세요.

	질 문 사 항	✓
1	나는 상대방이 불편하게 보이면 비위를 맞추려고 노력한다.	
2	나는 일이 잘못되었을 때 자주 상대방의 탓으로 돌린다.	
3	나는 무슨 일이든 조목조목 따지는 편이다.	
4	나는 생각이 자주 바뀌고 동시에 여러 가지 행동을 하는 편이다.	
5	나는 타인의 평가에 구애받지 않고 내 의견을 말한다.	

1	나는 관계나 일이 잘못되었을 때 자주 내 탓으로 돌린다.	
2	나는 다른 사람들의 의견을 무시하고 내 의견을 주장하는 편이다.	
3	나는 이성적이고 차분하고 냉정하게 생각한다.	
4	나는 다른 사람들로부터 정신이 없거나 산만하다는 소리를 듣는다.	
5	나는 부정적인 감정도 솔직하게 표현한다.	

1	나는 지나치게 남을 의식해서 나의 생각이나 감정을 표현하는 것을 두려워한다.	
2	나는 내 의견이 받아들여지지 않으면 화가 나서 언성을 높인다.	
3	나는 나의 견해를 분명하게 표현하기 위해 객관적인 자료를 자주 인용한다.	
4	나는 상황에 적절하지 못한 말이나 행동을 자주 하고 딴전을 피우는 편이다.	
5	나는 다른 사람이 내게 부탁을 할 때 내가 원하지 않으면 거절한다.	

1	나는 다른 사람들의 얼굴표정, 감정, 말투에 신경을 많이 쓴다.	
2	나는 타인의 결점이나 잘못을 잘 찾아내어 비판한다.	
3	나는 실수하지 않으려고 애를 쓰는 편이다.	
4	나는 곤란하거나 난처할 때는 농담이나 유머로 그 상황을 바꾸려 하는 편이다.	
5	나는 나 자신에 대해 편안하게 느낀다.	

1	나는 타인을 배려하고 잘 돌보아 주는 편이다.	
2	나는 명령적이고 지시적인 말투로 상대가 공격받았다는 느낌을 줄 때가 있다.	
3	나는 불편한 상황을 그대로 넘기지 못하고 시시비비를 따지는 편이다.	
4	나는 불편한 상황에서는 안절부절못하거나 가만히 있지를 못한다.	
5	나는 모험하는 것을 두려워하지 않는다.	

1	나는 다른 사람들이 나를 싫어할까 두려워서 위축되거나 불안을 느낄 때가 많다.	
2	나는 사소한 일에도 잘 흥분하거나 화를 낸다.	
3	나는 현명하고 침착하지만 냉정하다는 말을 자주 듣는다.	
4	나는 한 주제에 집중하기보다는 화제를 자주 바꾼다.	
5	나는 다양한 경험에 개방적이다.	

1	나는 타인의 요청을 거절하지 못하는 편이다.	
2	나는 자주 근육이 긴장되고 목이 뻣뻣하며 혈압이 오르는 것을 느끼곤 한다.	
3	나는 나의 감정을 표현하는 것이 힘들고 혼자인 느낌이 들 때가 많다.	
4	나는 분위기가 침체되거나 지루해지면 분위기를 바꾸려 한다.	
5	나는 나만의 독특한 개성을 존중한다.	

1	나는 나 자신이 가치가 없는 것 같아 우울하게 느껴질 때가 많다.	
2	나는 타인으로부터 비판적이거나 융통성이 없다는 말을 듣기도 한다.	
3	나는 목소리가 단조롭고 무표정하며 경직된 자세를 취하는 편이다.	
4	나는 불안하면 호흡이 고르지 못하고 머리가 어지러운 경험을 하기도 한다.	
5	나는 누가 나의 의견에 반대하여도 감정이 상하지 않는다.	

■ 각 단락의 번호별로 개수를 합하였을 때 가장 많은 문항이 자신의 의사소통형이 된다.

1번	2번	3번	4번	5번

1번. 회유형

회유형은 자신의 내적 감정이나 생각을 무시하고 타인의 비위에 맞추려는 성향을 말한다. 그러하기에 다른 사람들의 의견에 동조하고 비굴한 자세를 취하며, 사죄와 변명을 하는 등 지나치게 착한 행동을 보인다. 이러한 성향으로 인해 회유형의 대처방식을 보이는 내담자는 소화기관의 장애나 편두통의 질병을 호소할 수 있다. 이들의 자원은 돌봄, 양육적임과 예민성이다.

2번. 비난형

비난형은 회유형과 정반대유형으로 타인을 무시하는 성향을 보인다. 비난형은 자신이 힘이 있고 강한 사람을 다른 사람이 인식하게 하려고 노력하며, 타인의 말이나 행동은 비난하고 통제하며 명령하는데 외면적으로는 공격적인 행동을 보이나 내면적으로는 자신이 소외되어 있으며 외로운 실패자라고 느낀다. 회유형이 자신을 굴복시키는 것과는 상대적으로 비난형은 계속해서 잘못을 찾아내고, 상대방의 요청을 거절하는 경향이 있다. 비난하는 사람은 호흡이 빠르고 얕으며 근육과 내장 기관들은 긴장해 있고, 혈압이 올라가는 등의 심리적 반응을 보이므로 비난형의 내담자는 근육긴장, 요통, 긴장성 두통과 같은 신체적 증상을 보인다. 또한 편집증과 고혈압과 같은 혈액순환 장애를 보일 수 있다. 이들의 자원은 주장성, 지도력 그리고 에너지이다.

3번. 초이성형

초이성형은 자신과 타인 모두를 무시하고 상황만을 중시한다. 규칙과 옳은 것만을 절대시하는 극단적인 객관성을 보인다. 또한 매우 완고하고 냉담한 자세를 취하고 독재적인 행동을 한다. 그러나 내면적으로는 쉽게 상처받고 소외감을 느낀다. 초이성형은 의사소통을 할 때 가능한 한 결함 없이 말하고 생각하려고 하며, 아주 자세히 말하고, 길게 설명한다. 듣는 사람이 이해를 못해도 상관하지 않으며 자신의 견해를 뒷받침하기 위해 조사 자료를 인용함으로써 자신이 항상 옳다는 것을 증명하기를 원한다. 이러한 성향으로 우울증, 강박증, 사회적 철회 등과 같은 심리적 증상과 암, 심장마비와 같은 신체적 증상이 나타날 수 있다. 이들의 자원은 지성, 세부사항에 대한 주의 집중과 문제 해결 능력이다.

4번. 산만형

산만형은 초이성형과는 반대의 것으로 자신, 타인, 상황 모두를 무시한다. 따라서 접촉하기가 가장 어려운 유형이다. 산만형은 위협을 무시하고, 마치 위협이 존재하지 않는 것 같이 행동하므로 주의를 혼란시킨다. 또한 행동과 말은 다른 사람의 행동이나 말과는 무관하기 때문에 말이 되지 않는 이야기를 하며, 정서적으로 매우 혼란스러운 상태를 보이고, 매우 산만한 행동을 보인다. 내면적으로는 아무도 나를 걱정해 주지 않으며, 나를 받아들이는 곳이 없다고 생각하여 무서운 고독감과 자신의 무가치함을 느낀다. 신경성 장애, 위장장애, 편두통 등의 질병을 보일 수 있다. 이들의 자원은 유머, 자발성, 창조성, 재미있음과 융통성이다.

5번. 일치형

의사소통의 내용과 내면의 감정이 일치하는 것을 말한다. 매우 진솔한 의사소통을 하며, 알아차린 감정이 단어를 정확하며 적절하게 표현된다. 매우 생동적이고 창조적이며, 독특하고 유능한 행동양식을 보인다. 일치적으로 반응하는 것은 다른 사람이나 상황을 조정하거나, 자신을 방어하며 다른 사람을 무시하려는 목적이 있는 것이 아니라, 진정으로 자기 자신이 되어, 다른 사람과 관계를 갖고 접촉하며, 직접적으로 사람과 연결을 맺는 것을 의미한다. 일치형의 사람은 높은 자기 가치감을 갖고 있으며, 심리적으로나 신체적으로 건강한 상태에 있다. 일치형의 자원은 높은 자아존중감이다.

부부 의사소통 검사

성명		연령		성별	남/여	검사일	. . .

■ 이 검사는 부부간 상호작용의 과정에서 나타나는 의사소통의 정도 및 형태를 객관적으로 알아보기 위해 만든 의사소통 양식 검사입니다. 한 문항도 빠짐없이 솔직하게 답하여 주시기 바랍니다.

■매우 해당 된다(5) ■조금 해당 된다(4) ■그저 그렇다(3) ■별로 해당 되지 않는다(2) ■전혀 해당 되지 않는다(1)

	평가 내용	5	4	3	2	1
1	나는 배우자와 깊이 있는 대화를 편하게 나눌 수 있다.					
2	나는 배우자에 대한 그때그때의 내 느낌과 생각을 편히 이야기한다.					
3	나는 배우자의 감정을 이해한다.					
4	나는 상대방이 배우자로서의 역할을 하는 데 협력하고 격려해 주며 정서적인 지지를 보내 준다.					
5	나는 배우자의 감정과 태도를 이해하기 어렵다.					
6	나는 오해나 잘못된 일을 바로 잡기 위해서 배우자에게 내가 의미하는 바를 정확하게 이야기한다.					
7	나는 배우자에게 내가 원하는 것을 주저하지 않고 이야기한다.					
8	나는 심한 말다툼을 한 후에 배우자와 대화를 나누기 쑥스럽다.					
9	나는 배우자에게 나의 솔직한 감정을 쉽게 이야기한다.					
10	나는 배우자에게 나 자신이 화가 나 있음을 알려 준다					
11	나는 배우자와 일상적인 대화를 발달시키는 게 두렵다.					
12	나는 배우자와 의견 충돌이 생겼을 때는 배우자가 할 말을 다 하도록 내버려 둔다.					
13	나는 배우자가 내 의견에 동의하지 않는다고 생각되면 더 이상 이야기를 하지 않는다.					
14	나는 배우자가 겉으로 어떤 말을 하지만 속으로는 다른 생각을 품고 있다고 느낄 때가 있다.					
15	나는 배우자가 화내는 것이 두렵기 때문에 의견 차이가 있더라도 그것을 표현하지는 못한다.					
16	나는 배우자가 나를 이해하지 못한다고 불평한다.					
17	대부분의 경우에 나는 배우자가 말하고자 하는 바를 이해한다고 생각한다.					

평가 내용	5	4	3	2	1
18	나는 내가 원하는 취미와 여가활동이 배우자와 달라도 배우자의 취미와 여가활동을 하도록 한다.					
19	나는 배우자가 나를 이해할 수 있도록 내가 어떻게 생각하고 어떻게 느끼며 믿는지를 말한다.					
20	나는 배우자와의 사이에 문제가 야기될 때 나의 감정을 자제하면서 그 문제에 관해 의논할 수 있다.					
21	나는 배우자에게 화가 났을 때 오랫동안 말을 하지 않고 침묵을 지킨다.					
22	나는 배우자와 의견이 달라도 서로의 기분을 상하지 않게 할 수 있다.					
23	나는 잘못한 일이 있으면 배우자에게 내 잘못을 인정한다.					
24	나는 문제가 생기면 배우자와 의논하기 보다는 주로 나 혼자 해결하려고 한다.					
25	나는 나의 일과 관심사에 대해 배우자와 토론한다.					
26	나는 배우자의 결점에 대해 자주 말하는 편이다.					
27	나는 화가 날 때 배우자에게 무례하게 대하는 편이다.					
28	나는 배우자에게 허심탄회하게 말하고 배우자의 이야기를 경청한다.					
29	나는 어떤 일을 토의할 때 배우자에게 나의 의견을 말하기를 좋아한다.					
30	나는 말하기 위해 배우자의 말을 중도에 끊는다.					
총　　점					점

■ 총 득점은 30점에서 150점까지이며 점수가 높을수록 의사소통과 의사소통의 이해도가 높다.

※ 출처: 본 검사는 송말희(1986)에 의해 번안된 부부 의사소통 이해도 검사(Personal Report of Spouse Communication Apprehension: PRSCA)와 정석희(1992)에 의해 번안된 Bienvenu 의 부부 의사소통 검사(Marital Communication Inventory: MCI)를 참고하여 최윤화(2000)가 30문항으로 작성한 부부 의사소통 검사지임.
최윤화(2000) 부부관계증진 프로그램이 부부 의사소통과 결혼만족도에 미치는 효과에 대한 연구.

5. 중독

- 인터넷 게임중독 척도(아동용)
- 관계중독 테스트

인터넷 게임중독 척도(아동용)

성명			연령		성별	남/여	검사일	. . .

■ 각 문항을 자세히 읽어 보시고 자신을 가장 잘 나타낸다고 생각되는 번호에 표시하여 주십시오.

	평가 내용	전혀 그렇지 않다	때때로 그렇다	자주 그렇다	항상 그렇다
		1	2	3	4
1	게임으로 인해 학교생활이 재미없게 느껴진다.				
2	게임을 하는 것이 친한 친구와 노는 것보다 더 좋다.				
3	게임 속의 내가 실제의 나보다 더 좋다.				
4	게임에서 사귄 친구들이 나를 더 알아준다.				
5	게임에서 사람을 사귀는 것이 더 편하다.				
6	내 캐릭터가 다치거나 죽으면 실제로 내가 그렇게 된 것 같다.				
7	게임을 하느라 학교 숙제를 할 시간이 없다.				
8	게임을 하느라 해야 할 일을 못 한다.				
9	게임하는 시간이 점점 길어진다.				
10	처음에 계획했던 게임시간을 지키기 어렵다.				
11	게임을 그만하라는 말을 듣고도 그만두기가 어렵다.				
12	게임 하는 시간을 줄이려고 하지만 잘 안된다.				
13	게임을 안 하겠다고 마음먹고도 다시 게임을 하게 된다.				
14	게임을 하면서 전보다 짜증이 늘었다.				
15	다른 할 일이 많아도 게임을 먼저 한다.				
16	게임을 못하면 하루가 지루하고 재미없다.				
17	게임을 안 할 때도 게임 생각이 난다.				
18	야단을 맞더라도 게임을 하고 싶다.				
19	게임을 하지 못하면 불안하다.				
20	누가 게임을 못하게 하면 화가 난다.				
총 점					점

■ 35점 이하: 일반사용자 ■ 36점~45점: 잠재적 위험사용자 ■ 46점 이상: 고위험사용자

아동용 인터넷 게임중독 척도 해석

유형	분류기준	특성	비고
고위험 사용자	게임중독 점수 46점 이상	현실세계보다는 가상의 게임세계에 몰입하여 게임공간과 현실생활을 혼돈하거나 게임으로 인하여 현실세계의 대인관계나 일상생활에 부적응문제를 보이며, 부정적 정서를 나타낸다. 혼자서 하루 2시간, 주 5-6회 이상 게임을 하며 게임 행동을 조절하는 데 어려움을 보인다. 일반적으로 자기 통제력이 낮아 일시적인 충동이나 즉각적인 만족을 추구하며 인내력과 효율적인 문제 해결 능력이 부족한 경향을 보인다. 또한 공격적 성향이 높으며 자신에 대해 부정적으로 생각하는 경향이 강하다.	전문적 치료 지원 및 상담 요망
잠재적 위험 사용자	게임중독 점수 36~45점	고위험 사용자에 비해 낮은 수준이나 가상세계에 대해 더 많은 관심을 두고 게임에 몰입하는 경향을 보이며 게임과 현실 생활을 혼돈하거나 게임으로 인하여 현실 세계의 대인관계, 일상생활에 문제를 나타내기도 한다. 하루 1시간 30분, 주 3~4회 정도, 혼자서 게임을 하는 경향이 있다. 공격적 성향을 보이며, 자기 통제력이 낮고 충동적이며 자기 위주로 생각하고 말보다는 행동이 앞서는 경향이 있다. 자신에 대해 부정적으로 생각하는 경향을 나타내기도 한다.	게임중독 행동주의 및 예방 프로그램 요망
일반 사용자	게임중독 점수 35점 이하	게임 습관을 스스로 조절할 수 있으며, 게임과 현실 세계에 대한 구분이 명확하여 게임으로 인해 정서적인 영향을 받지 않는다. 하루 1시간 이하, 주 1-2회 이하 친구와 형제 등 주변 사람들과 함께 게임을 하는 등 인터넷 게임을 적절하게 조절할 수 있다. 자신의 욕구를 조절하고 효율적으로 문제를 해결하는 경향을 보인다. 일시적인 충동에 의하거나 즉각적인 만족을 주는 문제행동을 회피하고 인내할 수 있는 능력이 높다. 자신에 대해 긍정적으로 생각하는 경향이 강하다.	지속적 자기 점검 요망

※ 출처: 한국정보문화진흥원 인터넷중독 예방 상담센터 (www.kado.or.kr/iapc)

관계중독 테스트
(관계중독 정도를 체크할 수 있는 테스트)

성명		연령		성별	남/여	검사일	. . .

■ "인간관계 진단표"라고 이름 붙여진 이 검사는 관계중독 정도를 알아보고자 하는 테스트입니다.
■ 아래의 문항을 읽어 보시고 자신에게 해당되는 내용에 체크해 보세요.

	평가 내용	∨
1	나는 사랑스럽거나 가치 있는 사람이 아니다.	
2	칭찬받거나 선물을 받으면 불편하다.	
3	안에 구멍이 뚫린 것처럼 공허하게 느껴질 때가 많다.	
4	기쁨, 슬픔, 사랑 등의 감정을 표현하기 어렵다.	
5	나의 실수를 용납하기 어렵다.	
6	남에게 도와 달라는 말을 하기 어렵다.	
7	일과 휴식의 균형을 맞추기 어렵다.	
8	나의 가치는 남을 도울 때 높아진다.	
9	남의 부탁을 거절할 때는 죄책감을 느낀다.	
10	내가 하고 싶지 않은 일도 때때로 기꺼이 자원한다.	
11	나를 기쁘게 하거나 나만을 위한 일을 하면 이기적이라고 생각된다.	
12	내가 원하는 일을 하기보다는 내게 소중한 사람이 원하는 일을 한다.	
13	상대가 어떻게 반응할지 걱정돼 감정을 솔직히 표현하지 않는다.	
14	누군가와 "나와 단 둘"이라는 친밀한 관계가 형성되지 않으면 불안하다.	
15	상대가 화 나 있으면 나 때문일까 봐 걱정된다.	

■ 5개 해당하면 관계중독 의심   ■ 8개 이상은 관계중독

※ 출처: 미국 만성 의존증 모임(NCC)이 정한 관계중독의 증상을 서울대 의대 류인균 교수의 도움말로 재정리.

6. 스트레스

- 스트레스 측정 질문지(BEPSI-K)

- 스트레스 측정 질문지

- 스트레스 측정 질문지(청소년)

스트레스 측정 설문지(BEPSI-K)

성명		연령		성별	남/여	검사일	. . .

■ 다음의 질문들은 자신이 느끼는 스트레스를 측정하고자 만든 설문입니다.
  잘 읽어 보신 후에 해당 항목에 표시를 하시기 바랍니다.
■ 전혀 없다(1) ■ 간혹 있다(2) ■ 여러 번 있다(3) ■ 거의 있다(4) ■ 항상 있다(5)

	평가 내용	1	2	3	4	5
1	지난 한 달 동안 살아가는 데, 정신적·신체적으로 감당하기 힘들다고 느끼신 적이 있습니까?					
2	지난 한 달 동안 자신의 생활 표준에 따라 살아가려고 애쓰다가 좌절을 느낀 적이 있습니까?					
3	지난 한 달 동안 한 인간으로서의 기본적인 요구가 충족되지 않았다고 느낀 적이 있습니까?					
4	지난 한 달 동안 미래에 대해 불확실하게 느끼거나 불안해한 적이 있습니까?					
5	지난 한 달 동안 할 일들이 너무 많아 정말 중요한 일들을 잊은 적이 있습니까?					
	총 점					점

■ 5문항에 대해 대상자가 느끼는 정도에 따라 1~5점까지 부여한 뒤 합산하여 응답한 항목 수 (5)로 나눕니다.
■ 1.8 미만은 저스트레스군 ■ 1.8에서 2.8 미만은 중등도 스트레스군 ■ 2.8 이상은 고스트레스군

※ 출처: 1996년 Yim 등[11]에 의해서 개발된 BEPSI (Brief Encounter Psychosocial Instrument)의 한국어판으로 외래에서 간단히 사용할 수 있도록 개발된 스트레스 평가척도.

스트레스 측정 질문지

성명			연령		성별	남/여	검사일	. . .

■ 각 문항을 읽어 보시고 자신을 가장 잘 나타낸다고 생각되는 곳에 표시하여 주십시오.

	평가 내용	항상 느낌	자주 느낌	가끔 느낌	전혀 없음
		3	2	1	0
1	매우 긴장하거나 불안한 상태가 되었다.				
2	기분이 매우 동요되었다.				
3	사소한 일에 매우 신경질적이 되었다.				
4	소모감, 무기력감을 느꼈다.				
5	침착하지 못하다.				
6	아침까지 피로가 남고, 일에 기력이 솟지 않았다.				
7	화가 나서 자신의 감정을 억제할 수 없었다.				
8	생각지도 못한 일 때문에 곤욕을 치렀다.				
9	심각한 고민이 머리에서 떠나지 않았다.				
10	모든 일이 생각대로 되지 않아 욕구불만에 빠졌다.				
11	모든 일에 집중할 수가 없다.				
12	남 앞에 얼굴을 내미는 것이 두려웠다.				
13	남의 시선을 똑바로 볼 수 없다.				
14	똑같은 실수를 반복했다.				
15	가족이나 친한 사람과 함께 있는 시간도 편안하지 않았다.				
16	불면				
17	심장이 두근거림				
18	얼굴이나 신체일부의 경련				
19	현기증				
20	땀이 많이 남				
21	감각이 예민(몸이 근질거리거나 따끔따끔한 통증을 느낀다).				
22	요통				
23	눈의 피로				
24	목이나 어깨 결림				

평가 내용	항상 느낌	자주 느낌	가끔 느낌	전혀 없음
	3	2	1	0
25 두통				
26 감염증(감지, 후두염 등)				
27 변비				
28 발열				
29 소화불량				
30 설사				
총 점				점

■ 0~12점: 평균 　　■ 13~19점: 주의요함 　　■ 20점 이상: 경고수준, 위험수위

스트레스 측정 질문지[청소년]

성명			연령		성별	남/여	검사일		. . .

■ 각 문항을 자세히 읽어 보시고 자신을 가장 잘 나타낸다고 생각되는 번호에 표시하여 주십시오.
응답 방식은 다음과 같습니다.
■ 전혀 그렇지 않다(1) ■ 그렇지 않다(2) ■ 보통이다(3) ■ 그런 편이다(4) ■ 매우 그렇다(5)

	평가 내용	1	2	3	4	5
1	부모님이 형제(남녀)간에 차별대우를 할 때 스트레스를 받는다.					
2	동성(이성)친구와 다툴 때 스트레스를 받는다.					
3	시험이 너무 많을 때 스트레스를 받는다.					
4	선생님이 차별대우(무관심, 편애)할 때 스트레스를 받는다.					
5	노력해도 성적이 향상되지 않을 때 스트레스를 받는다.					
6	나의 외모에 대하여 스트레스를 받는다.					
7	선생님이 학생들의 인격을 무시할 때 스트레스를 받는다.					
8	부모님이 친구와 나를 비교할 때 스트레스를 받는다.					
9	동성(혹은 이성)친구에게 무시당할 때 스트레스를 받는다.					
10	부모님이 공부하라고 강요할 때 스트레스를 받는다.					
11	숙제가 너무 많을 때 스트레스를 받는다.					
12	신체발육이 내 또래에 비해 너무 늦거나 빠를 때 스트레스를 받는다.					
13	이성친구를 사귈 기회가 없을 때 스트레스를 받는다.					
14	선생님이 하기 싫은 일(예, 청소나 심부름)을 시킬 때 스트레스를 받는다.					
15	부모님이 지나치게 나의 생활을 간섭할 때 스트레스를 받는다.					
16	선생님의 말과 행동이 다를 때 스트레스를 받는다.					
17	수업이 너무 많을 때 스트레스를 받는다.					
18	선생님이 성적 평가를 불공평하게 할 때 스트레스를 받는다.					
19	공부하는 데 주의집중이 되지 않을 때 스트레스를 받는다.					
20	신체적 결함 때문에 놀림을 받을 때 스트레스를 받는다.					
21	친구와 대화가 되지 않을 때 스트레스를 받는다.					
22	주위가 소란하여 공부를 할 수 없을 때 스트레스를 받는다.					
23	마음에 맞는 친구를 사귈 수 없을 때 스트레스를 받는다.					
24	형제 혹은 자매와 싸울 때 스트레스를 받는다.					

■ 다음 표에 해당하는 점수를 작성해 주십시오.

가족		친구		학업		교사		신체	
문항	점수	문항	점수	문항	점수	문항	점수	문항	점수
1		2		3		4		6	
8		9		5		7		12	
10		13		11		14		20	
15		21		17		16			
24		23		19		18			
				22					
합계		합계		합계		합계		합계	

나의 스트레스 점수? (   )점

- ■ 24~43: 스트레스가 없다.   ■ 44~63: 스트레스가 거의 없다.
- ■ 64~80: 보통이다.   ■ 81~100: 스트레스가 약간 있다.
- ■ 101~120: 스트레스가 많다.

7. 기타

- 다중지능 검사
- 보웬의 자아분화 테스트
- 콤플렉스 자가 설문지

다중지능 검사

성명		연령		성별	남/여	검사일	. . .

■ 각 문항을 자세히 읽어 보시고 자신을 가장 잘 나타낸다고 생각되는 번호에 표시하여 주십시오. 응답 방식은 다음과 같습니다.

■전혀 그렇지 않다(1) ■별로 그렇지 않다(2) ■보통이다(3) ■대체로 그렇다(4) ■매우 그렇다(5)

	평가 내용	1	2	3	4	5
1	책은 나에게 대단히 중요하다.					
2	나는 읽고, 말하고, 쓰기 전에 이미 머릿속에는 어떤 낱말들이 들린다.					
3	나는 TV나 영화보다는 라디오나 카세트를 통해서 많은 정보를 얻는다.					
4	나는 스크래블(Scrabble), 아나그램(Anagrams), 패스워드(Password)와 같은 단어게임을 즐긴다.					
5	나는 혼자서나 아니면 다른 사람과 함께 발음하기 어려운 어구, 무의미한 각운, 혹은 동음이의어 등 단어 게임을 즐긴다.					
6	다른 사람들은 종종 내가 말하고 글을 쓸 때 사용하는 단어의 뜻을 설명해 달라고 요청한다.					
7	학창 시절 나에게 영어, 사회, 역사과목은 수학이나 과학과목보다 더 쉬웠다.					
8	나는 고속도로를 달릴 때 경치보다는 게시판 위에 써 있는 말에 더 관심이 간다.					
9	나의 대화는 주로 내가 읽거나 혹은 들었던 것들이 주가 된다.					
10	나는 최근에 다른 사람들로부터 인정을 받거나 혹은 내가 자랑으로 여기고 있는 것들을 글로 써 왔다.					
11	나는 쉽게 암산할 수 있다.					
12	수학과 과학은 학교 다닐 때 내가 좋아하던 과목 중의 하나였다.					
13	나는 논리적 사고를 필요로 하는 게임과 수수께끼를 좋아한다.					
14	나는 과학의 새로운 진보에 관심이 있다.					
15	나는 "만약 무엇을 한다면 어떻게 될까?"와 같은 실험을 해 보기를 좋아한다. (예: 만약 내가 매주 장미 나무에 주는 물의 양을 지금보다 두 배 더 준다면 어떻게 될까?)					
16	나는 사물 속에서 질서, 논리적 계열 및 유형을 찾고자 한다.					
17	나는 거의 모든 것들을 합리적으로 설명할 수 있다고 믿는다.					

	평가 내용	1	2	3	4	5
18	나는 때때로 아주 추상적이고, 말이나 어떤 영상으로 표현할 수 없는 개념을 생각한다.					
19	나는 집이나 직장에서 사람들이 말하고 행동하는 것들 중에서 논리적 오류를 발견하는 것을 좋아한다.					
20	나는 무엇이든지 어떠한 방식으로 측정되고, 범주화되고, 양적으로 분석될 때 만족감을 느낀다.					
21	나는 눈을 감았을 때 종종 생생한 시각적 영상을 본다.					
22	나는 색깔에 민감하다.					
23	나는 종종 내 주위에서 본 것을 기록하기 위해 카메라와 캠코더를 사용한다.					
24	나는 지그소(jigsaw) 퍼즐, 미로나 기타 시각적 퍼즐 게임을 즐긴다.					
25	나는 밤에 생동감 있는 꿈을 꾼다.					
26	나는 일반적으로 낯선 장소에서도 길을 잘 찾는 편이다.					
27	나는 그림을 그리거나 낙서하는 것을 좋아한다.					
28	학교 다닐 때 지리는 대수학보다 더 쉬웠다.					
29	어떤 사물을 위에서 직접 조감하면 그것이 어떤 형태가 될 것인지 쉽게 상상할 수 있다.					
30	나는 삽화가 많이 들어 있는 읽을거리를 더 좋아한다.					
31	나는 정기적으로 한 가지의 스포츠나 혹은 신체적 활동에 참여한다.					
32	나는 오랫동안 한 자리에 조용히 앉아 있지 못한다.					
33	나는 바느질, 뜨개질, 조각, 목공일, 모형 빌딩 만들기와 같은 손으로 하는 구체적인 활동을 좋아한다.					
34	나는 오래 걷거나, 조깅을 하든지 혹은 다른 종류의 신체적 활동을 할 때 가장 좋은 생각이 떠오르곤 한다.					
35	나는 종종 자유시간을 바깥에서 보내기를 좋아한다.					
36	나는 누군가와 대화를 나눌 때 손동작이나 다른 형태의 신체 언어를 사용한다.					
37	나는 어떤 것을 좀 더 이해하기 위하여 직접 만져 본다.					
38	나는 저돌적인 말타기나 그와 유사한 박진감 넘치는 신체적 체험을 좋아한다.					
39	나는 나의 몸을 잘 조절할 수 있다고 생각한다.					
40	나는 새로운 기술이 적힌 책이나 비디오를 보는 것보다 그것을 직접 실행한다.					

평가 내용	1	2	3	4	5
41	나는 즐겁게 노래할 수 있는 좋은 목소리를 가지고 있다.					
42	나는 음조가 맞지 않을 때 그것을 쉽게 알 수 있다.					
43	나는 종종 라디오, 레코더, 카세트, CD로 음악을 듣는다.					
44	나는 어떤 악기를 연주할 수 있다.					
45	음악이 없다면 나의 인생은 불행할 것이다.					
46	나는 때때로 텔레비전 광고에서 나오는 음악이나 혹은 내 마음 속에서 흘러나오는 어떤 곡조를 흥얼거리면서 거리를 걷고 있는 나 자신을 발견하게 된다.					
47	나는 간단한 타악기로 쉽게 악보의 박자를 맞출 수 있다.					
48	나는 다양한 노래를 듣거나 악보를 보면 그 음조를 알 수 있다.					
49	나는 음악을 한두 번 들으면 그것을 거의 정확하게 따라 부를 수 있다.					
50	나는 종종 일하거나, 공부할 때, 혹은 새로운 것을 학습하는 동안 장단을 맞추거나 멜로디에 맞추어 노래를 부른다.					
51	직장이나 이웃 동네에서 나에게 상담을 요청하고 조언을 구하러 오는 사람이 있다.					
52	나는 수영이나 조깅과 같이 혼자서 하는 운동보다는 배드민턴, 배구 혹은 소프트볼 같은 집단 스포츠를 좋아한다.					
53	문제가 생겼을 때, 나는 혼자서 그 문제를 해결하기보다는 다른 사람에게 도움을 요청하는 편이다.					
54	나에게는 적어도 세 명의 절친한 친구가 있다.					
55	나는 비디오게임처럼 혼자 하는 놀이보다 카드와 같이 여럿이서 하는 오락을 더 좋아한다.					
56	나는 내가 아는 것을 다른 사람(들)에게 가르치기를 좋아한다.					
57	나는 내 자신을 리더(지도자)라고 생각한다. (혹은 종종 다른 사람들이 나를 그렇게 부른다.)					
58	나는 군중 속에 있으면 편안하다.					
59	나는 밤에 집에서 혼자 지내기보다는 생동감이 넘치는 파티에서 시간 보내기를 좋아한다.					
60	나는 주기적으로 혼자서 중요한 인생의 문제에 관해 사색하고, 반성하는 시간을 갖는다.					
61	나는 나 자신을 좀 더 알기 위해서 자아 성장 프로그램이나 상담에 참여하곤 한다.					

	평가 내용	1	2	3	4	5
62	나는 좌절하지 않고 실패에 대처할 수 있다.					
63	나는 나에게 알맞은 특별한 취미와 관심이 있다.					
64	나는 항상 잊지 않고 다짐하는 중요한 인생 목표를 가지고 있다.					
65	나는 나의 장점과 단점을 잘 알고 있다.					
66	나는 주말에 사람들이 많이 모이는 휴양지보다 숲속의 오두막집에서 보내기를 좋아한다.					
67	나는 나 자신을 의지가 강하고, 독립적으로 생활할 수 있는 사람이라고 생각한다.					
68	나는 나 자신의 내적인 삶을 기록하기 위하여 일기나 일지 등을 쓴다.					
69	나는 자유업이나 개인사업을 시작해 볼까 하고 심각하게 고려해 본 적이 있다.					

〈나의 다중지능 검사 결과〉

점수	점	점	점	점	점	점	점
100							
80							
60							
40							
20							
0							
지능 구분	언어적 지능 (1-10)	논리수학적 지능 (11-20)	공간적 지능 (21-30)	신체운동 감각적 지능 (31-40)	음악적 지능 (41-50)	인간친화 지능 (51-59)	자기성찰 지능 (60-69)

[평 가]

■ 답안지의 번호가 1인 경우는 1점, 2는 2점, 3은 3점, 4는 4점, 5는 5점을 준다.

■ 각 지능별로 나온 **(총점× 2)**를 하면 100점 만점으로 환산된다.

■ 인간친화지능은 **(총점×100)÷45**를 하면 100점 만점으로 환산된다.

※ 출처: Armstrong Thomas(1995), *Multiple intelligences in the classroom*. 전윤식 · 강영심(1997). **다중지능과 교육**. 서울: 중앙적성출판사. 45-48.

보웬의 자아분화 테스트

성명		연령		성별	남/여	검사일	. . .

■ 다음의 문장들을 읽고 자신의 특성과 어느 정도로 일치하는지를 알아보면 됩니다.
  * 최근 2년 동안의 전반적인 행동, 경험 및 의견을 돕는 문항입니다 (번호에 O표).

	평가 내용	전혀 아니다	아니다	그렇다	아주 그렇다
		1	2	3	4
1	나는 중요한 일을 결정을 내릴 때 마음 내키는 대로 결정하는 일이 많다.				
2	나는 말부터 해 놓고 나중에 그 말을 후회하는 일이 많다.				
3	나는 화가 나면 물불을 가리지 않고 행동하는 편이다.				
4	나는 욕을 하고 무엇이든지 부수고 싶은 충동을 느낀다.				
5	나는 다른 사람들과의 싸움에 잘 말려드는 편이다.				
6	나는 대수롭지 않은 일에도 화를 잘 내는 편이다.				
7	내 말이나 의견이 남의 비판을 받으면 즉시 바꾼다.				
8	내 계획이 주위 사람의 인정을 받지 못하면 잘 바꾼다.				
*9	나는 비교적 내 감정을 잘 통제하는 편이다.				
*10	나는 남이 지적할 때보다 내가 틀렸다고 여길 때 의견을 더 잘 따른다.				
*11	나는 대다수 사람들의 의견보다 내 의견을 더 중시한다.				
*12	논쟁이 일더라도 필요할 때에는 내 주장을 굽히지 않는다.				
*13	주위의 말을 참작은 해도 어디까지나 내 소신에 따라 결정한다.				
	총 점				점

■ 채점을 반대로 해야 할 문항: 9, 10, 11, 12, 13
  (전혀 아니다→4   아니다→3   그렇다→2   아주 그렇다→1)
■ 4~18: **A** 수준   ■ 19~36: **B** 수준   ■ 36~46: **C** 수준   ■ 46~52: **D** 수준

- A 수준: 인정받고 싶은 충동이 크고 불안이 심하여 망상증, 우울증이 오기 쉽다. 때로는 정신적인 치료를 요구하기도 한다.

- B 수준: 타인에 영향을 많이 받는다. 거짓 자아가 높고 감정 조절에서 어려움을 자주 느낀다. 학습이나 심신 수련, 명상 등을 통하여 상위 수준으로 진입이 매우 용이하다.

- C 수준: 지적 기능이 크다. 감정, 이성 조절이 쉬우며 타인과의 갈등에서 회복이 빠르다. 일반인의 최고 단계라고 보아도 무방하다.

- D 수준: 자신의 내적 관점이 자유로우며 동시에 타인에 대한 배려와 귀를 기울일 줄 안다. 최상의 리더십을 보유한 사람이라고 볼 수 있다. 보편적으로 일반인에게서는 보기 어렵고 깊은 심신 성숙을 이룬 종교인들에게서 보인다.

☞ 일반적으로 대부분이 B 수준에 머무릅니다. 하지만 학습이나 자기 수양을 통하여 더 높은 단계로 진입이 가능합니다.

▶ Bowen은 자아분화 정도를 측정하기 위해 모든 사람을 단일연속선 상에서 범주화하는 방법을 사용하였으며, 자아분화가 가장 낮게 되어 있는 상태를 0으로 하고, 자아분화가 가장 높게 되어 있는 상태를 100으로 하여 그 수준을 평가하였다. 그리고 정서적 기능과 지적 기능을 0-25, 25-50, 50-75, 75-100의 범위로 구분하여 설명하였다.

1) 가장 낮은 자아분화 수준(0-25)

자아분화 수준이 낮은 사람들은 대인관계를 오랫동안 지속하는 것이 어렵다. 긴장이나, 스트레스 상황에 적응하지 못하며 타인에게 심한 정서적 애착을 보이고, 욕구가 충족되지 못할 때 불안해한다.
관계체계가 만족스럽게 균형을 유지할 때는 증상이 없이 생활을 유지할 수 있지만 관계 체계에 불만족이나 불신이 발생할 경우 신체적이고 정신적인 질병과 사회적 역기능을 유발한다.

2) 낮은 자아분화 수준(25-50)

낮은 자아분화의 수준은 융합의 정도는 심하지 않으나 자아정체감이 분명하지 못하다. 자기신념과 의견은 있으나 긴장과 스트레스 상황에서는 영향을 받아 쉽게 변화한다. 생활은 관계 지향적이고 대부분의 에너지는 사랑과 인정을 받기 위해 사용하고, 자기존중은 다른 사람에게 달려있다. 그들은 감정표현에 예민하고, 다른 사람의 분위기, 표현, 자세를 해석하는 데 예민하고 감정의 직접적인 표현, 충동적인 행동으로 반응한다.
증상과 문제는 관계체계가 균형을 상실할 때 발생하며, 신체적 질병, 정신적 질병, 사회적 역기능의 문제 등을 일으킬 수 있다. 그들의 정서적 질병은 신경질적으로 내면화된 문제, 우울증 그리고 행동과 성격장애 문제 등으로 나타날 수 있다. 그들은 불안을 제거하기 위하여 상습적으로 약물을 사용하기도 한다.

3) 보통 자아분화 수준(50-75)

자아분화의 보통수준은 정서적 체계와 지적체계 사이가 충분하게 분화된 상태이다. 지적 체계가 충분히 발전하여 불안이 증가할 때에도 정서적 체계에 의해서 지배받지 않고, 자율적으로 자기를 지키고 정상적으로 기능한다. 그리고 독립적으로 의사결정을 하며, 자율적으로 결합하거나 독립적이 될 수 있다. 남편, 부인, 부모로서의 기능을 충분히 수행하며, 생활은 좀 더 질서가 있고, 폭넓은 사회환경에 성공적으로 적응할 수 있고, 문제를 가지고 있지 않거나 문제가 있어도 극복할 수 있다.

4) 높은 자아분화 수준(75-100)

자아분화 수준이 아주 높은 상태로서 현실적으로 드물고 거의 성숙함을 나타내고 높은 수준의 독립성을 가지고 기능을 하는 것을 말한다. 다른 사람들과 친근한 정서적 관계를 맺으면서도 확고한 자아정체감을 유지해 나가며, 자신과 타인의 신념과 가치를 있는 그대로 존중하며 목표 지향적인 삶을 산다.

콤플렉스 자가 설문지

성명		연령		성별	남/여	검사일	. . .

■ 각 문항을 자세히 읽어 보시고 자신을 가장 잘 나타낸다고 생각되는 곳에 표시하여 주십시오.

	평가 내용	예	아니오	잘 모르겠다
		1	0	0
1	나는 숨기고 싶은 과거가 있다.			
2	나는 부모님이 부자였으면 한다.			
3	나는 때로 지금의 내가 아닌 다른 사람이길 바란 적이 있다.			
4	나는 다른 사람들 보다 잘난 게 별로 없는 것 같다.			
5	나는 세상에서 가장 중요한 것은 돈이라고 생각한다.			
6	나는 거울을 보면 내 얼굴이 마음에 들지 않아 이 다음에 성형 수술을 하려고 생각한 적이 있다.			
7	나는 다른 사람들이 나를 어떻게 평가할지 무척 신경을 쓰는 편이다.			
8	나는 내가 가지고 있는 경제 능력보다 더 많이 쓸 때가 많다.			
9	나는 나의 가족을 다른 사람에게 소개하는 것을 꺼린다.			
10	나는 다른 사람들의 비판에 민감하게 반응하는 편이다.			
11	나는 키가 커 보이게 하려고 굽 높은 신발을 신어 본 적이 있다. 또는 키를 작게 보이려고 어깨를 움츠리고 다닌 적이 있다.			
12	나는 다이어트를 하려고 시도한 적이 몇 번 있다.			
13	나는 어린 시절로 다시 돌아가면 하고 싶은 일이 많다.			
14	나는 스스로 나 자신을 내세우며 자랑하는 편이다.			
15	나는 이따금 과거에 한 행동 때문에 부끄러울 때가 있다.			
16	나는 평소에 다른 사람을 칭찬하기보다는 비판하길 좋아한다.			
17	나는 싫어하는 사람과는 절대로 말을 하지 않는 편이다.			
18	나는 문제점이 많아 고쳐야 할 것이 너무 많다고 생각한다.			
19	나는 다른 사람보다 튀는 옷차림, 머리 모양을 좋아한다.			
20	나는 차나 오토바이에 요란한 치장을 하고 질주하는 것을 좋아한다.			

총 점	점

- 7점 이하: 콤플렉스와 관계가 적습니다. 자신이나 자신의 가족, 주위 환경에 대해서 긍정적입니다.
- 8~15점: 보통 수준의 콤플렉스를 가지고 있습니다. 자신의 콤플렉스에 대처할 수 있는 능력이 있으므로 자신감을 가지고 노력하여 극복하십시오.
- 16~20점: 콤플렉스가 심한 편입니다. 좀 더 긍정적으로 세상을 보도록 노력하고 자신감을 가지는 것이 필요합니다.

융합심리분석상담치료

ⓒ 지성용, 2022

초판 1쇄 발행 2022년 5월 25일

지은이   지성용
펴낸이   여럿이함께협동조합
편집   좋은땅 편집팀
펴낸곳   치유하는 도서출판 공감
전화   070-4142-9520
팩스   070-4142-9520
이메일   incheongg@gmail.com
홈페이지   www.yeohamcoop.com

ISBN   979-11-951054-4-1 (93180)